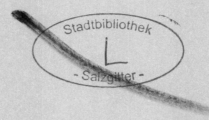

Manfred Meyer

Die Flugzeuge der DDR

Manfred Meyer, geboren 1948, ist gelernter Techniker und war Segel- und Motor-flieger. Nach seiner Dienstzeit in den Luftstreitkräften der NVA war er fast 25 Jahre in leitender Tätigkeit bei der Interflug im flugzeugtechnischen Bereich beschäftigt. Seit 1994 ist er freiberuflicher Zeichner und Illustrator in den Fachgebieten Luft- und Seefahrt. Er ist Autor zahlreicher Bücher zu diesen Themen, darüber hinaus publiziert er regelmäßig in der Zeitschrift *FliegerRevue*.

Manfred Meyer

Die Flugzeuge der DDR

Alle Typen, alle Daten, alle Fakten in 300 Zeichnungen

BILD
UND
HEIMAT

ISBN 978-3-86789-439-5

1. Auflage
© 2013 by BEBUG mbH / Bild und Heimat, Berlin
Umschlaggestaltung: Jana Krumbholz, ACDM

Ein Verlagsverzeichnis schicken wir Ihnen gern:
Bild und Heimat Verlag
Zwickauer Str. 68
08468 Reichenbach (Vogtl.)
Tel. 03765 / 78150

www.bild-und-heimat.de

Passagierflugzeuge

Iljuschin IL-14P

Einsatz	1955-1984
Stückzahl	48
Hersteller	staatl. Flugzeugwerk Nr. 84 »W. P. Tschkalow«, Taschkent, UdSSR
	staatl. Flugzeugwerk Nr. 30 »Snamja Truda«, Moskau-Chodynka, UdSSR
	VEB Flugzeugwerk, Dresden, DDR

1955

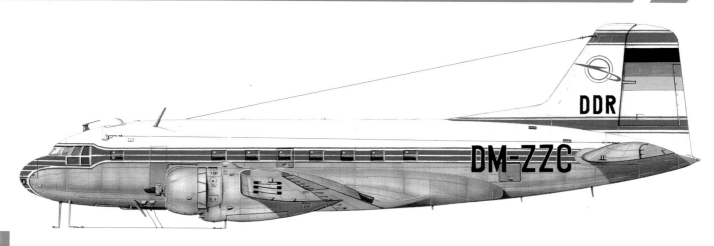

Die zweite Maschine aus der Dresdner Produktion (Werk-Nr. 14803002) trug 1956 die Registrierung **DM-ZZC** und diese attraktive Werksbemalung mit dem Logo der DDR Flugzeugindustrie im Leitwerk, bevor sie 1957 an die NVA geliefert wurde.

Bei Gründung der Deutschen Lufthansa der DDR im Jahre 1955 war die Iljuschin IL-14 das Standardverkehrsflugzeug in der Sowjetunion und den anderen Ländern des Ostblocks. Zum Aufbau des zivilen Luftverkehrs lieferte die Sowjetunion im Zeitraum von 1955 bis 1957 15 Flugzeuge IL-14P an die DLH der DDR. Drei dieser Maschinen sind 1957 an die LSK der NVA weitergegeben worden, wo sie den Grundstock für die sogenannte Regierungsfliegerstaffel bildeten. Ebenfalls 1955 war die Schaffung einer eigenen Luftfahrtindustrie in der DDR angelaufen, mit dem Ziel, das Strahlverkehrsflugzeug 152 zu entwickeln und zu produzieren. Um dafür die Grundlagen zu schaffen, Erfahrungen zu sammeln und Personal auszubilden, begann man zunächst die Il-14P nachzubauen. Dazu war mit der UdSSR eine Vereinbarung über den »Nachbau in eigener Verantwortung« der IL-14P

und der ASch-82 Triebwerke getroffen worden. Die Sowjets lieferten dafür alle Zeichnungen, ein sogenanntes Musterflugzeug und vorbereitete Baugruppen für die ersten fünf Serienflugzeuge. Die erste im VEB Flugzeugwerk Dresden gefertigte IL-14P absolvierte ihren Jungfernflug am 25. April 1956. Die DLH der DDR erhielt 14 Maschinen aus Dresdner Produktion plus den ersten Prototyp, der als Messflugzeug diente. Die NVA bekam 17 IL-14P aus Dresden, dazu noch das ehemalige Musterflugzeug. Das VEB Flugzeugwerk Dresden fertigte bis 1959 insgesamt 80 IL-14P. Davon konnten 48 Flugzeuge nach Bulgarien (3), China (9), Polen (19), Rumänien (9), Ungarn (5) und Vietnam (3) exportiert werden. Gegenüber dem ursprünglichen Baumuster wurde die Innenraumaufteilung überarbeitet und die Passagierkapazität von 18 auf 26 und später teilweise auf 32 Plätze er-

höht. Der Serienbau der IL-14P in Dresden endete 1959. Im nationalen und internationalen Luftverkehr der DLH der DDR und später der Interflug flogen die IL-14P bis 1967, eine Maschine blieb als Messflugzeug bis 1984 im Einsatz. In der NVA dienten die IL-14P im Transportgeschwader der LSK bis 1983. Drei NVA-Maschinen sind nachträglich mit einer großen Frachtluke ausgerüstet worden und drei weitere hatte man zu Spezial-Fotoflugzeugen umgebaut. In den Jahren 1964 und 1966 übergab die DDR aus dem Bestand der Interflug 17 IL-14P an Ägypten und fünf an Syrien als Militärhilfe. Aus dem Bestand der NVA übergab man sieben Maschinen an Ägypten. Sechs IL-14P existieren noch als Museumsexponate auf dem Gebiet der ehemaligen DDR. Drei Maschinen gingen durch Unfälle und Havarien verloren, wobei sieben Personen ums Leben kamen.

Iljuschin IL-14P

VERWENDUNGSZWECK	Mittelstreckenverkehrsflugzeug
BESATZUNG	4 bis 5 plus Kabinenpersonal
PASSAGIERE	18 bis 32
SPANNWEITE	31,70 m
FLÜGELFLÄCHE	100,00 m²
LÄNGE	21,30 m
HÖHE	7,90 m
STEIGLEISTUNG	6,2 m/s
LEERMASSE	12 200 kg
STARTMASSE max.	18 500 kg
HÖCHSTGESCHWINDIGKEIT	395 km/h
REISEGESCHWINDIGKEIT	345 km/h
REICHWEITE	2250 km
DIENSTGIPFELHÖHE	6500 m
TRIEBWERK	zwei 14-Zyl.-Doppelsternmotoren Schwezow ASch-82T
LEISTUNG	je 1395 kW

TECHNISCHE DATEN

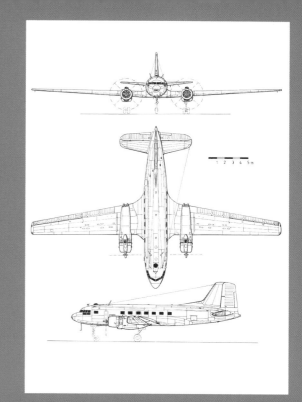

Die ›411‹, (Werk-Nr. 14803002) eine der zur Fotoversion umgebauten Maschinen mit Navigatorwanne, noch silberfarbig. Die Fotomaschinen erhielten ab Mitte der 70er Jahre einen stumpfen Tarnanstrich.

Passagierflugzeuge

Iljuschin IL-14P

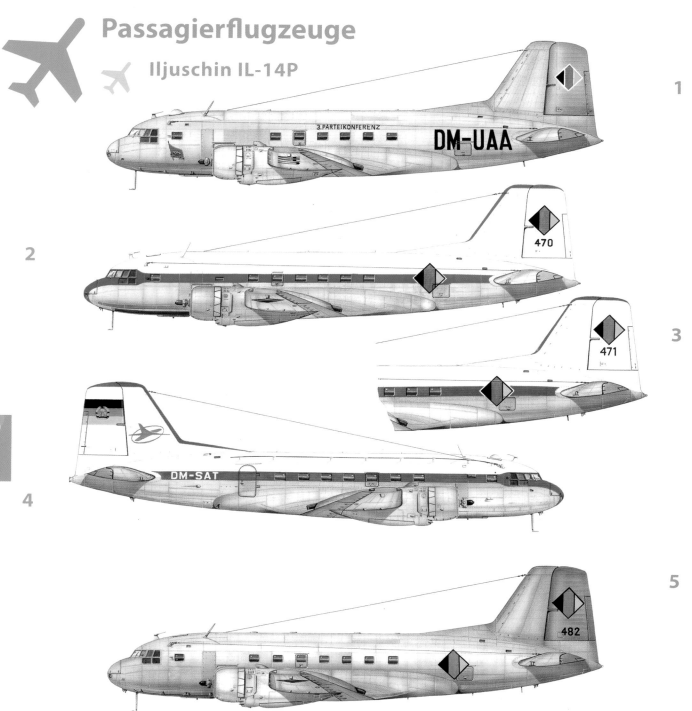

1 Die erste an die NVA gelieferte IL-14P (Werk-Nr. 14803003) trug vorübergehend die Registrierung DM-UAA, bevor sie zur ›437‹ wurde. (Die zweite war DM-UAB, später ›400‹).

2 Die ›470‹ (Werk-Nr. 146000831) aus sowjetischer Produktion war zunächst als DM-SBM bei der DLH der DDR registriert und kam 1957 in Blau zur Regierungsfliegerstaffel.

3 Die ›471‹ (Werk-Nr. 6341508) aus sowjetischer Produktion war zunächst als DM-SBS bei der DLH der DDR registriert und kam 1957 in Rot zur Regierungsfliegerstaffel.

4 Die ›485‹ (Werk-Nr. 14803027) der NVA war 1966 vorübergehend als DM-SAT zivil registriert. Zeitweise benutzten die Regierungsflieger solche Pseudo-Interflug-Kennzeichnungen für spezielle Einsätze.

5 Die ›482‹ (Werk-Nr. 14803035) der Regierungsfliegerstaffel 1959 noch völlig silbermetallfarbig und mit alten Hoheitszeichen. Sie ist noch heute in der Luftfahrthistorischen Sammlung am Flugplatz Finow erhalten.

6   Die ›444‹ (Werk-Nr. 14803032) 1958 bei der Transportfliegerschule Dessau, hier trugen die Maschinen grüne Bemalung.

7   Die ›445‹ (Werk-Nr. 14803007) der Transportfliegerschule 1958, die weiße oder schwarze Nummer und Einfassung der Hoheitszeichen deutet auf die Staffelzugehörigkeit hin. Diese Maschine ist 1966 nach Ägypten abgegeben worden.

8   Die ›405‹ (Werk-Nr. 14803043) der Transportfliegerstaffel TFS-27 in Dresden, eine der Maschinen mit großer Ladeluke. Von 1964/65 an bis Mitte der 70er Jahre waren alle IL-14P der Transportflieger völlig silberfarbig mit großen schwarzen Nummern.

9   Die ›485‹ (Werk-Nr. 14803027) der Transportstaffel TS-24 um 1978. Mit diesem glänzenden Tarnanstrich waren ab Mitte der 70er Jahre alle noch verbliebenen NVA IL-14P (mit Ausnahme der Fotomaschinen) versehen. Jedes Flugzeug hatte ein individuelles Fleckenmuster, und die Farbe neigte zu schnellem Abblättern und Verwittern.

Passagierflugzeuge

Iljuschin IL-14P

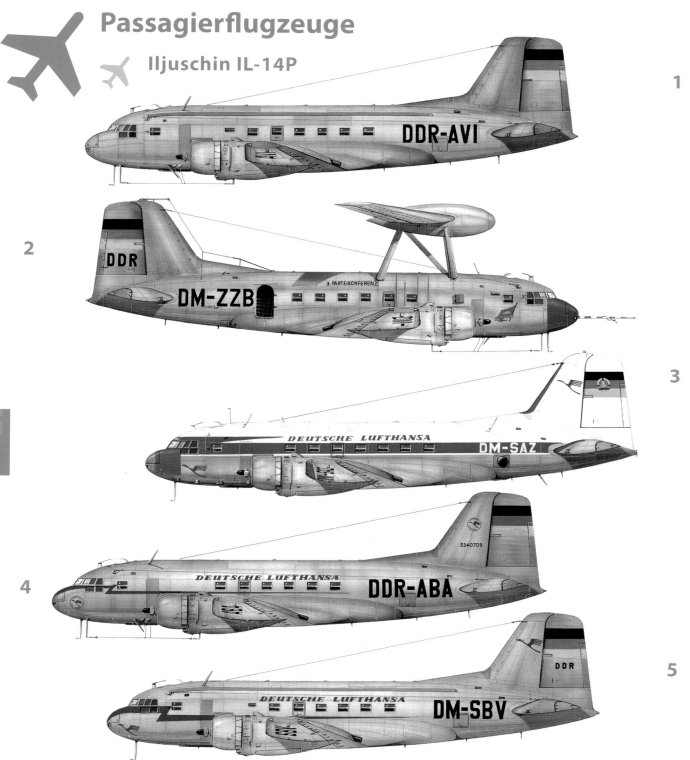

1

2

3

4

5

1 Die **DDR-AVI** (Werk-Nr. 6341208) 1955 war das Musterflugzeug aus der Sowjetunion für die Dresdner Produktion, sie wurde 1956 zur DM-ZZA umregistriert und 1961 an die NVA übergeben.

2 Die **DM-ZZB** (Werk-Nr. 14803001), der 1. VEB-FWD Prototyp, diente 1958 auch zur Erprobung des Höhenleitwerks der 152. Geflogen wurde ohne Einstiegstür, um die Stellung der Wollfäden an der Versuchsflosse beobachten und filmen zu können.

3 Das gleiche Flugzeug wurde ab 1961 als **DM-SAZ** (Werk-Nr. 14803001) registriert, von der DLH der DDR und später der Interflug als Messflugzeug zur Kalibrierung von Flugsicherungsbodenanlagen benutzt. 1967 außer Dienst gestellt, ist sie heute bei einem Autohaus in Reichenbach aufgestellt.

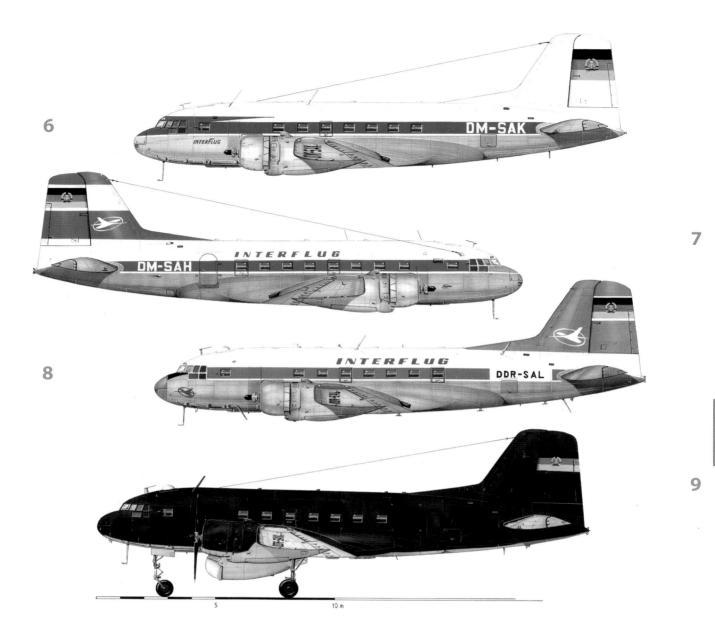

6

7

8

9

4 Die erste Il-14P aus sowjetischer Herstellung (Werk-Nr. 5340709) registriert als **DDR-ABA**, später DM-SBA, kam in dieser, etwas sparsamen Bemalung, 1955 zur DLH der DDR.

5 Die **DM-SBV** (Werk-Nr. 6341510) der DLH, alle weiteren Il-14P der DLH der DDR hatten dann dieses Bemalungsschema, und die erste Maschine wurde dem angeglichen.

6 Die **DM-SAK** (Werk-Nr. 14803024) im zweiten Bemalungsschema der DLH der DDR etwa 1959/60. Die Kraniche und die Lufthansa-Aufschrift sind entfernt und dafür eine frühe Form des Interflug-Schriftzugs am Bug angebracht. In dieser Übergangszeit wurde je nach Bedarf zwischen Lufthansa- und Interflug-Identität hin- und hergewechselt.

7 Die **DM-SAH** (Werk-Nr. 14803020) in der neuen roten Interflug-Bemalung 1964, acht Fenster an der rechten Rumpfseite zeigen, dass die Maschine für 32 Passagierplätze eingerichtet ist.

8 Die **SAL** (Werk-Nr. 14803026) löste 1968 die SAZ als Messflugzeug ab, und so sah ihre letzte Bemalung aus, in der sie bis 1984 flog. Als Präfix vor der Registrierung trägt sie DDR-, das ab 1981 das DM- ersetzte. Diese Maschine steht heute als Denkmal im EADS Elbe Flugzeugwerk Dresden.

9 Die ehemalige Fotomaschine ›422‹ (Werk-Nr. 14803045) der NVA als **DDR-SAM** 1983. Sie diente kurz vor ihrer endgültigen Außerdienststellung noch für ein paar Monate dem Betrieb FIF der Interflug. Heute gehört sie dem Deutschen Technikmuseum Berlin und wird als statisches Exponat restauriert.

Passagierflugzeuge

152/I V-1 DM-ZYA / 152/II V-4 DM-ZYB

Einsatz	1958
Stückzahl	3
Hersteller	VEB Flugzeugwerk, Dresden, DDR

1 Die **152/I V-1 DM-ZYA** im Aussehen zum Erstflug 1958.
2 Die **152/II V-4 DM-ZYB** flog 1960 in dieser Bemalung.

Die DDR-Führung hatte 1954 beschlossen, eine eigene Flugzeugindustrie aufzubauen. Ziel war unter anderem der Bau eines Mittelstreckenverkehrsflugzeugs mit Strahlantrieb für den Eigenbedarf und den Export, vorwiegend in die Sowjetunion. Eine Gruppe von Ingenieuren und Technikern der früheren deutschen Flugzeugwerke, darunter auch der Diplomingenieur Brunolf Baade, war 1946 zusammen mit ca. 2000 weiteren Wissenschaftlern, Ingenieuren, Flugzeugbauern und Piloten in die UdSSR verbracht worden. Dort entwickelte die Gruppe um Baade u.a. den Bomber ›150‹. Ihr letzter Auftrag in der Sowjetunion war die Projektierung eines kleinen sogenannten Schnellverkehrsflugzeugs für 26 Personen, unter der Bezeichnung ›152‹. Für dieses Flugzeug schufen sie, ebenfalls noch in der UdSSR, das Triebwerksprojekt ›014‹. Nachdem

diese Experten von 1950 bis 1954 wieder in die Heimat zurückgekehrt waren, bildeten sie unter der Leitung von Brunolf Baade den personellen Grundstock der neuen Flugzeugindustrie. Auf der Grundlage des Bombers ›150‹ und in Anlehnung an das Projekt ›152‹ entstand nun in relativ kurzer Zeit das Mittelstreckenverkehrsflugzeug ›152‹. Nach großen Anstrengungen konnte die fertige Maschine bereits am 30. April 1958 aus der Halle gerollt werden. Am 4. Dezember 1958 erfolgte der Erstflug, allerdings mit sowjetischen Mikulin RD-9B-Triebwerken, da das Pirna 014 noch nicht zur Verfügung stand. Beim zweiten Flug am 4. März 1959 stürzte die Maschine nach 55 Minuten Flugzeit beim Anflug auf den Flughafen Dresden acht km davor ab. Dabei kam die vierköpfige Besatzung ums Leben. Ursache waren Konstruktionsfehler in der Kraftstoffanlage und ein riskantes Demonstra-

tionsmanöver in Vorbereitung einer Präsentation für die Leipziger Messe. Der zweite Prototyp für die Flugerprobung V-4, auch als 152/II bezeichnet, wies gegenüber dem ersten einige wesentliche Änderungen auf. Das Tandemfahrwerk ersetzte man durch ein konventionelles Bugradfahrwerk, und die Navigatorkanzel war weggefallen. Eingebaut waren nun auch die eigenen Triebwerke Pirna 014 in neu gestalteten Gondeln. Im August und September 1960 absolvierte diese Maschine dann zwei Testflüge. Am 5. April 1961 verfügte die DDR-Führung die komplette Einstellung und Auflösung der Flugzeugindustrie. Hauptursachen waren die Überschätzung der ökonomischen Potenzen der DDR und der Wegfall der Exportchancen, da die Sowjetunion nicht mehr interessiert war. Die flugfertige 152/II V-5 und die ersten im Bau befindlichen Serienmaschinen wurden verschrottet.

152/I V-1 DM-ZYA

VERWENDUNGSZWECK	Prototyp für Mittelstrecken-verkehrsflugzeug
BESATZUNG	4 bis 5 plus Kabinenpersonal vorgesehen
PASSAGIERE	40 vorgesehen
SPANNWEITE	27,00 m
FLÜGELFLÄCHE	138,00 m²
LÄNGE	31,42 m
HÖHE	9,70 m
STEIGLEISTUNG	13,0 m/s
LEERMASSE	26 815 kg
STARTMASSE max.	42 300 kg
HÖCHSTGESCHWINDIGKEIT	810 km/h
REISEGESCHWINDIGKEIT	765 km/h
REICHWEITE	2020 km
DIENSTGIPFELHÖHE	10 700 m
TRIEBWERK	vier Turbojets Mikulin RD-9B
SCHUB	je 25,5 kN

TECHNISCHE DATEN

152/II V-4 DM-ZYB

VERWENDUNGSZWECK	Prototyp für Mittelstrecken-verkehrsflugzeug
BESATZUNG	4 bis 5 plus Kabinenpersonal vorgesehen
PASSAGIERE	48 bis 72 vorgesehen
SPANNWEITE	27,00 m
FLÜGELFLÄCHE	138,00 m²
LÄNGE	31,42 m
HÖHE	9,00 m
STEIGLEISTUNG	13,0 m/s
LEERMASSE	28 290 kg
STARTMASSE max.	44 500 kg
HÖCHSTGESCHWINDIGKEIT	920 km/h
REISEGESCHWINDIGKEIT	800 km/h
REICHWEITE	2000 km
DIENSTGIPFELHÖHE	10 700 m
TRIEBWERK	vier Turbojets Pirna 014 A-0
SCHUB	je 32,4 kN

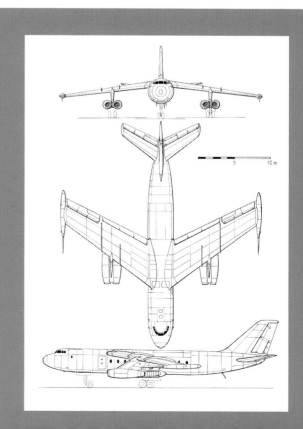

TECHNISCHE DATEN

Passagierflugzeuge

Iljuschin IL-18

Einsatz	1960-1989
Stückzahl	16
Hersteller	staatl. Flugzeugwerk Nr. 30 »Snamja Truda«, Moskau-Chodynka, UdSSR

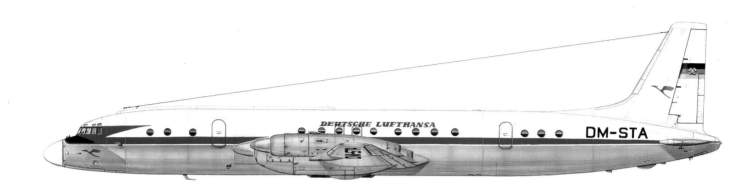

14

Die **DM-STA** (Werk-Nr. 180001905) in der vollen Bemalung der DLH der DDR, welche die ersten fünf IL-18 bis spätestens 1963 trugen.

Seit Gründung der Deutschen Lufthansa der DDR 1955 stützte sich der gesamte Verkehrsflug auf die Kolbenmotorflugzeuge IL-14. Doch 1959 entstand die Notwendigkeit, ein neues Muster mit modernerem Antrieb und höherer Reisegeschwindigkeit anzuschaffen. Ein Strahlflugzeug, wie z. B. die Tu-104, kam nicht in Frage, da man zu diesem Zeitpunkt noch auf den Einsatz der ›152‹ aus eigener Produktion hoffte. Die Wahl fiel auf das viermotorige Turbopropflugzeug IL-18, das sich seit 1959 im Liniendienst der Aeroflot befand. Ab März 1960 trafen die ersten drei IL-18 in Berlin ein. Im Frühjahr 1962 kamen zwei weitere Maschinen dazu. Zu dieser Zeit war dann auch bereits klar, dass die IL-18 der Hauptflugzeugtyp für die nächste Zukunft sein würde, da die eigene Flugzeugindustrie und das Projekt TL-Verkehrsflugzeug ›152‹ aufgegeben werden musste.

Diese ersten fünf IL-18 flogen zunächst in der blauen Bemalung der DLH der DDR. Für den Bedarfsluftverkehr, besonders in das westliche Ausland, hatte man im September 1958 die Interflug, als zweites Luftverkehrsunternehmen der DDR, gegründet. Ab September 1963 hörte die DLH der DDR auf zu existieren und es gab nur noch eine Fluggesellschaft in der DDR, die Interflug. Alle Flugzeuge IL-18 (und IL-14) bekamen nach und nach das neue rote IF-Farbschema. Zahlreiche Linien wurden auf IL-18 umgestellt und viele neue Verbindungen eröffnet. Die Regierungsflieger der LSK der NVA erhielten ebenfalls ab 1960 IL-18 Maschinen, welche mit Saloneinrichtungen versehen waren. Insgesamt bekamen die Regierungsflieger sechs Maschinen, von denen drei komplette Interflug-Bemalung hatten. Nach Erreichen einer bestimmten Flugstundenzahl wurden

die NVA IL-18 an die Interflug abgegeben und durch neue ersetzt. Dadurch hatte die Interflug bis zu 15 Maschinen im Einsatz, die bis zum Erscheinen der Tu-134 und IL-62 das Rückgrat der Flotte bildeten. Vier Flugzeuge waren von der Langstreckenversion IL-18D. Sie konnten nun z.B. nach Kuba und Bangladesch fliegen, und ab 1973 bedienten sie die bis dahin längste IF-Linie von Berlin nach Hanoi. Ab 1974/75 sind vier IL-18 zu Frachtern umgerüstet worden, die eine bedeutende Rolle bei den Solidaritätseinsätzen für befreundete Länder, vorwiegend in Afrika und Asien spielten. Durch Unfälle und Havarien gingen zwei Maschinen verloren, wobei zehn Personen ums Leben kamen. Von den nach der Liquidierung der IF verbliebenen sieben IL-18 gingen zwei nach Polen, die anderen fünf übernahm die von ehemaligen IF-Mitarbeitern gegründete BerLine.

Iljuschin IL-18W

VERWENDUNGSZWECK	Mittelstreckenverkehrsflugzeug
BESATZUNG	4 bis 5 plus Kabinenpersonal
PASSAGIERE	bis 111 (bei IF nur 100)
SPANNWEITE	37,40 m
FLÜGELFLÄCHE	140,00 m²
LÄNGE	35,70 m
HÖHE	10,20 m
STEIGLEISTUNG	8,0 m/s
LEERMASSE	34 700 kg
STARTMASSE max.	61 200 kg
HÖCHSTGESCHWINDIGKEIT	650 km/h
REISEGESCHWINDIGKEIT	625 km/h
REICHWEITE	5400 km
DIENSTGIPFELHÖHE	12 500 m
TRIEBWERK	vier Propellerturbinen Iwtschenko AI-20K
LEISTUNG	je 2942 kW

TECHNISCHE DATEN

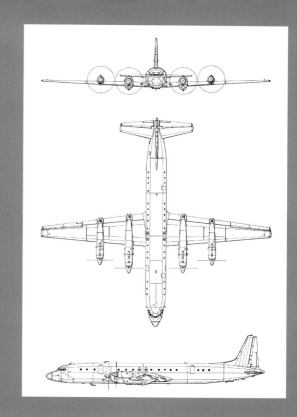

Iljuschin IL-18D

VERWENDUNGSZWECK	Mittel- und Langstrecken-verkehrsflugzeug
BESATZUNG	4 bis 5 plus Kabinenpersonal
PASSAGIERE	bis 122 (bei IF nur 100) oder 15 t Fracht
SPANNWEITE	37,40 m
FLÜGELFLÄCHE	140,00 m²
LÄNGE	35,70 m
HÖHE	10,20 m
STEIGLEISTUNG	7,5 m/s
LEERMASSE	35 000 kg
STARTMASSE max.	64 500 kg
HÖCHSTGESCHWINDIGKEIT	675 km/h
REISEGESCHWINDIGKEIT	650 km/h
REICHWEITE	6500 km
DIENSTGIPFELHÖHE	11 800 m
TRIEBWERK	vier Propellerturbinen Iwtschenko AI-20M
LEISTUNG	je 3125 kW

TECHNISCHE DATEN

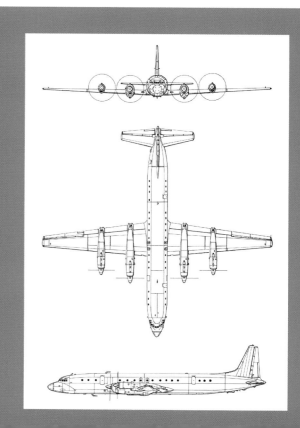

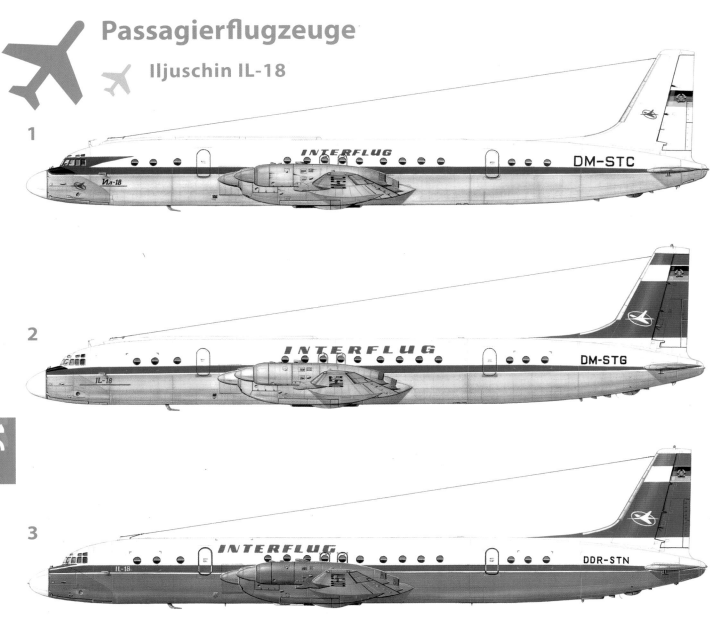

1 Die **DM-STC** (Werk-Nr. 180002202) in Interimsbemalung. Bei Einsatz auf IF-Flügen änderte man Schriftzug und Logo. Bei häufigem Wechsel hat man den IF- bzw. DLH-Schriftzug auch am vorderen Rumpf unterhalb des blauen Streifens im silbergrauen Bereich angebracht.

2 Die **DM-STG** (Werk-Nr. 182004402) im ab 1963 eingeführten neuen roten IF-Bemalungsschema; in den 70er Jahren ersetzte man die IL-18-Aufschrift am Bug durch das rote IF-Logo.

3 Die **DDR-STN** (Werk-Nr. 188010903) in der letzten IF-Bemalung der 80er Jahre. Neben einigen Detailänderungen gab es einen etwas modifizierten Schriftzug, und alle ehemals silbermetallische Flächen hatten nun einen grauen Schutzlackanstrich.

4 Die ›493‹ (Werk-Nr. 180002302) der Regierungsflieger der NVA erschien 1960 in diesem blauen Farbschema. Sie wurde 1981 zur DM-STD der Interflug.

5 Die 1964 gelieferte ›497‹ (Werk-Nr. 184007401) der Regierungsflieger trug das gleiche Farbschema wie die ›493‹ aber in Rot. Sie wurde zur DM-STP der IF.

6 Die **DM-STP** (Werk-Nr. 184007401) flog nach der Übernahme 1970 durch die IF noch eine Zeit lang in dieser Übergangsbemalung.

16

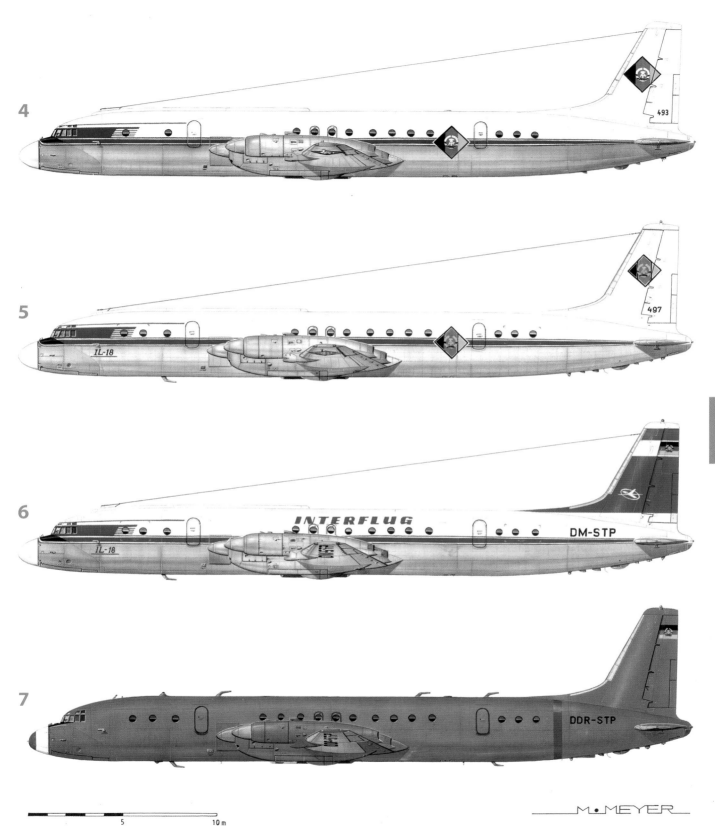

5　10 m

M•MEYER

7 Die **DDR-STP** (Werk-Nr. 184007401) flog in den 80er Jahren als Messflugzeug für die Kalibrierung von Flugsicherungsan-
lagen. Der Spitzname war »Graue Maus«, und eine solche Stoffmaus hing übrigens auch im Cockpit.

Tupolew Tu-124W

Einsatz	1964 bis 1975
Stückzahl	3
Hersteller	staatl. Flugzeugwerk Nr. 135 Charkow, UdSSR

19 64

INTERFLUG   DM-SDB

18

Die **DM-SDB** (Werk-Nr. 5351708) 1965 in voller Interflug-Bemalung, drei Jahre bevor die IF ihre ersten strahlgetriebenen Verkehrsflugzeuge erhielt.

Nachdem die Regierungsstaffel der NVA ab 1960 mit der Il-18 ausgerüstet worden war, stand ebenfalls der Ersatz ihrer Kolbenmotorflugzeuge IL-14 ins Haus. Ursprünglich war als Ablösemuster das von der eigenen Luftfahrtindustrie entwickelte Strahlverkehrsflugzeug ›152‹ vorgesehen. Nach der Einstellung dieses Projekts 1961 musste man sich nun einem Import aus der Sowjetunion zuwenden. Da es ein Strahlflugzeug für den Kurz- und Mittelstreckenbereich sein sollte, kam nur die Tupolew Tu-124 in Frage. Als 1964 die Entscheidung zur Beschaffung von drei Maschinen für die NVA fiel, war diese verkleinerte und mit den damals noch neuartigen ZTL-Triebwerken ausgerüstete Ableitung der Tu-104 seit knapp zwei Jahren im Liniendienst der Aeroflot. Die erste Tu-124 traf im Oktober 1964 bei der STS-29 in Marxwalde ein. Sie trug militärische Hoheitszeichen und die taktische Nummer ›495‹. Die

beiden folgenden Maschinen dagegen hatten eine Interflug-Bemalung und die zivilen Registrierungen DM-SDA und SDB. Die Maschinen waren gegenüber den ersten Serienflugzeugen von der verbesserten Version Tu-124W und hatten Saloneinrichtung. Die zivil gekennzeichneten Flugzeuge wurden vorwiegend für Flüge genutzt, die über westliche Länder führten, welche NVA-Militärmaschinen die Überflugsrechte verweigert hätten. Da die technische Zuverlässigkeit nicht den geforderten Standard für Regierungsflüge erreichte, nutzte meist nur die militärische Führung die Tu-124. Ab 1969 erhielt die selbstständige STS-29, so hieß die Reg-Staffel damals offiziell, die ersten Tu-134 und ab 1971 die Tu 134A. Dadurch traten die Tu-124W sozusagen in das zweite Glied. Nach der Absturzkatastrophe der Interflug IL-62 DM-SEA kam es 1972 zu Kapazitätsengpässen bei der IF wegen vorüber-

gehender Sperrung der IL-62. Kurzzeitig kamen deshalb Tu-124W der NVA auf regulären IF-Strecken zum Einsatz. Nach periodischer Zwischenüberholung ca. 1973 erhielten alle drei Maschinen einen neuen Anstrich. Die Streifen am Rumpf waren nun einheitlich im »militärischen« Stil, die beiden Flugzeuge mit Zivilkennzeichen erhielten dazu ein IF-Leitwerksdesign und den IF-Schriftzug. 1973 hat man die DM-SBA von Zivilkennung und Interflug-Bemalung auf militärische Hoheitszeichen und taktische Nummer ›496‹ umgestellt. Alle drei Tu-124W der LSK/LV wurden dann im Juli/August des Jahres 1975 wieder in die UdSSR exportiert. Dort sind sie in Aeroflotfarben für die Ministerien für Elektronik und Flugzeugbau bis 1983 geflogen.

Tu-124W

VERWENDUNGSZWECK	Kurz- und Mittelstrecken-verkehrsflugzeug
BESATZUNG	4 plus Kabinenpersonal
PASSAGIERE	44 bis 56
SPANNWEITE	25,55 m
FLÜGELFLÄCHE	119,37 m²
LÄNGE	30,58 m
HÖHE	8,08 m
STEIGLEISTUNG	12,0 m/s
LEERMASSE	22 900 kg
STARTMASSE max.	37 500 kg
HÖCHSTGESCHWINDIGKEIT	970 km/h
REISEGESCHWINDIGKEIT	870 km/h
REICHWEITE	1250 km
DIENSTGIPFELHÖHE	11 500 m
TRIEBWERK	zwei Turbofans Solowjew D-20P
SCHUB	je 52,9 kN

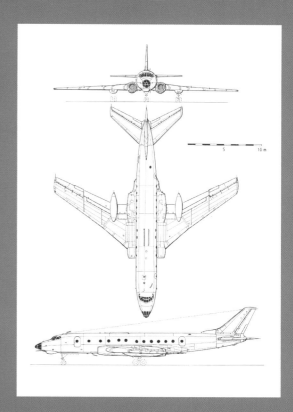

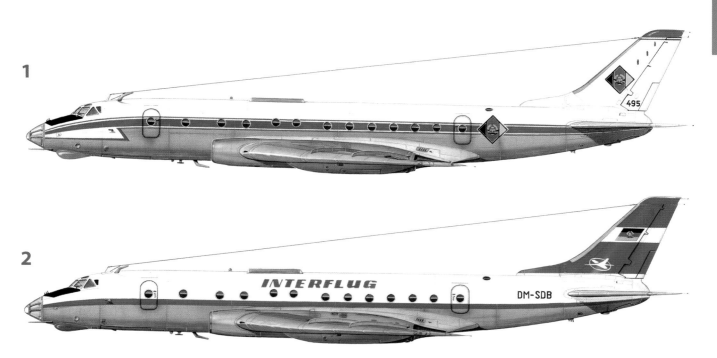

1 Die ›495‹ (Werk-Nr. 4351505) kam 1964 in diesem Bemalungsschema zu den NVA-Luftstreitkräften und blieb bis zur Außerdienststellung 1975 militärisch gekennzeichnet.

2 Die **DM-SDB** (Werk-Nr. 5351708) nach der letzten Grundüberholung mit militärischem Fensterstreifen, IF-Aufschrift und -Leitwerk.

Passagierflugzeuge

Antonow An-24W

Einsatz	1965 bis 1975
Stückzahl	7
Hersteller	staatl. Flugzeugwerk Nr. 473 Kiew-Swiatoschino, UdSSR

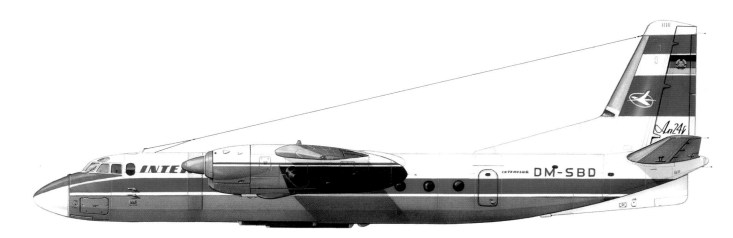

20

Die **DM-SBD** (Werk-Nr. 67302210); in dieser Bemalung, mit wenigen Detailunterschieden, zeigten sich alle An-24 der Interflug während ihrer gesamten Dienstzeit.

Die Kolbenmotorflugzeuge IL-14, die 1963/64 auf den Inlandslinien und noch einigen Auslandsrouten der Interflug verkehrten, mussten durch ein moderneres Muster ersetzt werden. Mangels anderer Möglichkeiten konnte die Wahl damals nur auf die Antonow An-24 fallen. Die erste An-24 wurde am 3. März 1966 nach Berlin-Schönefeld überführt, gefolgt von weiteren fünf Exemplaren. Bereits am 19. März 1966 erfolgte der erste Inlandslinieneinsatz auf der Strecke Berlin – Dresden und am 1. April der erste internationale Liniendienst von Berlin nach Warschau. Schwerpunkt des Einsatzes der An-24W waren Strecken im Inlandsliniennetz. Bis 1969 hatten sich die Inlandsdienste gut entwickelt, und die Passagierzahl pro Jahr war bis auf 250 000 gestiegen. Danach ging es stetig bergab, da der Reiz der ersten Zeit, einmal mit dem Flugzeug zu reisen, sich gelegt

hatte. Gleichzeitig stieg der individuelle Straßenverkehr, und die Bahn fuhr preiswert bei jedem Wetter. Im Januar 1967 kam noch eine siebte An-24W in die DDR. Doch die Interflug war hier nur der Betreiber des Flugzeugs, Halter war das MfS. Äußerlich mit normaler Interflug-Bemalung versehen, hatte die Maschine eine Saloneinrichtung und führte ausschließlich Flüge im Interesse des Mielke-Ministeriums durch. Geflogen wurde die SBH von speziellen Besatzungen, die, wenn sie nicht vom MfS gebraucht wurden, auf normalen IF-Linien flogen. Die Wartung der »Sondermaschine« erfolgte durch das reguläre Technikpersonal der Interflug. Die An-24W galt allgemein als einfaches, robustes und gut zu fliegendes Flugzeug, das allerdings etwas untermotorisiert war. Mit Abnahme der Bedeutung und der Anzahl der Inlandsdienste gelangten die An-

24W auch auf mehreren Auslandslinien zum Einsatz. So z.B. auf der Route Leipzig – Dresden – Budapest oder von Berlin nach Kopenhagen, Prag, Wien oder Poznań. Doch die Betriebskosten der An-24W lagen ca. 40 % über den Einnahmen, und es wurde der Beschluss gefasst, die Maschinen 1976/77 außer Dienst zu stellen. Sie wurden, einschließlich der Salonmaschine, anschließend als Teil der solidarischen Hilfe der Sozialistischen Republik Vietnam als Geschenk übergeben. Eine Ausnahme bildete die DM-SBA, sie wurde von der bulgarischen Fluggesellschaft Balkan gekauft, wo sie bis 1990 im Einsatz blieb. Eine interessante Aufgabe und Erfahrung für die Besatzungen waren die Überführungsflüge nach Vietnam auf der Route von Berlin-Schönefeld über Burgas, Larnaca, Damaskus, Bagdad, Dubai, Karachi, Neu-Delhi, Kalkutta und Rangoon nach Hanoi.

Antonow An-24W

VERWENDUNGSZWECK	Kurzstreckenverkehrsflugzeug
BESATZUNG	3 bis 4 plus Kabinenpersonal
PASSAGIERE	44 bis 50
SPANNWEITE	29,20 m
FLÜGELFLÄCHE	72,50 m²
LÄNGE	23,50 m
HÖHE	8,30 m
STEIGLEISTUNG	7,7 m/s
LEERMASSE	13 300 kg
STARTMASSE max.	21 000 kg
HÖCHSTGESCHWINDIGKEIT	500 km/h
REISEGESCHWINDIGKEIT	450 km/h
REICHWEITE	750 km
DIENSTGIPFELHÖHE	8400 m
LEISTUNG	je 1875 kW
TRIEBWERK	zwei Propellerturbinen Iwtschenko AI-24

TECHNISCHE DATEN

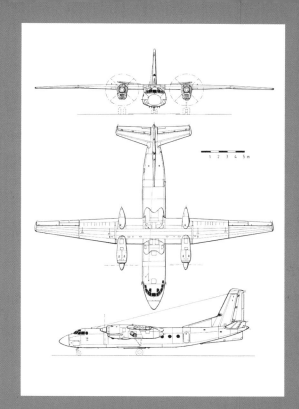

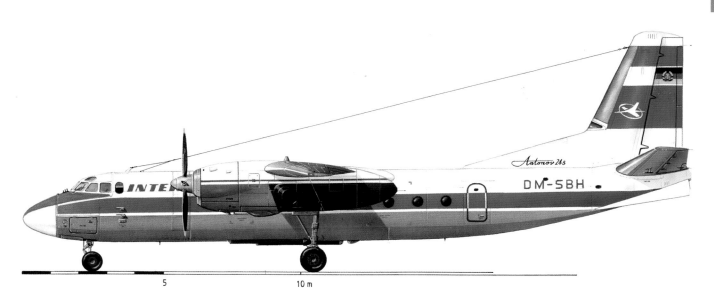

Die **DM-SBH** (Werk-Nr. 77303009), die »Sondermaschine«, unterschied sich äußerlich von den anderen nur durch eine zweiteilige Flosse unter dem Heck, da sie zu einer neueren Serie gehörte.

Passagierflugzeuge

Tupolew Tu-134 / Tu-134A

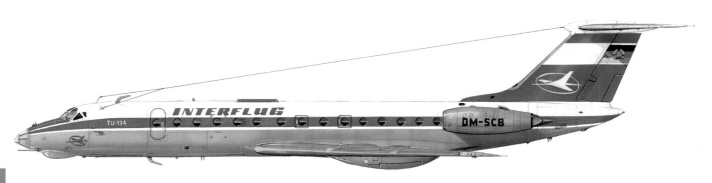

Tu-134 DM-SCB (Werk-Nr. 8350503) in der ursprünglichen Form und Bemalung bei Lieferung 1968.

Für die Interflug begann 1968, wenn auch etwas spät, der Start in das Jetzeitalter. Das zweistrahlige Mittelstreckenverkehrsflugzeug Tu-134, das aus der Tu-124 hervorgegangen war, wurde in die Flotte eingeführt. Der kommerzielle Einsatz folgte mit dem Messeflugverkehr zur Leipziger Frühjahrsmesse 1969. Die ersten regulären Liniendienste mit Tu-134 gingen dann nach Beirut, Moskau, Bukarest und Sofia, Kopenhagen und Helsinki. Auch für die Regierungsstaffel der NVA beschaffte man 1969 vier Tu-134. Wie üblich, trugen drei dieser Maschinen IF-Bemalung und zivile Registrierungen, nur eine hatte militärische Kennzeichen. Schon ab 1971 stand eine weiterentwickelte Version als Tu-134A zur Verfügung. Diese hatte einen um 2,10 m längeren Rumpf und eine um 2,5 t höhere Startmasse. Die Triebwerke der ›A‹ verfügten über eine Schubumkehranlage, wodurch der bei

der ersten Version verwendete Bremsschirm entfiel. Der Platz im Heck wurde für den Einbau eines Hilfsenergieaggregats verwendet. Zuerst erhielt 1971 die Regierungsstaffel der NVA zwei dieser Tu-134A. Diese beiden Exemplare hatten noch den Arbeitsplatz des Navigators, wie bei der Normalversion, im verglasten Rumpfbug. Alle weiteren Tu-134A, die in die DDR eingeführt wurden, hatten dann eine Radarnase und den Navigatorplatz zwischen den Piloten. Die Interflug bekam ab 1973 eigene Tu-134A, und durch den ständigen Zulauf von ehemaligen NVA-Regierungsmaschinen wuchs die Flotte kontinuierlich an. Auf allen Linien und vielen Charterflügen innerhalb Europas und in den Nahen Osten war die Tu-134/ 134A nun der Hauptflugzeugtyp. Im Einsatz der Tu-134/134A gab es zahlreiche technische Probleme. Die Triebwerke erreichten selten die vorge-

sehenen Betriebstunden, und die Rümpfe zeigten starke Korrosionsschäden, die nur durch extremen Wartungs- und Reparaturaufwand zu beheben waren. Zwei Exemplare beschaffte 1976 das Ministerium für Staatssicherheit und ließ sie von der Interflug betreiben. Diese Flugzeuge lösten die An-24 DM-SBH ab. Die letzten Tu-134 der ersten Version sind 1986 außer Dienst gestellt worden. Die Interflug hatte 1983 mit 23 Maschinen ihren größten Bestand an Tu-134/134A, doch mit rund 1400 Flugstunden pro Jahr, einem Kraftstoffverbrauch von 2,9 t pro Stunde und den ständigen technischen Verspätungen waren sie ein ökonomischer Alptraum. Zum Ende der 80er Jahre bekam die IF zunehmend Schwierigkeiten bei Landerechten für die Tu-134A wegen des hohen Lärmpegels. Durch Unfälle und Havarien gingen drei Maschinen verloren. Dabei kamen 25 Personen ums Leben.

Tupolew Tu-134

VERWENDUNGSZWECK	Kurz- und Mittelstreckenver-kehrsflugzeug
BESATZUNG	3 bis 4 plus Kabinenpersonal
PASSAGIERE	72
SPANNWEITE	29,01 m
FLÜGELFLÄCHE	127,30 m²
LÄNGE	34,95 m
HÖHE	9,02 m
STEIGLEISTUNG	15,0 m/s
LEERMASSE	26 500 kg
STARTMASSE max.	45 000 kg
HÖCHSTGESCHWINDIGKEIT	870 km/h
REISEGESCHWINDIGKEIT	800 km/h
REICHWEITE	2400 km
DIENSTGIPFELHÖHE	11 000 m
TRIEBWERK	zwei Turbofans Solowjew D-30
SCHUB	je 66,68 kN

TECHNISCHE DATEN

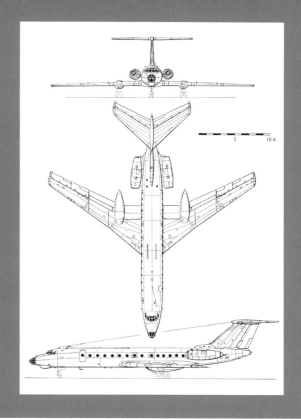

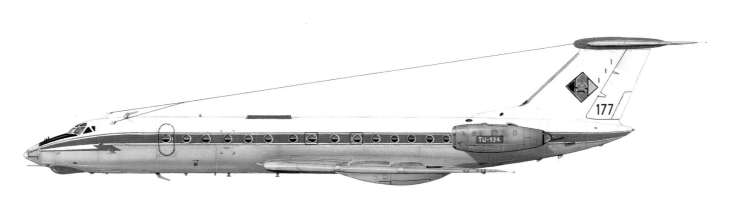

Tu-134 ›177‹ (Werk-Nr. 9350913) der NVA in der ursprünglichen Form und Bemalung bei Lieferung 1968, sie wurde später zur DM-SCZ der Interflug.

Passagierflugzeuge

Tupolew Tu-134 / Tu-134A

1

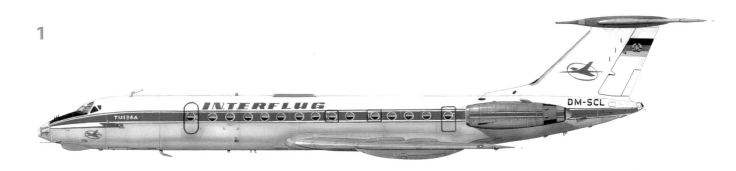

24

2

1 **Tu-134A DM-SCL** (Werk-Nr. 1351305) in einer Übergangsbemalung kurz nach ihrer Übergabe von der NVA an die Interflug 1977.
2 **Tu-134A DDR-SCV** (Werk-Nr. 1209) der Interflug in der Bemalungsform der 80er Jahre – leicht geänderter Schriftzug, kein Logo am Bug.

Tupolew Tu-134 A

VERWENDUNGSZWECK	Kurz- und Mittelstreckenver-kehrsflugzeug
BESATZUNG	3 bis 4 plus Kabinenpersonal
PASSAGIERE	76
SPANNWEITE	29,01 m
FLÜGELFLÄCHE	127,30 m²
LÄNGE	37,32 m
HÖHE	9,14 m
STEIGLEISTUNG	14,5 m/s
LEERMASSE	28 600 kg
STARTMASSE max.	49 000 kg
HÖCHSTGESCHWINDIGKEIT	900 km/h
REISEGESCHWINDIGKEIT	800 km/h
REICHWEITE	2000 km
DIENSTGIPFELHÖHE	12 000 m
TRIEBWERK	zwei Turbofans Solowjew D-30-II
SCHUB	je 69,38 kN

TECHNISCHE DATEN

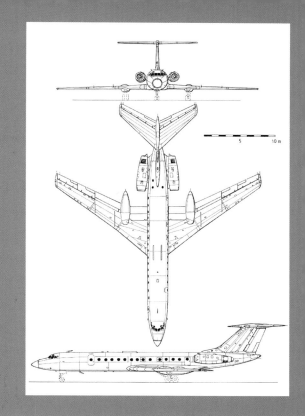

3 Tu-134A ›184‹ (Werk-Nr. 63952) des TG-44 der NVA in der Militärbemalung der 80er Jahre.

Passagierflugzeuge

Iljuschin IL-62 / IL-62M

Einsatz   1970 bis 1990
Stückzahl   6 / 15
Hersteller   staatl. Flugzeugwerk Nr. 22 Kasan, UdSSR

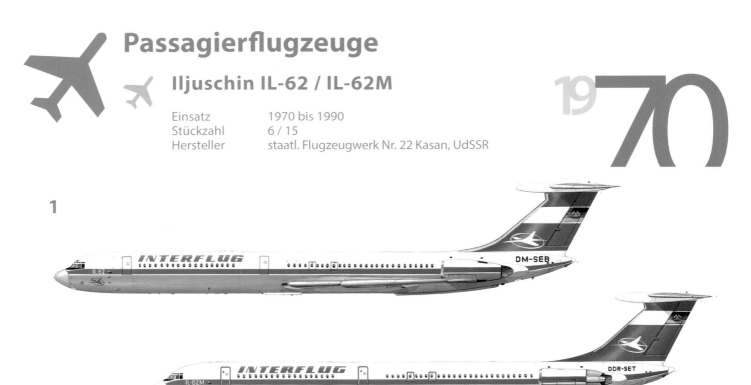

1 IL-62 DM-SEB (Werk-Nr. 00702) in der Bemalung wie 1970 geliefert, sie diente bis 1986 und wurde dann in Rangsdorf bei Berlin aufgestellt und 1990 durch Brandstiftung zerstört.

Bis 1970 wurden Langstrecken- und Interkontinentalflüge immer noch mit der Il-18D durchgeführt. Mit Einführung der IL-62 wurde man nun auch auf diesem Gebiet konkurrenzfähiger und erreichte den Stand des internationalen Luftverkehrs. Die Indienststellung der ersten Maschine fiel in das 100. Geburtsjahr Lenins und wurde daher zu seinem Gedenken mit entsprechendem Pomp und Feiern begangen. Die IF-Mitarbeiter bezeichneten das Flugzeug deshalb scherzhaft als »Lenindenkmal«. Von der äußeren Erscheinung war die IL-62 ein sehr elegantes Flugzeug, und die Flugeigenschaften galten allgemein als gut und stabil, einziger Nachteil war das Fehlen von Hochauftriebshilfen zur Verringerung der Anfluggeschwindigkeit. Zwei weitere Maschinen kamen 1970/71 zur Flotte, und mehrere Langstrecken wurden auf IL-62 umgestellt oder neueröffnet,

aber auch auf Charterflügen kamen die neuen Jets zum Einsatz. Ein großer Rückschlag war dann die Katastrophe am 14. August 1972, als die DM-SEA durch einen konstruktiv bedingten, technischen Defekt abstürzte und alle 156 Insassen ums Leben kamen. Weitere drei IL-62 verstärkten 1973 die Flotte, und ab 1980 beschaffte die IF neun verbesserte IL-62M. Diese Version hatte andere Triebwerke, die 15 % weniger Kraftstoff verbrauchten und eine vereinfachte, effektivere Schubumkehr besaßen. Neben vielen anderen Verbesserungen verfügte die ›M‹ auch über einen 5000 l fassenden Kraftstofftank in der Seitenflosse. Haupteinsatzgebiet waren Langstrecken nach Asien, Afrika und nach Kuba. Charterflüge führten in alle Teile der Welt und viele Flüge waren sogenannte Solidaritätsflüge, hauptsächlich nach Angola, Mosambik, Vietnam, Kuba und Nicaragua mit Hilfsgütern.

Auch die Regierungsflieger der NVA erhielten von 1978 an fünf IL-62M mit Saloneinrichtung und betrieben diese in voller IF-Bemalung. Zwei dieser Maschinen sind nach entsprechender Dienstzeit an die IF abgegeben worden. Die drei beim Mauerfall noch vorhandenen IL-62M flogen für kurze Zeit für die Flugbereitschaft der Bundeswehr. Die IL-62 der alten Version hatten ab 1987 ihre Grenznutzungsdauer erreicht und wurden nacheinander außer Dienst gestellt. Eine dieser Maschinen ist nach Stölln/Rhinow überflogen und nach einer spektakulären Landung auf dem dortigen ca. 900 m langen Grasflugplatz als Lilienthal-Gedenkstätte aufgestellt worden! Leider ereilte die Interflug im Juni 1989 noch eine Katastrophe mit einer IL-62M, bei der 21 Menschen starben. Nach dem Ende der DDR und der IF sind die verbliebenen IL-62M in die Sowjetunion verkauft worden.

Iljuschin IL-62

VERWENDUNGSZWECK	Langstreckenverkehrsflugzeug
BESATZUNG	4 bis 5 plus Kabinenpersonal
PASSAGIERE	115 bis 186
SPANNWEITE	43,20 m
FLÜGELFLÄCHE	279,62 m²
LÄNGE	53,12 m
HÖHE	12,35 m
STEIGLEISTUNG	18,0 m/s
LEERMASSE	69 400 kg
STARTMASSE max.	162 200 kg
HÖCHSTGESCHWINDIGKEIT	950 km/h
REISEGESCHWINDIGKEIT	820 km/h
REICHWEITE	6700 km
DIENSTGIPFELHÖHE	12 000 m
TRIEBWERK	vier Turbofans Kusnezow NK-8-4
SCHUB	je 103 kN

TECHNISCHE DATEN

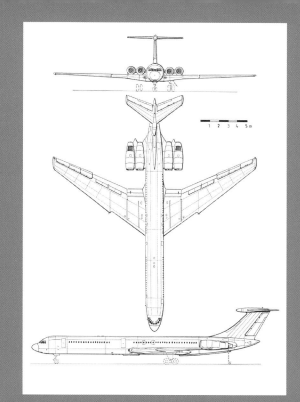

2 **IL-62M DDR-SET** (Werk-Nr. 4546257) im Aussehen Ende der 80er Jahre mit verändertem Schriftzug und ohne IF-Logo am Bug. Zunächst 1990 an die Aeroflot verkauft, kam sie später nach Usbekistan und fliegt heute zum Frachter umgebaut für russische Eigner.

Iljuschin IL-62M

VERWENDUNGSZWECK	Langstreckenverkehrsflugzeug
BESATZUNG	4 bis 5 plus Kabinenpersonal
PASSAGIERE	161 bis 198
SPANNWEITE	43,20 m
FLÜGELFLÄCHE	279,62 m²
LÄNGE	53,12 m
HÖHE	12,35 m
STEIGLEISTUNG	16,8 m/s
LEERMASSE	71 600 kg
STARTMASSE max.	167 000 kg
HÖCHSTGESCHWINDIGKEIT	950 km/h
REISEGESCHWINDIGKEIT	800 km/h
REICHWEITE	7800 km
DIENSTGIPFELHÖHE	11 800 m
TRIEBWERK	vier Turbofans Solowjew D-30KU
SCHUB	je 107,8 kN

TECHNISCHE DATEN

Passagierflugzeuge

Tupolew Tu-154M

Einsatz	1989 bis 1990
Stückzahl	2
Hersteller	staatl. Flugzeugwerk Nr. 18, Kuybischew, UdSSR

Tu-154M DDR-SFB (Werk-Nr. 89A-813) Beide Maschinen der NVA trugen diese komplette Interflug-Bemalung und Zivilregistrierung wegen der Verschleierung ihrer Identität und zur Erlangung von Überflugrechten. Diese Maschine ging später, während ihres Einsatzes bei der Bundes-Luftwaffe, 1997 durch Kollision mit einem US-Transportflugzeug vor der Küste Westafrikas verloren, wobei 33 Personen starben.

Die Regierungsflieger verfügten Ende der 80er Jahre über einen Flugzeugpark von drei Langstreckenflugzeugen IL-62M, 11 Tu-134A für Kurz- und Mittelstrecken und sechs Mi-8 Salonhubschraubern. Bei den für den Kurz- und Mittelstreckenbereich zuständigen Tu-134A war die letzte neue Maschine 1983 angeschafft worden und die Produktion dieses Typs ausgelaufen. Da die Regierungsflugzeuge immer nur eine künstlich begrenzte Nutzungsdauer hatten, sah man in diesem Bereich Bedarf für Neuanschaffungen. Die NVA entschied sich daher 1988 für die Anschaffung von zwei Mittelstreckenflugzeugen vom Typ Tu-154M für das TG-44 der LSK/LV. Die Tu-154M, das Nachfolgemuster der Tu-154, war dank der moderneren Triebwerke deutlich sparsamer und leiser als der Vorgänger, so dass sie nach der Richtlinie ICAO Stage III zugelassen wurde. Im Weiteren unterschied sich die Tu-

154M von der älteren Version durch ein um 2 t höheres Abfluggewicht, geringerem KS-Verbrauch und einer moderneren Instrumentierung, die Landungen bei Bedingungen der Kategorie II zuließ. Eine große Stärke der Tu-154M lag auch in ihrer Flexibilität, was Nutzlast und Reichweite angeht, und in ihrer rasanten Performance bei Steigleistung und Geschwindigkeit. So ist sie z.B. noch heute das schnellste Verkehrsflugzeug der Welt! Am 14. April 1989 landete die erste 154M der NVA beim TG-44 in Marxwalde, die zweite folgte am 8. September. Beide Flugzeuge trugen volle Interflug-Bemalung und zivile Registrierung. Im Lieferzustand hatten sie eine 57-Plätze-Saloneinrichtung. In NVA-Regie wurden sie aber so umgerüstet, dass sie wahlweise mit 69 Plätzen Standard-, 91 Plätzen Optimaloder 105 Plätzen Maximalvariante geflogen werden konnten. Da die Tu-

154M für die DDR und die NVA ein neuer Flugzeugtyp war, mussten zunächst umfangreiche Erprobungs- und Trainingsflüge absolviert werden, um die staatliche Betriebserlaubnis zu erlangen. Der erste Einsatz erfolgte im Oktober 1989, als die DDR Daniel Ortega, dem Präsidenten von Nicaragua, eine Tu-154M zur Verfügung stellte, um mehrere arabische Länder zu besuchen. Im November des Jahres beförderten beide Maschinen das komplette Erich-Weinert-Ensemble der NVA einschließlich der Instrumente, Kostüme und der Bühnenausrüstung nach Peking. In der Zeit vor der Wiedervereinigung waren auch die DDR-Ministerpräsidenten Hans Modrow und Lothar de Maizière Passagiere der Tu-154M. Nach der Auflösung der NVA 1990 kamen beide Maschinen in den Bestand der Luftwaffe und dienten in der Flugbereitschaft des Bundesverteidigungsministeriums.

Tupolew Tu-154M

VERWENDUNGSZWECK	Mittelstreckenverkehrsflugzeug
BESATZUNG	3 bis 4 plus Kabinenpersonal
PASSAGIERE	164 bis 180
SPANNWEITE	37,55 m
FLÜGELFLÄCHE	180,10 m²
LÄNGE	47,90 m
HÖHE	11,40 m
STEIGLEISTUNG	18,0 m/s
LEERMASSE	57 700 kg
STARTMASSE max.	100 000 kg
HÖCHSTGESCHWINDIGKEIT	990 km/h
REISEGESCHWINDIGKEIT	850 km/h
REICHWEITE	7000 km
DIENSTGIPFELHÖHE	12 800 m
TRIEBWERK	zwei Turbofans Solowjew D-30KU-154-II
SCHUB	je 105,00 kN

TECHNISCHE DATEN

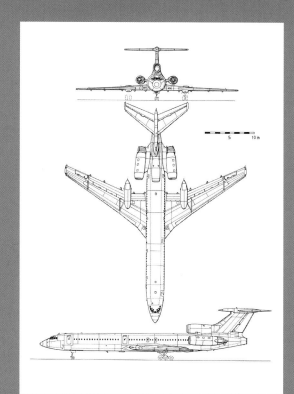

Passagierflugzeuge

Airbus A310-304

Einsatz	1989 bis 1990
Stückzahl	3
Hersteller	Airbus Industries, International

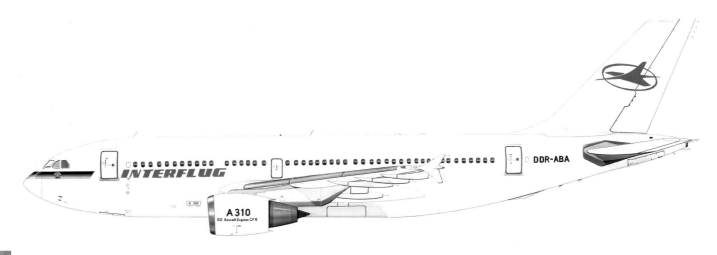

A310-304 DDR-ABA (Werk-Nr. 498), der erste Airbus der Interflug; alle drei Maschinen trugen dieses eher unspektakuläre, aber elegante Bemalungsschema. Die neue Epoche sollte auch mit einer neuen, von den anderen IF-Flugzeugen abweichenden Bemalung demonstriert werden. Dazu ließ man sich von Airbus Designvorschläge machen und wählte diese Version aus. Der schwarz-rot-goldene Streifen mit Staatsemblem am Bug ist allerdings auf Wunsch der Interflug hinzugefügt worden.

Mit der Einführung des A310, als erstem westlichen Flugzeugtyp, sollte für die Interflug eine neue Epoche beginnen. Letztendlich war es nur der erste Schritt zum Ende. Für die Öffentlichkeit außergewöhnlich, über- raschend und verwirrend zugleich, war 1989 der Entschluss der DDR- Führung ein Verkehrsflugzeugtyp westlicher Herkunft mit Unterstützung und Vermittlung wirtschaftlicher und politischer Kreise der Bundesrepublik anzuschaffen. Die Ursachen für diesen Entschluss lagen wesentlich in der prekären Flottensituation der Interflug Mitte der 80er Jahre und den schlechten Perspektiven, welche die sowjetische Flugzeugindustrie in dieser Zeit zu bieten hatte. Nicht zuletzt herrschte insgesamt ein Klima, das eine gewisse Annäherung zwischen den beiden deutschen Staaten sowie zwischen Ost und West im Allgemeinen unterstützte. Auch die Lieferung des

Konkurrenten Boeing nach Polen – die LOT bekam ihre erste Boeing 767 im April 1989 – hat wohl bei Airbus das Interesse für Lieferungen in den Osten angekurbelt. In kürzester Zeit wurde zwischen Interflug und Airbus die technische Konfiguration der zu liefernden Flugzeuge festgelegt. Die IF-Version A310-304 sollte zwei KS-Zusatzbehälter für je 7200 l im Rumpf erhalten und bei 157 t Abflugmasse über 10 000 km weit fliegen. Mit der Lufthansa konnte eine Vereinbarung über technische Wartung der Flugzeuge und der Triebwerke geschlossen werden. Nicht zuletzt auf Druck des Airbus-Aufsichtsratsvorsitzenden Franz Josef Strauß wurden auch die Schwierigkeiten in Bezug auf Technologietransfer in den Osten mit der dafür zuständigen COCOM geklärt. Am 26. Juni 1989 landete der erste A310 in Berlin-Schönefeld. Nach Überwindung einiger Anfangsschwierig-

keiten begann ab 1. Juli 1989 der Liniendienst mit einem Flug nach Bangkok über Dubai. Weitere planmäßige Ziele waren Singapur, Peking, Larnaca, Havanna, Mexiko-City, Kairo, Athen und Rom. Als die dritte A 310 am 25. Oktober 1989 übernommen wurde, hatten die beiden anderen bereits 500 Landungen absolviert, die geplanten 4500 Flugstunden pro Jahr waren also erreichbar. Die tatsächliche Nutzung der ersten beiden Maschinen lag bei 11,8 Flugstunden pro Tag. Der Kraftstoffverbrauch hatte sich halbiert und die Produktivität des fliegenden Personals verdoppelt. Nach dem Ende der DDR, als 1991 schließlich auch die Liquidation der Interflug erfolgte, übernahm die Luftwaffe die drei noch fast neuen IF-Airbusse und setzte sie in der Flugbereitschaft des Bundesverteidigungsministeriums ein. Zwei Exemplare fliegen heute noch dort.

Airbus A310-304

VERWENDUNGSZWECK	Langstreckenverkehrsflugzeug
BESATZUNG	2 plus Kabinenpersonal
SPANNWEITE	208 bis 280
FLÜGELFLÄCHE	218,99 m²
LÄNGE	46,66 m
HÖHE	15,80 m
STEIGLEISTUNG	7,7 m/s
LEERMASSE	77 130 kg
STARTMASSE max.	157 000 kg
HÖCHSTGESCHWINDIGKEIT	901 km/h
REISEGESCHWINDIGKEIT	850 km/h
REICHWEITE	10430 km
DIENSTGIPFELHÖHE	12500 m
TRIEBWERK	zwei Turbofans General Electric CF6-80C2A2
SCHUB	je 238,0 kN

TECHNISCHE DATEN

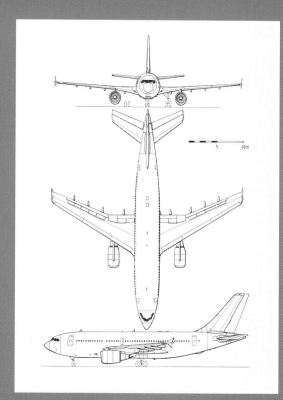

Kampf- und Übungskampfflugzeuge

Jakowlew Jak-11

Einsatz	1952 bis 1963
Stückzahl	100
Hersteller	staatl. Flugzeugwerk Nr. 272, Leningrad, UdSSR
	staatl. Flugzeugwerk Nr. 292, Saratow, UdSSR

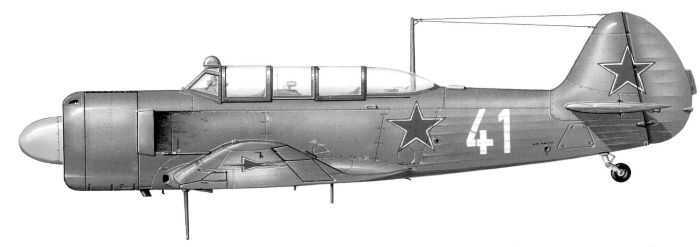

Jak-11 ›41‹ (Werk-Nr. 67228) der VP-Luft 1953, aus schon mehrfach genanntem Grund mit Sowjetsternen gekennzeichnet, die Farbe des Propellerspinners in Rot, Gelb oder Blau ließ die jeweilige Zugehörigkeit zu einem der drei Verbände der VP-Luft erkennen.

Als die VP-Luft im Juni 1952 mit den ersten Lehrgängen für Techniker und Mechaniker begann, übergaben die Sowjets der Schule in Kamenz fünf abgeschriebene, nicht mehr flugtaugliche Kolbenmotorjagdflugzeuge vom Typ La-9 als Lehrobjekte. Der Überlieferung nach dienten die Maschinen nur als statische Lehrflugzeuge. Wie lange die Lawotschkins an der Schule verblieben und welches Schicksal sie letztlich hatten, ist nicht bekannt. Die Ausbildung von Piloten für die VP-Luft begann im Herbst des Jahres 1952, im Rahmen des sogenannten Lehrgang X, in der UdSSR. Parallel dazu lief auch in der DDR die Grundausbildung auf der Jak-18 an. Für die Fortgeschrittenenausbildung stellte ein sowjetisches Lehrregiment in Cottbus Übungsjagdflugzeuge Jak-11 zur Verfügung. Diese Maschinen sind aber nach dem 17. Juni 1953 wieder abgezogen worden.

Die Konstruktion der Jak-11 ging 1944/ 45 aus dem Jagdflugzeug Jak-3 hervor. Die Zelle gleicht bis auf die Doppelkabine weitgehend der Jak-3. Nur der große Sternmotor war untypisch für Jakowlew-Jäger dieser Zeit und erinnert eher an die Lawotschkin-Jäger. Der wartungsfreundliche, unkomplizierte, luftgekühlte Sternmotor war gegenüber den flüssigkeitsgekühlten Reihenmotoren der Jäger für den Schulbetrieb besser geeignet. Zuerst als Jak-3UTI erprobt, begann die Serienfertigung 1946 als Jak-11. Erst ab Oktober 1953 begann die DDR eigene Jak-11 zu beschaffen. Zunächst kamen 30 Maschinen in die DDR, und im Frühjahr 1955 wuchs der Bestand auf 91 an, wovon am 1. März 1956 82 Stück in den Erstbestand der LSK der NVA eingingen. Nebenbei stellte die Jak-11 auch das erste Kampfflugzeug der NVA dar, das sich mit scharfem Schuss im Einsatz bewähren musste.

In den Jahren 1956/57 standen in den Geschwadern immer zwei Jak-11, meist zusammen mit zwei MiG-15 oder MiG-17, als sogenannte Einsatzkräfte in Startbereitschaft. Von Westdeutschland aus starteten in jener Zeit monatlich Hunderte von Ballons mit Propagandamaterial in Richtung DDR. Durch Jak-11 wurden diese Ballons abgefangen und mit dem Maschinengewehr abgeschossen. Mit zunehmender Einführung der Strahljäger MiG-15 und MiG-17 sowie des Schulflugzeugs MiG-15UTI für die Umschulung verringerte sich die Bedeutung der Jak-11. Das Aus für die Jak-11 als Übungsjagdflugzeug kam dann 1958/59. Bis auf fünf Maschinen, die noch bis 1962 in der Zieldarstellungsstaffel ZDS-21 dienten, wurden alle verschrottet und einige als Anschauungsobjekte aufgestellt. Durch Unfälle und Havarien gingen 13 Maschinen verloren, wobei 11 Personen ums Leben kamen.

Jakowlew Jak-11

VERWENDUNGSZWECK	Schul- und Übungsjagdflugzeug
BESATZUNG	2
SPANNWEITE	9,40 m
FLÜGELFLÄCHE	15,40 m²
LÄNGE	8,50 m
HÖHE	3,30 m
STEIGLEISTUNG	16,6 m/s
LEERMASSE	1820 kg
STARTMASSE max.	2418 kg
HÖCHSTGESCHWINDIGKEIT	456 km/h
MARSCHGESCHWINDIGKEIT	400 km/h
REICHWEITE	1290 km
DIENSTGIPFELHÖHE	8000 m
LEISTUNG	515 kW
TRIEBWERK	ein 7-Zyl.-Sternmotor Schwezow ASch-21
BEWAFFNUNG	ein MG UBS Kal. 12,7 mm, 200-kg-Bomben unter den Flügeln möglich

TECHNISCHE DATEN

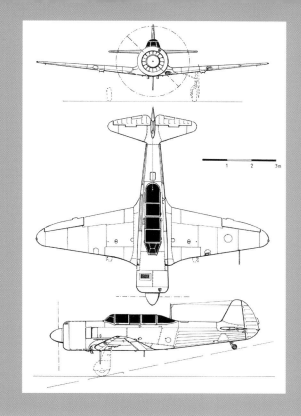

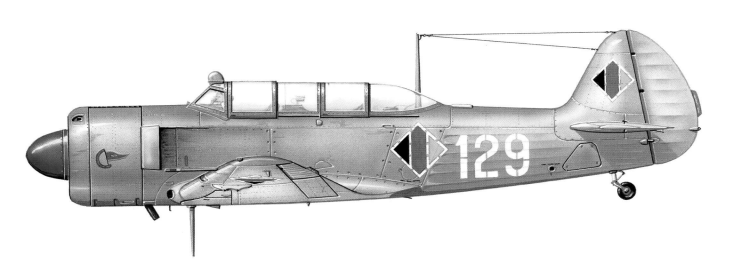

Jak-11 ›129‹ (Werk-Nr. unbekannt) der Fliegerschule der LSK 1956 mit früher Form des DDR Hoheitszeichens ohne Emblem.

Kampf- und Übungskampfflugzeuge

Jakowlew Jak-11

Einsatz	1952 bis 1963
Stückzahl	100
Hersteller	staatl. Flugzeugwerk Nr. 272, Leningrad, UdSSR
	staatl. Flugzeugwerk Nr. 292, Saratow, UdSSR

1

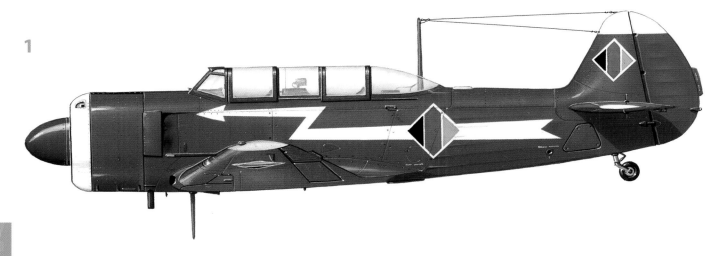

2

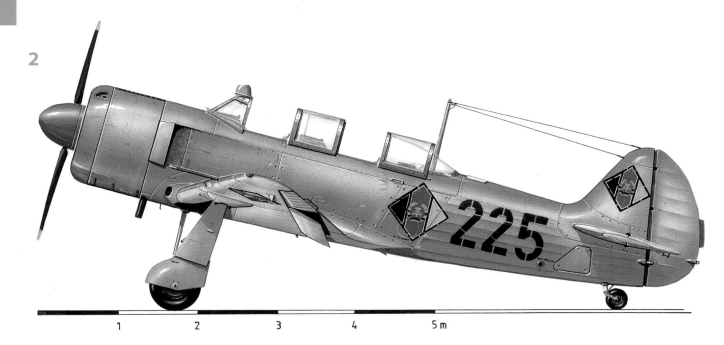

1 **Jak-11** der LSK mit Sonderlackierung für Kunstflugvorführungen 1957.
2 **Jak-11 ›225‹** (Werk-Nr. 68203) der Zieldarstellungsstaffel ZDS-21 1961; diese Maschine ist heute noch im Luftwaffenmuseum Berlin-Gatow zu sehen.

Lawotschkin La-9

VERWENDUNGSZWECK	Jagdflugzeug
BESATZUNG	1
SPANNWEITE	9,80 m
FLÜGELFLÄCHE	17,70 m²
LÄNGE	8,50 m
HÖHE	3,5 m
STEIGLEISTUNG	17,3 m/s
LEERMASSE	2708 kg
STARTMASSE max.	3733 kg
HÖCHSTGESCHWINDIGKEIT	690 km/h
MARSCHGESCHWINDIGKEIT	560 km/h
REICHWEITE	1735 km
DIENSTGIPFELHÖHE	10 800 m
TRIEBWERK	ein 14-Zyl.-Doppelsternmotor Schwezow ASch-82FNW
LEISTUNG	1360 kW
BEWAFFNUNG	vier Kanonen NR-23 Kal. 23 m

TECHNISCHE DATEN

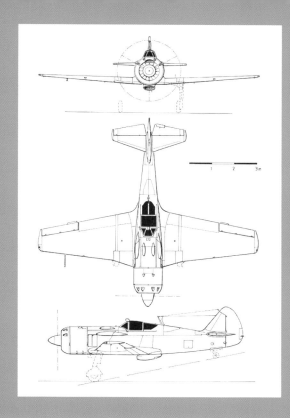

3

3 La-9 Lehrflugzeug der VP-Luft 1962 für die Bodenausbildung von Technikern.

Kampf- und Übungskampfflugzeuge

Mikojan/Gurewich MiG-15bis / MiG-15UTI

1956

Einsatz	1956 bis 1969 / 1956 bis 1990
Stückzahl	60 / 120
Hersteller	30 / 6 Stück staatl. Flugzeugwerk Nr. 21 »S. Ordshonikidse«, Gorki, UdSSR und staatl. Flugzeugwerk Nr. 153, Nowosibirsk-Jelzowka, UdSSR
	30 / 114 Stück Aero národní podnik, Vodochody, ČSS

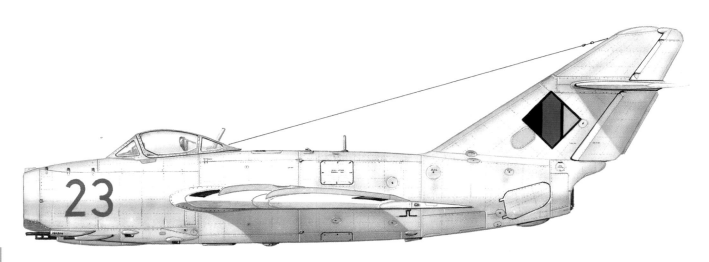

36

MiG-15bis ›23‹ (Werk-Nr. 623753) mit dem ab 1. August 1956 offiziell eingeführten Hoheitszeichen.

Als man die DDR-Luftstreitkräfte unter dem Mantel der Volkspolizei-Luft aufbaute, flog die MiG-15 schon seit 1949 im Truppendienst der Sowjetunion, und auch alle anderen Ostblockstaaten waren bereits damit ausgerüstet. Im August 1952 übergaben die sowjetischen Streitkräfte in der DDR fünf abgeschriebene MiG-15 als statische Ausbildungsobjekte an die Volkspolizei-Luft und einige ausgesuchte Kader der VP-Luft starteten an sowjetischen Standorten auf MiG-15 UTI Doppelsitzern mit Einweisungsflügen. Etwa zur gleichen Zeit begann im April 1953 die Lieferung von 101 MiG-15 an die VP-Luft. Als das Auspacken und Aufrüsten der Flugzeuge mit Hilfe sowjetischer Techniker gerade angefangen hatte, bereiteten die Ereignisse um den 17. Juni 1953 diesen Aktivitäten jedoch ein jähes Ende. Alle MiG-15, einschließlich der fünf Lehrflugzeuge, wurden an sowjetische

Standorte zurückgezogen. Erst nach Gründung der NVA am 1. März 1956 erfolgte im Juni 1956 erneut die Zuführung von Strahlflugzeugen MiG-15. Die Maschinen kamen aus der ČSSR, wo die MiG-15 seit 1953 in Lizenz hergestellt wurde. Die tschechoslowakische Bezeichnung S-103 für die MiG-15bis wurde in der NVA aber nie verwendet. Auch aus der Sowjetunion gelangten noch einige Maschinen in den Bestand der LSK/LV. Während der ersten Luftparade der neuen NVA-Fliegerkräfte am 1. Mai 1957 flog bereits ein Verband MiG-15. Ebenfalls aus tschechoslowakischer Produktion (CS-102) stammte auch die Mehrzahl der Schuldoppelsitzer MiG-15UTI. Zuzüglich einiger weniger sowjetischer Exemplare erreichte der Bestand ca. 120 Maschinen. Während die MiG-15 im Zeitraum von 1957 bis 1959 schon von der MiG-17 abgelöst wurden, dienten die UTI-Doppelsitzer praktisch bis zum Ende

der NVA. Da es für die Kampfflugzeuge MiG-17 und später MiG-19 keine doppelsitzigen Schulversionen gab, dienten die MiG-15UTI auch weiter zur Ausbildung auf diesen Mustern. Außerdem nutzten alle Einheiten die UTIs zur Wetteraufklärung, als Fortgeschrittenentrainer, für Überprüfungsflüge nach Flugpausen und auch für Kurier- und Verbindungsflüge. Zur Langlebigkeit der 15UTI in der DDR trug auch die Bildung des Jagdbombengeschwaders 31 im Jahre 1971 bei. Einsatztyp dieser Einheit waren zu Jabos umgerüstete MiG-17, und als Doppelsitzer erhielt das Geschwader 14 überholte MiG-15UTI. Eine letzte MiG-15UTI diente dem VEB Flugzeugwerke Dresden als Werksflugzeug bis 1990. 21 MiG-15 und 15UTI gingen durch Unfälle und Havarien verloren, wobei elf Personen ums Leben kamen.

MiG-15bis

VERWENDUNGSZWECK	Jagdflugzeug
BESATZUNG	1
SPANNWEITE	10,08 m
FLÜGELFLÄCHE	20,60 m²
LÄNGE	10,10 m
HÖHE	3,70 m
STEIGLEISTUNG	46 m/s
LEERMASSE	3681 kg
STARTMASSE max.	6045 kg
HÖCHSTGESCHWINDIGKEIT	1076 km/h
MARSCHGESCHWINDIGKEIT	850 km/h
REICHWEITE	1330 km
DIENSTGIPFELHÖHE	15 500 m
TRIEBWERK	ein Turbojet Klimow WK-1
SCHUB	26,5 KN
BEWAFFNUNG	eine Kanone N-37 Kal. 37 mm und zwei Kanonen NR-23 Kal. 23 mm, 200-kg-Bomben unter den Flügeln möglich

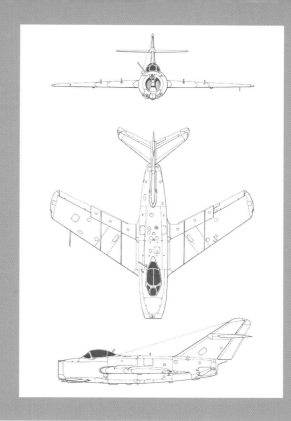

TECHNISCHE DATEN

MiG-15UTI

VERWENDUNGSZWECK	Schul- und Übungsjagdflugzeug
BESATZUNG	2
SPANNWEITE	10,08 m
FLÜGELFLÄCHE	20,60 m²
LÄNGE	10,11 m
HÖHE	3,70 m
STEIGLEISTUNG	46 m/s
LEERMASSE	3724 kg
STARTMASSE max.	5400 kg
HÖCHSTGESCHWINDIGKEIT	1015 km/h
MARSCHGESCHWINDIGKEIT	825 km/h
REICHWEITE	1054 km
DIENSTGIPFELHÖHE	14 625 m
TRIEBWERK	ein Turbojet Klimow WK-1
SCHUB	26,5 KN
BEWAFFNUNG	ein MG UBK-E Kal.12,7 mm, 200-kg-Bomben unter den Flügeln möglich

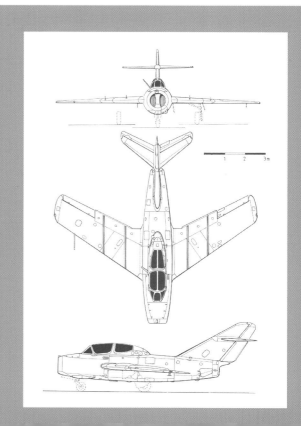

TECHNISCHE DATEN

2

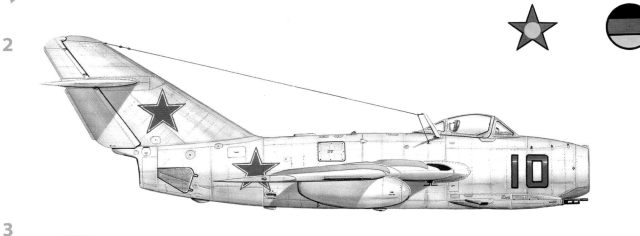

1

3

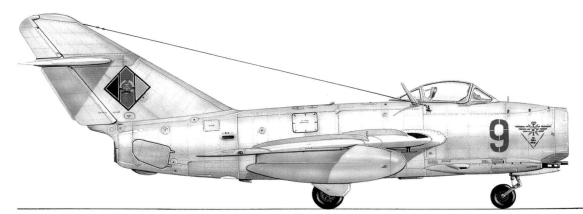

4

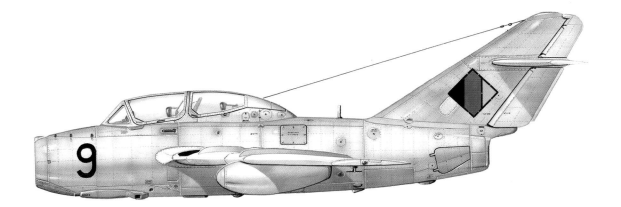

1 Zwei Beispiele von Vorschlägen für Hoheitszeichen, wie sie unmittelbar nach Gründung der NVA in den Einheiten entwickelt, aber nicht eingeführt wurden.

2 Eine der MiG-15 (Werk-Nr. unbekannt), die Anfang 1953 für die VP-Luft eingeführt und montiert, aber nach dem 17. Juni wieder zurückgezogen wurden.

3 MiG-15bis ›9‹ (Werk-Nr. 623764) des FAG-2 Bautzen mit 300 l fassenden Zusatzbehältern und dem im Oktober 1959 eingeführten Emblem im Hoheitszeichen.

4 **MiG-15 UTI ›9‹** (Werk-Nr. 622932) des FAG-2 Bautzen 1957 mit 250 l fassenden Zusatzbehältern und alten Hoheitszeichen.
5 **MiG-15UTI ›14‹** (Werk-Nr. 622973) des JG-9 Peenemünde mit silbermetallischem Aussehen, das fast alle Maschinen während ihrer gesamten Einsatzzeit hatten.
6 **MiG-15UTI ›112‹** (Werk-Nr. 02229) des JBG-31Drewitz mit 400 l fassenden Zusatzbehältern und grauem Schutzlackanstrich. Diese Maschine wurde 1983 als Militärhilfe an Algerien abgegeben.
7 **MiG-15UTI ›136‹** (Werk-Nr. 722521) des JBG-31Drewitz mit Tarnanstrich 1979.

Mikojan/Gurewich MiG-17 / MiG-17F / MiG-17PF

Einsatz   1957 bis 1985
Stückzahl   75 / 173 / 40
Hersteller   75 Stück MiG-17 staatl. Flugzeugwerke Nr. 21 »S. Ordshonikidse«,
               Gorki, UdSSR
               53 Stück MiG-17F staatl. Flugzeugwerke UdSSR (MiG-17 sind in
               6 verschiedenen Werken produziert worden)
               120 Stück Lim-5 WSK Mielec, Polen
               40 Stück Lim-5P WSK Mielec, Polen

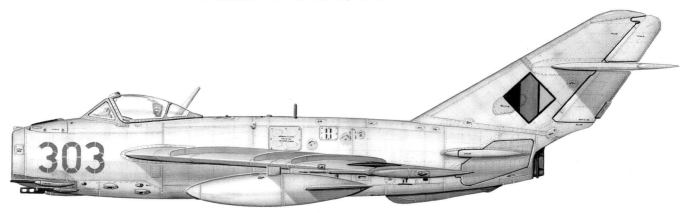

MiG -17F ›303‹ (Werk-Nr. 1C06-13) des JG-2 Neubrandenburg 1958 noch mit dem frühen Hoheitszeichen, die 400 l Zusatz-behälter wurden fast immer mitgeführt, da der »durstige« Nachbrenner sonst die Flugdauer drastisch reduzierte. Diese Maschine ist 1967 nach Ägypten abgegeben worden.

Die MiG-15 spielten für die LSK/LV der DDR nur eine Übergangsrolle, denn das Standardjagdflugzeug der Sowjetunion und der anderen Ostblockländer war 1956 die MiG-17. In Polen war im Oktober 1956 die Lizenzproduktion der MiG-17F als Lim-5 angelaufen. Aus dieser Fertigung erhielt die DDR von Juni 1957 bis April 1958 120 Maschinen. In dieser Zeit kam auch aus der Sowjetunion eine Lieferung von 75 gebrauchten MiG-17 der ersten Serien. Diese MiG-17 glatt – also ohne Suffix – hatten keinen Nachbrenner. Am »glatten« Rumpfende fehlten die Segmente der regelbaren Nachbrennerschubdüse, und die Bremsklappen waren kleiner. Eine zweite »Geschenkpackung« von 53 gebrauchten MiG-17F aus sowjetischen Beständen traf 1961 in Cottbus ein. So konnten praktisch gleichzeitig innerhalb weniger Monate alle sechs Jagdgeschwader

der LSK/LV mit der MiG-17 ausgerüstet werden. Im Gegenzug gaben diese die MiG-15bis an die beiden Ausbildungsgeschwader ab. Für das Abfangen von Luftzielen am Tage und in der Nacht unter einfachen Wetterbedingungen war man mit der MiG-17 nun gut ausgerüstet. Um Ziele auch in den Wolken oder in mondlosen Nächten abzufangen, beschaffte man von Januar bis Mai 1959 40 MiG-17PF, die im Rumpfbug das Funkmessgerät RP-1 besaßen. Diese Maschinen kamen ebenfalls aus polnischer Produktion, wo sie als Lim-5P bezeichnet wurden. In den LSK/LV der NVA sind die MiG-17 28 Jahre lang im Dienst gewesen. Zwar erfolgte ihre Ablösung als Jagdflugzeug durch die MiG-21, schrittweise schon von 1962 bis 1967, doch als Jagdbomber erlebten viele MiG-17 eine zweite Karriere. Anfang der 70er Jahre musste die DDR auf Forderung

der UdSSR spezielle Jagdbomberkräfte zum Zusammenwirken mit den Landstreitkräften aufbauen. Da zu diesem Zeitpunkt die MiG-17 in den Jagdgeschwadern komplett durch MiG-21 abgelöst worden waren, standen sie für andere Aufgaben zur Verfügung. Aus der Masse der MiG-17F baute man 47 ausgewählte Maschinen im VEB Flugzeugwerft Dresden zu Jabos um. Sie erhielten zwei zusätzliche Waffenträger für Bomben und ungelenkte Raketen unter den Tragflächen und bildeten ab 1971 das Jagdbombengeschwader 31 in Drewitz, wo sie 1985 dienten. Eine große Anzahl außer Dienst gestellter MiG-17 sind als Militärhilfe an Ägypten (50), Guinea-Bissao (3), Mosambik (12), Nigeria (8) und Syrien (9) abgegeben worden. 54 MiG-17 aller Versionen sind durch Unfälle und Havarien verloren gegangen, wobei 26 Personen ums Leben kamen.

MiG-17F

VERWENDUNGSZWECK	Jagdflugzeug / Jagdbomber
BESATZUNG	1
SPANNWEITE	9,62 m
FLÜGELFLÄCHE	22,60 m²
LÄNGE	11,26 m
HÖHE	3,80 m
STEIGLEISTUNG	65 m/s
LEERMASSE	3930 kg
STARTMASSE max.	6075 kg
HÖCHSTGESCHWINDIGKEIT	1097 km/h
MARSCHGESCHWINDIGKEIT	1000 km/h
REICHWEITE	1980 km
DIENSTGIPFELHÖHE	16 600 m
TRIEBWERK	ein Turbojet Klimow WK-1F
SCHUB	mit NB 33,0 kN
BEWAFFNUNG	Bewaffnung: eine Kanone N-37D Kal. 37 mm und zwei Kanonen NR-23 Kal. 23 mm, 500-kg-Bomben oder ungelenkte Raketen unter den Flügeln möglich

TECHNISCHE DATEN

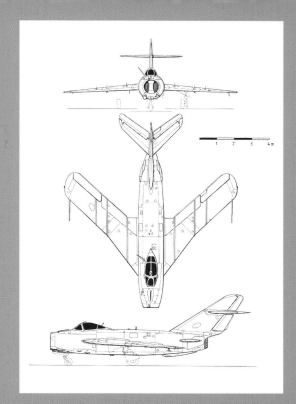

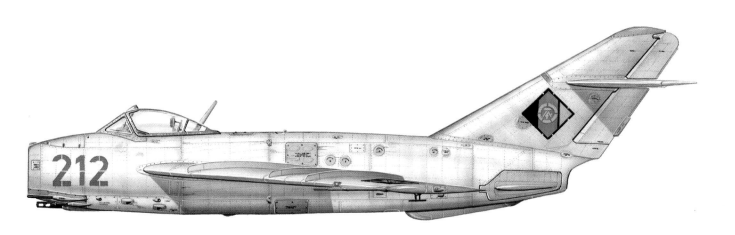

MiG-17glatt ›212‹ (Werk-Nr. 54212001) des JAG-15 Rothenburg 1965; die »Glatten« wurden häufig ohne Zusatzbehälter geflogen, wegen des fehlenden Nachbrenners reichte der interne Kraftstoff länger.

1

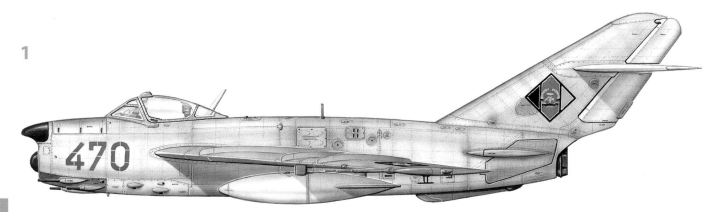

2

1 **MiG-17PF ›470‹** (Werk-Nr. 1D01-08) des JG-2 Neubrandenburg 1967, die Farbe der dielektrischen Verkleidungen der Funkmessantennen variierte zwischen grün, blaugrün und blau.

2 **MiG-17F ›513‹** (Werk-Nr. 1C09-13) des JBG-31/37 Drewitz umgebaut zum Jagdbomber und in Tarnbemalung, so dienten die letzten MiG-17F bis 1985.

MiG-17PF

VERWENDUNGSZWECK	Allwetterjagdflugzeug
BESATZUNG	1
SPANNWEITE	9,62 m
FLÜGELFLÄCHE	22,60 m²
LÄNGE	11,68 m
HÖHE	3,80 m
STEIGLEISTUNG	55 m/s
LEERMASSE	4182 kg
STARTMASSE max.	6350 kg
HÖCHSTGESCHWINDIGKEIT	1074 km/h
MARSCHGESCHWINDIGKEIT	990 km/h
REICHWEITE	1930 km
DIENSTGIPFELHÖHE	15 800 m
TRIEBWERK	ein Turbojet Klimow WK-1F
SCHUB	mit NB 33,0 kN
BEWAFFNUNG	drei Kanonen NR-23 Kal. 23 mm

TECHNISCHE DATEN

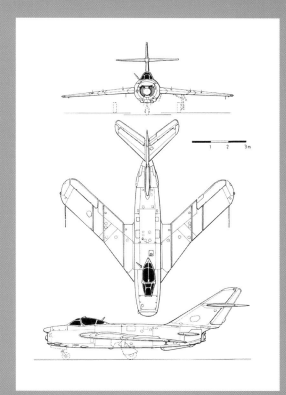

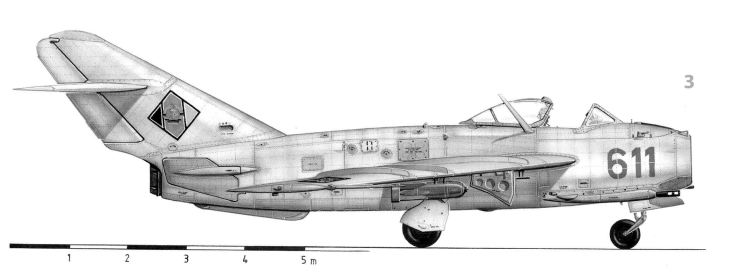

3

3 MiG-17F ›611‹ (Werk-Nr. 0947) aus sowjetischer Produktion des JG-3 Preschen, an Stelle der Zusatzbehälter trägt sie 250-kg-Bomben.

Kampf- und Übungskampfflugzeuge

Iljuschin IL-28

Einsatz	1958 bis 1982
Stückzahl	10
* Hersteller	staatl. Flugzeugwerk Nr. 30 »Snamja Truda«, Moskau-Chodynka, UdSSR
	staatl. Flugzeugwerk Nr. 39 »60-letija SSSR«, Irkutsk-2, UdSSR
	staatl. Flugzeugwerk Nr. 64, Woronesch-Pridacha, UdSSRR
	staatl. Flugzeugwerk Nr. 166, Omsk-Sewerni, UdSSR

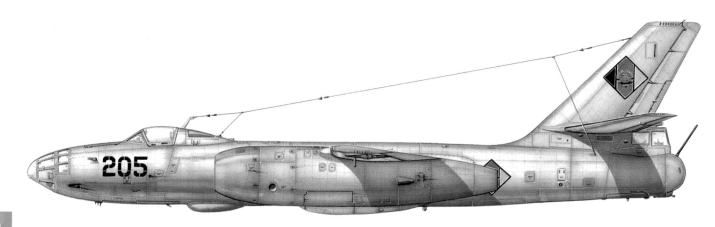

Die ›205‹ (Werk-Nr. 54006279) der Zieldarstellungsstaffel ZDS-21 im Aussehen Anfang der 60er Jahre mit großen Hoheitszeichen und Schablonenziffern.

Die zehn taktischen Bombenflugzeuge waren mehr als 20 Jahre in der DDR im Einsatz, ohne jemals als Bomber benutzt zu werden. Sie dienten vielmehr als fliegende Prüfstände und als Schleppflugzeuge für Zieldarstellung. Die ersten beiden IL-28 kamen 1958/59 in die DDR als Import für die Luftfahrtindustrie. Sie wurden zu fliegenden Prüfständen zur Erprobung des Strahltriebwerks Pirna 014 umgebaut, das als Antrieb für das in Entwicklung befindliche Verkehrsflugzeug 152 vorgesehen war. Es handelte sich um die IL-28R, die Aufklärervariante der IL-28. Die IL-28 hatte zwar den Vorteil relativ hoher Geschwindigkeit, aber Nachteile in Bezug auf Flugdauer und Einbaumöglichkeiten für das Testtriebwerk. Der Einbau des Pirna-014 in eine der TW-Gondeln der IL-28 kam wegen der notwendigen, aufwendigen Umkonstruktionen nicht in Frage, außerdem waren damals die Sicherheitsfragen

der IL-28 im Einmotorenflug noch nicht geklärt. So musste im Schwerpunkt des Flugzeugs unter dem Rumpf eine dritte Gondel angebaut werden. Von September 1959 bis 1961 führten beide IL-28R insgesamt 211 Erprobungsflüge mit 16 Pirna-014-Triebwerken durch. Nach dem Einstellungsbeschluss für die Flugzeugindustrie der DDR vom März 1961 sind die beiden IL-28R zurückgerüstet und an die NVA übergeben worden. Die LSK/LV hatten schon 1959 zwei IL-28 vom sowjetischen Aufklärungsregiment in Neu Welzow für ihre neu gebildete Zieldarstellungsstaffel übernommen. Deren Bestand wuchs bis 1962 auf zehn Flugzeuge an, darunter auch eine IL-28U-Schulmaschine mit Doppelsteuerung. Alle stammten wie schon die ersten aus dem Bestand der sowjetischen 11. ORAP und waren zwischen vier und sechs Jahre alt. Ihre Hauptaufgabe bestand in der Zieldarstellung für die

Jagdflieger und die Truppenluftabwehr, aber auch für die Bordflak der Schiffe der Volksmarine. Für die Jagdflieger flogen die IL-28 als Luftziele in niedriger Höhe, oder sie warfen in den Luftschießzonen Leuchtbomben an Fallschirmen ab, auf die dann die Jäger mit infrarotgelenkten Raketen feuerten. Für die Flakeinheiten dienten die IL-28 entweder nur zum Richttraining ohne Schießen oder mit scharfem Schuss auf einen nachgeschleppten Luftsack als Ziel. Auch der Abwurf von sogenannten Agitationsbomben mit Flugblättern wurde trainiert, und Abwürfe von sandgefüllten Blechpuppen zur Erprobung neuer Fallschirme gehörten von Zeit zu Zeit zu den Aufgaben der IL-28. Ab Ende der 70er Jahre bis 1982 wurden nach und nach alle IL-28 außer Dienst gestellt. Eine Maschine ging durch Unfall ohne Personenschaden verloren.

44

IL-28

VERWENDUNGSZWECK	taktisches Bomben- und Aufklärungsflugzeug
BESATZUNG	3
SPANNWEITE	21,45 m
FLÜGELFLÄCHE	60,80 m²
LÄNGE	17,65 m
HÖHE	6,70 m
STEIGLEISTUNG	15,0 m/s
LEERMASSE	12 890 kg
STARTMASSE max.	23 200 kg
HÖCHSTGESCHWINDIGKEIT	935 km/h
MARSCHGESCHWINDIGKEIT	770 km/h
REICHWEITE	2500 km
DIENSTGIPFELHÖHE	12 500 m
TRIEBWERK	zwei Turbojets Klimow WK-1 oder WK-1A
SCHUB	je 26,5 kN
BEWAFFNUNG	vier Kanonen NS-23 oder NR-23 Kal. 23,0 mm (2 starr im Bug u. 2 bewegl. im Heckstand), max. 3 t Bombenlast möglich

TECHNISCHE DATEN

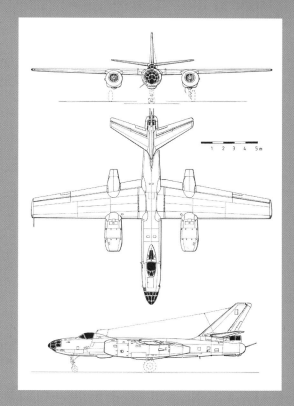

1

3

2

❋ IL-28 sind in 4 Werken produziert worden, da die NVA Maschinen gebraucht angeschafft wurden ist der Hersteller der einzelnen Flugzeuge nicht mehr nachweisbar.

1 Die IL-28R (Werk-Nr. 14189) mit ziviler Registrierung DM-ZZI als Erprobungsträger für das Pirna-014-Triebwerk. Im Bombenschacht waren Anzeigegeräte für die Parameter des Testtriebwerks installiert, die von Filmkameras aufgezeichnet wurden.

2 Die ›193‹ (Werk-Nr. 610311) war die einzige IL-28U der LSK/LV, hier mit »Q-Abzeichen« für gute Wartungsqualität am Bug und ungewöhnlich »eckigen« Ziffern.

3 Die ›208‹ (Werk-Nr. 550064459) erhielt 1982 noch kurz vor ihrer Außerdienststellung diese Tarnbemalung und eine rote Nummer. Sie ist noch heute im Luftwaffenmuseum in Berlin-Gatow vorhanden.

Kampf- und Übungskampfflugzeuge

Mikojan/Gurewich MiG-19S / MiG-19PM

Einsatz	1959 bis 1969
Stückzahl	12 / 12
Hersteller	12 Stück MiG-19S staatl. Flugzeugwerke Nr. 153 Novosibirsk-Jelzowka, UdSSR
	12 Stück MiG-19PM staatl. Flugzeugwerke Nr. 21 »S. Ordshonikidse«, Gorki, UdSSR

MiG-19S ›495‹ (Werk-Nr. 1225) der 1. Staffel des JG-3 Preschen, sie ging 1968 durch Triebwerksbrand verloren.

Um sehr schnell fliegende Ziele in großen Höhen abfangen zu können, benötigten die LSK/LV ein Überschalljagdflugzeug. Das erste Überschalljagdflugzeug der Welt, das in Großserie produziert wurde, existierte damals schon in Form der MiG-19 und flog seit 1954 bei den sowjetischen Streitkräften. Ab 1957 war die MiG-19 auch in den Luftstreitkräften Bulgariens, der ČSSR, Polens und Rumäniens eingeführt worden. 1958 entschied sich die politische und militärische Führung der DDR, dieses Flugzeug auch für die NVA LSK/LV einzuführen. Die MiG-19 war nicht nur das erste Überschallflugzeug, sondern die MiG-19PM war auch das erste mit gelenkten Raketen bewaffnete Jagdflugzeug der LSK/LV. Es war geplant, zwei Geschwader, das JG-3 und das JG-8, mit der MiG-19 auszurüsten. Zunächst vereinbarte man die Lieferung von zwölf Tagjägern MiG-19S und zwölf Allwetter-

jägern MiG-19PM. Da die Produktion der MiG-19 in der UdSSR bereits seit Ende 1957 ausgelaufen war, handelte es sich bei den in die DDR zu liefernden Maschinen um Flugzeuge aus dem Bestand der sowjetischen Luftstreitkräfte. Auch die anderen Exportländer hatten übrigens fast nur gebrauchte Exemplare erhalten. Alle 24 Maschinen wurden im September 1959 zum JG-3 geliefert. Die Ausbildung war bis 1961 so weit fortgeschritten, dass die MiG-19-Staffeln im Frühjahr in das Diensthabende System (DHS) der Luftverteidigung des Warschauer Vertrags übernommen werden konnten. Doch die nie ganz ausgereifte Konstruktion der MiG-19 brachte viele technische Probleme. Die komplizierte Technik, insbesondere bei den Triebwerken und dem Hydrauliksystem, führte zu Störungen, Havarien und Unfällen. Bei der 2. Staffel gab es außerdem ständig Schwierigkeiten mit der Funk-

messausrüstung wegen Problemen bei der Beschaffung von Ersatzteilen. Das führte zu einer äußerst geringen Einsatzbereitschaft der MiG-19PM, die ständig unter der S-Staffel lag. Der geringe Klarstand und der Verlust von fünf Maschinen sowie die Tatsache, dass schon die MiG-21F-13 zur Verfügung stand, führten zur Aufgabe des Planes, noch ein zweites Geschwader mit MiG-19 auszurüsten. Anlässlich der Weltmeisterschaften im Motorkunstflug, die 1968 in Magdeburg stattfanden, sollte mit zwei besonders bemalten MiG-19 im Rahmenprogramm Einzelkunstflug vorgeführt werden. Beide Maschinen gingen jedoch schon bei der Vorbereitung durch Unfälle verloren. Im Mai 1969 wurden alle noch verbliebenen MiG-19 außer Dienst gestellt. Durch Unfälle und Havarien gingen elf Maschinen verloren, wobei fünf Personen ums Leben kamen.

MiG-19PM

VERWENDUNGSZWECK	Allwetterjagdflugzeug
BESATZUNG	1
SPANNWEITE	9,00 m
FLÜGELFLÄCHE	25,00 m²
LÄNGE	13,50 m
HÖHE	4,02 m
STEIGLEISTUNG	115 m/s
LEERMASSE	5760 kg
STARTMASSE max.	8464 kg
HÖCHSTGESCHWINDIGKEIT	1400 km/h
MARSCHGESCHWINDIGKEIT	950 km/h
REICHWEITE	1415 km
DIENSTGIPFELHÖHE	16 700 m
TRIEBWERK	zwei Turbojets Mikulin RD-9B
SCHUB	mit NB je 32,0 kN
BEWAFFNUNG	vier radargelenkte Luft-Luft-Raketen RS-2U

TECHNISCHE DATEN

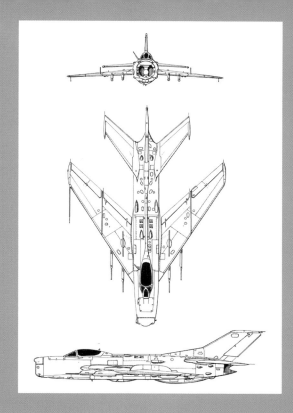

1 **MiG-19S ›872‹** (Werk-Nr. 1226) der 1. Staffel des JG-3 Preschen in Sonderbemalung für einen geplanten Kunstflugauftritt zur WM in Magdeburg 1968.

2 **MiG-19PM ›410‹** (Werk-Nr. 65210920) der 2. Staffel des JG-3 Preschen unmittelbar nach der Einführung für kurze Zeit noch ohne Hammer-, Zirkel- und Ährenemblem, 1959.

3 **MiG-19PM ›231‹** (Werk-Nr. 65210913) der 2. Staffel des JG-3 Preschen

Kampf- und Übungskampfflugzeuge

Mikojan/Gurewich MiG-21F-13 / MiG-21U

Einsatz	1962 bis 1990
Stückzahl	75 / 45
Hersteller	25 Stück staatl. Flugzeugwerke Nr. 21 »S. Ordshonikidse«, Gorki, UdSSR
	95 Stück staatl. Flugzeugwerk Nr. 30 »Snamja Truda«, Moskau-Chodynka, UdSSR

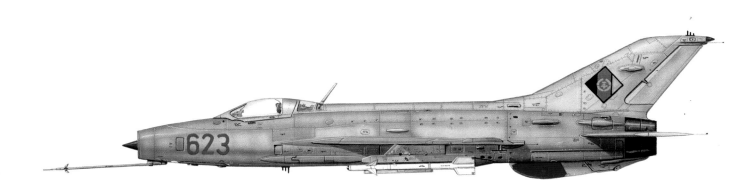

MiG-21F-13 ›623‹ (Werk-Nr. N74211916) des JG-3 Preschen in den 60er Jahren, hier bewaffnet mit infrarotgelenkten Luftzielraketen R-3S. Später diente sie als Fotoaufklärer und ist nach der Außerdienststellung 1985 in einem Pionierlager in Forst aufgestellt worden.

Das erste Überschalljagdflugzeugmuster MiG-19 hatte sich nicht gut bewährt, doch inzwischen stand mit der MiG-21 ein Mach 2-Jäger zur Verfügung, der sowohl mit gelenkten Raketen als auch mit einer Kanone bewaffnet war. Die ersten MiG-21F-13 wurden im Frühjahr 1962 geliefert und die Geschwader JG-8, JG-9 sowie JG-3 damit ausgerüstet. Ab 1964 bekam auch das JAG-15 die ersten MiG-21 F-13. Erst drei Jahre nach Einführung der fliegerisch anspruchsvollen MiG-21-Einsitzer erhielten die LSK/LV die Schuldoppelsitzer MiG-21U. Von den 45 Doppelsitzern bekamen die Jagdgeschwader elf Maschinen, während die anderen an das JAG-15 gingen. Bei der Zuführung dieser Maschinen kam es übrigens zu einem heiklen Zwischenfall. Am 5. April 1965 flogen sowjetische Piloten fünf nichtmarkierte MiG-21U nach Marxwalde. Einer von ihnen landete jedoch irrtümlich

auf dem Westberliner Flughafen Tegel. Er bemerkte den Fehler rechtzeitig und startete sofort wieder durch, bevor die Bahn durch einen Tanklastzug blockiert werden konnte, und landete sicher in Marxwalde. Die Piloten lobten die MiG-21F-13 wegen ihrer leichten und direkten Ruderwirkung. Ein gutes Massen-Leistungs-Verhältnis gab ihr eine geradezu sagenhafte Manövrierfähigkeit. Weitere Vorteile waren die große Gipfelhöhe von mehr als 19 000 m und die Fähigkeit von Feldflugplätzen aus zu operieren. Anfangs gab es auch technische Mängel, von denen manche im Laufe der Einsatzzeit beseitigt werden konnten. So bereitete das Triebwerk durch mangelnde Turbinenkühlung, defekte Lager und Geräteantriebe ständig Probleme. Beim Raketenschießen ging es oft aus und musste in der Luft wieder angelassen werden, was nicht immer gelang. Anfang der 70er Jahre

hatten alle Jagdgeschwader die F-13 durch modernere Versionen ersetzt und an das Ausbildungsgeschwader abgegeben. Nur die 3. Staffel des JG-3 behielt ihre F-13 bis 1974. Diese erhielten eine Luftbildkamera und aus diesem Bestand erfolgte ab November 1974 die Aufstellung der Aufklärungsstaffel AFS-31. Am 15. Oktober 1985 sind alle restlichen MiG-21F-13 außer Dienst gestellt worden, nur die 21U dienten noch im Ausbildungsgeschwader JAG-15 bis 1990. Vier MiG-21U sollten 1989 (zusammen mit 12 MiG-21PF) an Iran verkauft werden. Für dieses Geschäft hatte man die vier MiG-21U im Flugzeugwerk Dresden überholt und mit Wüstentarnung versehen. Durch die politische Wende in der DDR konnte das Geschäft aber nicht mehr abgewickelt werden. Durch Unfälle und Havarien gingen 35 Maschinen verloren, wobei 22 Personen ums Leben kamen.

MiG-21F-13

VERWENDUNGSZWECK	Jagdflugzeug
BESATZUNG	1
SPANNWEITE	7,15 m
FLÜGELFLÄCHE	23,00 m²
LÄNGE	15,76 m
HÖHE	4,10 m
STEIGLEISTUNG	130 m/s
LEERMASSE	5760 kg
STARTMASSE max.	8368 kg
HÖCHSTGESCHWINDIGKEIT	2150 km/h
MARSCHGESCHWINDIGKEIT	1100 km/h
REICHWEITE	1290 km
DIENSTGIPFELHÖHE	19 900 m
TRIEBWERK	ein Turbojet Tumanski R-11F-300
SCHUB	mit NB 51,0 kN
BEWAFFNUNG	eine Kanone NR-30 Kal. 30 mm, zwei infrarotgelenkte Luft-Luft-Raketen, oder 32 ungelenkte Raketen Kal. 57 mm oder 1000-kg-Bomben unter den Flügeln

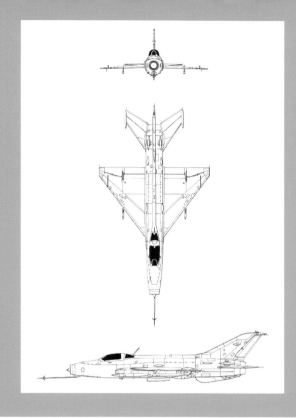

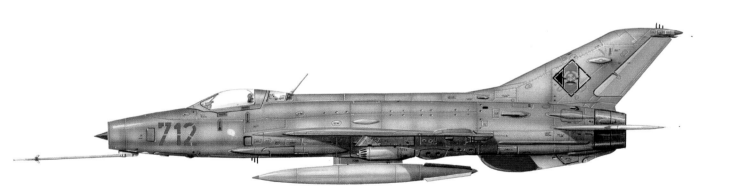

MiG-21F-13 ›712‹ (Werk-Nr. 1010) des JAG-15 Rothenburg in den 70er Jahren bewaffnet mit UB-16-57-UD-Kassetten für ungelenkte Luft-Boden-Raketen Kal. 57 mm. Nach Außerdienststellung 1978 als Scheinziel in Preschen aufgestellt.

1

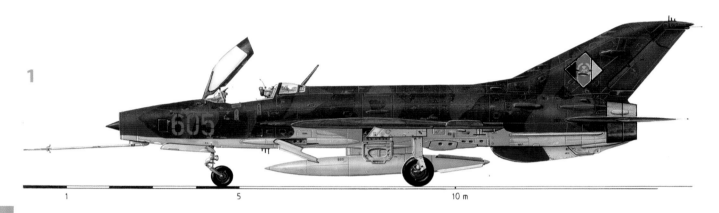

2

1   **MiG-21F-13 ›605‹** (Werk-Nr. 1009) der AFS-31 Preschen Ende der 70er Jahre im Einsatz als Aufklärer. Ab dieser Zeit wurden alle Maschinen mit Tarnanstrich versehen, der Zusatzbehälter unter dem Rumpf fasst 480 l.

2   **MiG-21U-400 ›243‹** (Werk-Nr. 660920) des JAG-15 Rothenburg. Von der Variante U-400 mit schmalem Seitenleitwerk gab es 14 Exemplare, hier mit zwei 250-kg-Bomben bewaffnet.

MiG-21U-400/-600

VERWENDUNGSZWECK	Schul- und Übungsjagdflugzeug
BESATZUNG	2
SPANNWEITE	7,15 m
FLÜGELFLÄCHE	23,00 m²
LÄNGE	15,76 m
HÖHE	4,12 m
STEIGLEISTUNG	130 m/s
LEERMASSE	4871 kg
STARTMASSE max.	7800 kg
HÖCHSTGESCHWINDIGKEIT	2150 km/h
MARSCHGESCHWINDIGKEIT	1100 km/h
REICHWEITE	1240 km
DIENSTGIPFELHÖHE	18 200 m
TRIEBWERK	ein Turbojet Tumanski R-11F-300
SCHUB	mit NB 51,0 kN
BEWAFFNUNG	zwei infrarotgelenkte Luft-Luft-Raketen, oder 32 ungelenkte Raketen Kal. 57 mm oder 1000-kg-Bomben unter den Flügeln

TECHNISCHE DATEN

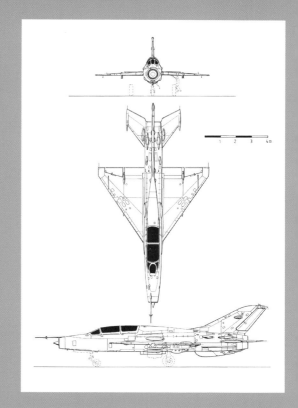

3

3 MiG-21U-600 ›292‹ (Werk-Nr. 664719) des JAG-15 Rothenburg in den 80er Jahren mit Tarnanstrich. Die 31 Exemplare der Variante U-600 hatten das vergrößerte Seitenleitwerk der späteren Versionen, sie trägt eine sogenannte Schreiber-rakete für das Schießtraining.

Kampf- und Übungskampfflugzeuge

Aero L-29 »Delfin«

Einsatz	1963 bis 1980
Stückzahl	51
Hersteller	Aero národni podnik, Vodochody, ČSSR
	Let, národní podnik, Uherské Hradiste-Kunovice, ČSSR

52

L-29 ›360‹ (Werk-Nr. 390733) der frühen Serienausführung in der Lieferbemalung von 1963.

Ende der 50er Jahre hatten die Luftstreitkräfte der Warschauer-Vertrags-Staaten beschlossen, ein Einheitsschulflugzeug mit Strahlantrieb für die Jagdfliegerausbildung einzuführen. Aus einem Vergleichsfliegen 1961, mit der sowjetischen Jak-30 und der polnischen TS-11, ging die tschechoslowakische L-29 als Sieger hervor. Dieser Flugzeugtyp wurde dann von allen Luftstreitkräften der Vertragsstaaten, außer von Polen (verwendete die eigene TS-11) eingeführt. Um die Jahreswende 1963/64 stellte die NVA ihre ersten »Delfine« in Dienst. Ab Juni 1964 erfolgte dann der Einsatz der L-29 beim JAG-11 in Bautzen, das 1972 in FAG-25 umbenannt wurde. Die Flugzeuge dienten der Grundausbildung von Militärfliegern, aber auch Fortgeschrittenenschulung, Kunstflugausbildung und Waffentraining gehörten zu ihren Aufgaben. Gelegentlich nutzte man die L-29

auch zu Zieldarstellungsflügen. Die »Delfine« wurden wegen der guten Qualität der Bauausführung gelobt, aus der sauberen Verarbeitung resultierten auch gute aerodynamische Eigenschaften und Flugleistungen. Die erstgelieferten Maschinen für die DDR stammten aus der 7. und 8. Produktionsserie. Weitere Lieferungen kamen aus der 14., 15. und 20. Serie. Letztere stammten aus der Produktion in Kunovice, und man erkennt diese Flugzeuge an den nicht mehr durchbrochenen Bremsklappen und dem kleineren Seitenruder. Nach Segelflugausbildung und der Grundausbildung auf dem Kolbenmotorflugzeug Jak-18, später auf Z-42 bei der GST kamen die Offiziersanwärter bei der NVA auf den Strahltrainer L-29. Es wurden teilweise aber auch fliegerisch »Unbelastete« direkt auf die L-29 gesetzt. Im FAG-25 hatte man auch mit dem Aufbau einer Kunst-

flugkette begonnen. Dieser Dreierverband gab 1968 im Rahmen des Schauprogramms zur WM im Motorkunstflug in Magdeburg sein Debüt. Leider kam es 1977 beim Training zu einer Katastrophe, als Hauptmann Luderer einen Looping in Bodennähe nicht rechtzeitig ausleiten konnte und getötet wurde. Danach hat man das Projekt Kunstflugteam nicht weiterverfolgt. In den Jahren 1978 bis 1980 sind die L-29 schrittweise außer Dienst gestellt und durch die L-39 »Albatros« abgelöst worden. Durch Unfälle und Havarien gingen fünf Maschinen ver-loren, wobei drei Personen ums Leben kamen. Mehrere Maschinen endeten auf Sockeln als »Gate-Guards« oder als Lehrmittel für den theoretischen Unterricht. Einige dienten auch zu Feuerwehrübungen auf sogenannten Brandmittelplätzen. Heute gibt es in Deutschland in sechs Museen ehemalige NVA L-29 zu besichtigen.

L-29

VERWENDUNGSZWECK	Schulflugzeug
BESATZUNG	2
SPANNWEITE	10,29 m
FLÜGELFLÄCHE	19,85 m²
LÄNGE	10,81 m
HÖHE	3,13 m
STEIGLEISTUNG	14 m/s
LEERMASSE	2364 kg
STARTMASSE max.	3280 kg
HÖCHSTGESCHWINDIGKEIT	655 km/h
MARSCHGESCHWINDIGKEIT	545 km/h
DIENSTGIPFELHÖHE	11 000 m
REICHWEITE	895 km
TRIEBWERK	ein Turbojet M-701
SCHUB	8,72 kN
BEWAFFNUNG	2 Bomben je 100 kg oder 2 Behälter mit je 4 ungel. 57 mm Raketen möglich

TECHNISCHE DATEN

1 **L-29 ›315‹** (Werk-Nr. 692055) der späteren Bauausführung mit geänderten Markierungen und »Q«-Abzeichen. Das Flugzeug ist mit Startbehältern für je vier ungelenkte 57-mm-Raketen bewaffnet.

2 **L-29 ›363‹** (Werk-Nr. 390735) im Aussehen in der letzten Phase ihres Einsatzes, die Maschine trägt 150 l fassende Kraftstoffzusatzbehälter unter den Tragflächen.

3 **Die ›338‹** (Werk-Nr. 591525) war die einzige L-29 der NVA, die in Tarnfarben geflogen ist, sie erhielt diese Zweifarben-Tarnbemalung ca. 1978 anlässlich einer Übung.

Mikojan/ Gurewich MiG-21PF / -PFM / -PFMA / -US

Einsatz	1964 bis 1990
Stückzahl	53/ 82/ 52/ 17
Hersteller	187 Stück staatl. Flugzeugwerk Nr. 30 »Snamja Truda«, Moskau-Chodynka, UdSSR
	17 Stück staatl. Flugzeugwerk Nr. 31 Tbilisi, UdSSR

54

MiG-21PF ›821‹ (Werk-Nr. 0604) des JG-2 Neubrandenburg 1969 mit funkmessgelenkten Luft-Luft Raketen RS-2U. Den größten Teil ihrer Dienstzeit flogen die PF silberfarben.

Ab 1964 begannen in den LSK/LV der NVA die MiG-21 der 2. Generation ihren Dienst. Diese neue Version konnte nun dank des Funkmessvisiers RP-21 »Saphir« unter schwierigen Wetterbedingungen und auch in den Wolken handeln. Hauptwaffe waren die Infrarot-Luft-Luft-Raketen R-3S oder radargeleitete RS-2U, allerdings gab es keine Kanone mehr. Das stärkere Triebwerk R-11F2-300, zusammen mit dem kontinuierlich regelbaren Einlaufkegel (bei F-13 nur stufenweise), brachte sehr gute Flugleistungen. Als erstes Geschwader erhielt das JG-8 in Marxwalde die MiG-21PF, es folgte das JG-1 in Cottbus. In der NVA hat man die MiG-21PF, wegen einiger Verbesserungen der in die DDR gelieferten Exemplare, als PFM bezeichnet. Da beim Hersteller erst die Nachfolgeversion offiziell PFM hieß, gibt es immer mal Unklarheiten. Durch Umgruppierungen erhielten später

auch andere Geschwader Maschinen dieser Version. Erst 1987/88 stellte man die letzten verbliebenen MiG-21PF außer Dienst. Die eigentliche MiG-21PFM wurde als nächste in die Bewaffnung aufgenommen. In der NVA nannte man sie MiG-21SPS, wegen des SPS-Systems zum Anblasen der Landeklappen, das die Landegeschwindigkeit um 40 km/h verringerte. Ein neuer Katapultsitz KM-1, ein vergrößertes Seitenleitwerk und ein verbessertes Visier waren weitere Merkmale der PFM. Auf Grund von Kriegserfahrungen aus Nahost und Vietnam war klar geworden, dass trotz moderner Lenkwaffen eine Kanone sehr nützlich sein konnte. So stellte man die Produktion um und schaffte für die MiG-21PFM mitten in der Serie die Möglichkeit einen Container mit einer 23-mm-Zwillingskanone einschließlich 200 Schuss Munition unter dem Rumpf zu installieren. Solche MiG-21PFMA kamen ab

Ende 1967/ Anfang 1968 zur NVA wurden dort intern als SPS-K bezeichnet. Auch die SPS erhielten wie die PF in ihren späteren Dienstjahren zweifarbigen Tarnanstrich mit individuellen Fleckenmustern. Für die SPS-Versionen kam ab Ende 1968 die MiG-21US als Doppelsitzer zum Einsatz. Diese vom Hersteller als Typ 68 bezeichneten Flugzeuge hatten das SPS-System wie die Einsitzer und Katapultsitze KM-1.1989 fasste man 50 MiG-21SPS/SPS-K beim JG-7 in Drewitz zusammen und verschrottete sie öffentlichkeitswirksam als Abrüstungsmaßnahme. Weitere 45 Maschinen plus 13 Doppelsitzer US erlebten noch die Wiedervereinigung und sind mit Bundeswehrregistriernummern versehen, verkauft oder verschrottet worden. Durch Unfälle und Havarien sind 60 Maschinen aller Versionen verloren gegangen, wobei 26 Personen ums Leben kamen.

MiG-21PF

VERWENDUNGSZWECK	Jagdflugzeug
BESATZUNG	1
SPANNWEITE	7,15 m
FLÜGELFLÄCHE	22,95 m²
LÄNGE	13,85 m
HÖHE	4,13 m
STEIGLEISTUNG	205 m/s
LEERMASSE	5227 kg
STARTMASSE max.	9080 kg
HÖCHSTGESCHWINDIGKEIT	2175 km/h
MARSCHGESCHWINDIGKEIT	1200 km/h
DIENSTGIPFELHÖHE	19 900 m
AKTIONSRADIUS	515 km
TRIEBWERK	ein Turbojet Tumanski R-11F2-300
SCHUB	mit NB 60,6 kN
BEWAFFNUNG	Luft-Luft-Lenkwaffen, Bomben oder

Behälter mit ungel. 57-mm-Raketen, gesamt bis 1000 kg

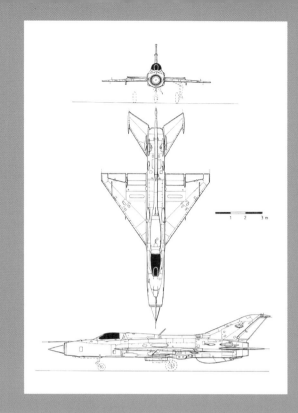

TECHNISCHE
DATEN

MiG-21PFM/ PFM-A & SPS/SPS-K

VERWENDUNGSZWECK	Jagdflugzeug
BESATZUNG	1
SPANNWEITE	7,15 m
FLÜGELFLÄCHE	22,95 m²
LÄNGE	13,46 m
HÖHE	4,13 m
STEIGLEISTUNG	210 m/s
LEERMASSE	5411 kg
STARTMASSE max.	9080 kg
HÖCHSTGESCHWINDIGKEIT	2175 km/h
MARSCHGESCHWINDIGKEIT	1250 km/h
DIENSTGIPFELHÖHE	19 500 m
AKTIONSRADIUS	500 km
TRIEBWERK	ein Turbojet Tumanski R-11F2S-300
SCHUB	mit NB 60,6 kN
BEWAFFNUNG	Luft-Luft-Lenkwaffen, Bomben oder

Behälter mit ungel. 57-mm -Raketen, gesamt bis 1000 kg
bei SPS-K zusätzl. Rumpfgondel mit Kanone GSch-23 Kal. 23 mm

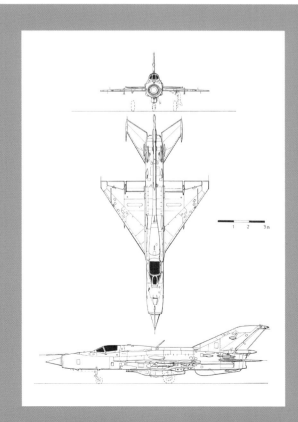

TECHNISCHE
DATEN

1

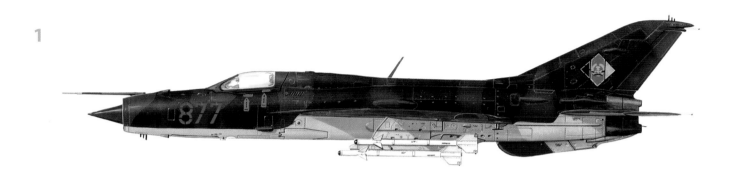

2

3

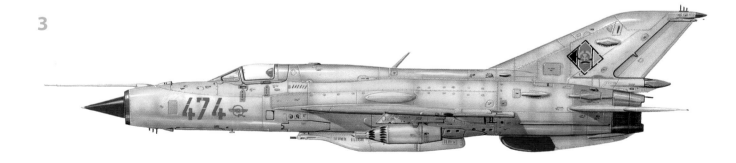

1 MiG-21PF ›877‹ (Werk-Nr. 1012) des JG-2 in der letzten Einsatzperiode, modernisiert in Tarnbemalung und mit »Monsun«-Doppelstartern für Infrarot-Luft-Luft-Raketen R-3S ausgerüstet.
2 MiG-21PFM/SPS ›751‹ (Werk-Nr. 4305) des JG-7, hier mit Bomben bewaffnet. Auch die Maschinen dieser Version flogen bis Mitte der 70er Jahre silberfarbig.
3 MiG-21PFM-A/SPS-K ›474‹ (Werk-Nr. 7007) des JG-8 1968 mit Kanonengondel GP-9 und Startbehältern UB-32 für ungelenkte 57-mm-Raketen.

MiG-21US

VERWENDUNGSZWECK	Schul- und Übungsjagdflugzeug
BESATZUNG	2
SPANNWEITE	7,15 m
FLÜGELFLÄCHE	22,95 m²
LÄNGE	14,41 m
HÖHE	4,10 m
STEIGLEISTUNG	170 m/s
LEERMASSE	5400 kg
STARTMASSE max.	9500 kg
HÖCHSTGESCHWINDIGKEIT	2150 km/h
MARSCHGESCHWINDIGKEIT	1200 km/h
DIENSTGIPFELHÖHE	19 500 m
AKTIONSRADIUS	450 km
TRIEBWERK	ein Turbojet Tumanski R-11F2S-300
SCHUB	mit NB 60,6 kN
BEWAFFNUNG	Luft-Luft-Lenkwaffen, Bomben oder
	Behälter mit ungel. 57-mm-Raketen, gesamt bis 1000 kg

TECHNISCHE
DATEN

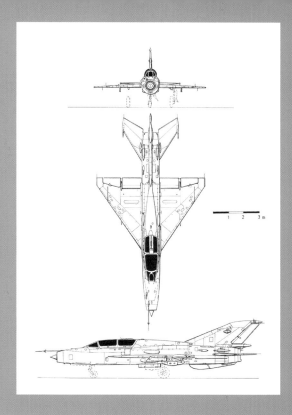

4

5

4 **MiG-21PFM/SPS ›935‹** (Werk-Nr. 5601) modernisiert und mit Tarnbemalung versehen, konnten sie auch die neueren Nahbereichs-Infrarot-Raketen R-60 in Einzel- oder Doppelstartern tragen.

5 **MiG-21US ›250‹** (Werk-Nr. 01685148) des JG-1 1971 im ursprünglichen, silberfarbenen Zustand mit einem als
Schreiberrakete bezeichneten Trainingsgerät ausgerüstet.

Kampf- und Übungskampfflugzeuge

Mikojan/ Gurewich MiG-21M / -21MF/ -21UM / -21bis

1968

Einsatz	1968 - 1990 / 1972 - 1990 / 1971 - 1990 / 1975 - 1990
Stückzahl	87 / 62 / 37 / 46
Hersteller	87 M und 50 MF staatl. Flugzeugwerk Nr. 30 »Snamja Truda«, Moskau-Chodynka, UdSSR
	12 MF und 46bis staatl. Flugzeugwerk Nr. 21 »S. Ordshonikidse«Gorki, UdSSR
	37 UM staatl. Flugzeugwerk Nr. 31 Tbilisi, UdSSR

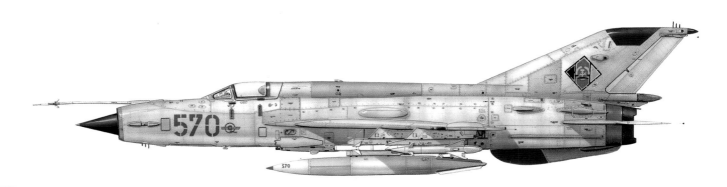

58

MiG-21M ›570‹ (Werk-Nr. 0503) im Lieferzustand 1969, die Maschinen dieser Version flogen bis Mitte der 70er Jahre silberfarbig, diese trägt Infrarot-Raketen R-3S innen und radargelenkten RS-2U außen, unter dem Rumpf ein 480-l-Zusatzbehälter.

In der UdSSR war 1965/68 mit der MiG-21SM die erste Ausführung einer dritten MiG-21-Generation entstanden. Hauptmerkmale waren: durchgehend erhöhter Rumpfrücken, vier Außenlastpunkte, fest eingebaute, doppelläufige Kanone, Zweikanal-Autopilot AP-155, neues Radar, neues Visier und ein neues, stärkeres Triebwerk R-13-300. Die »abgespeckte« Exportversion hatte allerdings das schwächere R-11-Triebwerk sowie das ältere Radar RP-21 und hieß MiG-21M. Von der M beschaffte die DDR 87 Maschinen. Durch mehr Tankkapazität, die Kanone, die vier Aufhängungen und andere Ausrüstung war die Startmasse der M gegenüber dem Vorgängermuster, bei gleicher Triebwerksleistung um mehr als eine Tonne gestiegen. Das wirkte sich negativ auf die Flugleistungen aus. Die MiG-21M wurde von den Piloten als die Version mit den schwächsten Leistungen eingeschätzt. Einige Maschinen hat man

daher in der DDR auf das stärkere R-13-300-Triebwerk umgerüstet. Ab 1972 stand mit der MiG-21 MF eine neue Variante der dritten Generation zur Verfügung. Diese Maschinen hatten standardmäßig das stärkere Triebwerk R-13-300 mit einer zweiten Nachbrennerstufe und konnten so die Nachteile der M weitgehend kompensieren. Sie verfügten auch über verbesserte Visieranlagen. Zu der dritten Generation gehörten auch die Schuldoppelsitzer MiG-21UM. Diese Flugzeuge kamen von 1971 bis 1978 in 37 Exemplaren zu den LSK/LV der NVA. Sie glichen im Wesentlichen dem Vorgänger MiG-21US, hatten aber den neuen Autopiloten AP-155 und als Triebwerk das R-11-F2S-300. Bei vier 1978 nachgelieferten Maschinen war das stärkere R-13-300 der MF eingebaut. Die MiG-21bis kam als vierte Generation und höchstentwickelte Form der MiG-21 1975 in die Bewaffnung der

NVA. Obwohl in der Grundauslegung äußerlich den Vorgängern gleichend, stellte die »bis« doch ein völlig neues Flugzeug dar. Das Kraftstoffsystem und die Zelle, Letztere unter Verwendung von neuen und leichten Werkstoffen, wie z. B. Titan, waren komplett überarbeitet. Die Flugeigenschaften waren für Luftkämpfe in niedrigen bis mittleren Höhen optimiert. Das neue Triebwerk R-25-300 erhielt dafür ein sogenanntes Sonderregime. Dieses Regime war von 0 bis 4 000 m Höhe nutzbar und verlieh der »bis« eine enorme Steiggeschwindigkeit von bis zu 225 m/s! Es gab zwei Versionen MiG-21bis Lasur mit Datenübertragungsanlage, um das Flugzeug vom Boden aus zum Ziel zu leiten, und die MiG-21bisSAU mit einem Autopilotkomplex für automatische Landeanflüge. Durch Unfälle und Havarien sind 32 Maschinen aller Versionen verloren gegangen, wobei 13 Personen ums Leben kamen.

MiG-21M

VERWENDUNGSZWECK	Jagdflugzeug
BESATZUNG	1
SPANNWEITE	7,15 m
FLÜGELFLÄCHE	22,95 m²
LÄNGE OHNE STAUROHR	13,56 m
HÖHE	4,12 m
STEIGLEISTUNG	160 m/s
LEERMASSE	5950 kg
STARTMASSE max.	9400 kg
HÖCHSTGESCHWINDIGKEIT	2230 km/h
MARSCHGESCHWINDIGKEIT	1200 km/h
DIENSTGIPFELHÖHE	18 500 m
AKTIONSRADIUS	450 km
TRIEBWERK	ein Turbojet Tumanski R-11F2S-300
SCHUB	mit NB 60,6 kN
BEWAFFNUNG	doppelläufige Kanone GSch-23 Kal. 23 mm, Luft-Luft-Lenkwaffen, Bomben oder Behälter mit ungel. 57-mm-Raketen, gesamt bis 1000 kg

TECHNISCHE DATEN

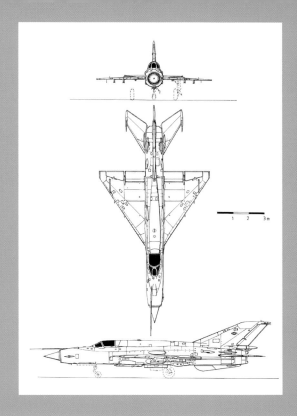

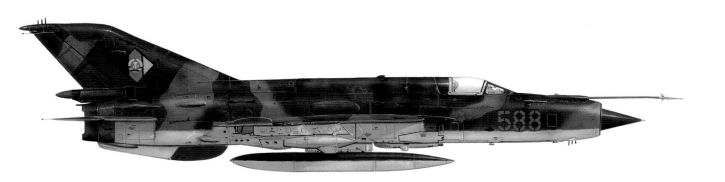

MiG-21M ›588‹ (Werk-Nr. 0513) 1985 umgerüstet als Aufklärer der TAFS-47 mit einem Kameracontainer CLA-7/I unter dem Flügel und einem 800 l fassenden Zusatzbehälter (auch »Badeofen« genannt) unter dem Rumpf.

1

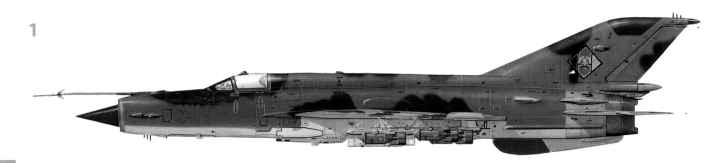

09

2

1 **MiG-21MF ›511‹** (Werk-Nr. 8611) in der Lieferbemalung von 1974, hier bewaffnet mit 100-kg-Bomben, je vier an den inneren und je eine an den äußeren Aufhängungen. Da diese Flugzeuge bereits ab Werk Tarnbemalung hatten übersetzte man das MF scherzhaft als »Mit Farbe«.

2 **MiG-21MF ›774‹** (Werk-Nr. N96001091) eine von 12 Maschinen, die 1975 in dieser hellgrauen Farbe aus dem Werk Gorki geliefert wurden und ursprünglich für Vietnam bestimmt waren, hier mit R-3S innen und UB-16 Startern für 16 ungelenkte 57-mm-Raketen außen bewaffnet.

MiG-21MF

VERWENDUNGSZWECK	Jagdflugzeug
BESATZUNG	1
SPANNWEITE	7,15 m
FLÜGELFLÄCHE	22,95 m²
LÄNGE	15,76 m
HÖHE	4,12 m
STEIGLEISTUNG	180 m/s
LEERMASSE	5350 kg
STARTMASSE max.	8200 kg
HÖCHSTGESCHWINDIGKEIT	2230 km/h
MARSCHGESCHWINDIGKEIT	1250 km/h
DIENSTGIPFELHÖHE	19 000 m
AKTIONSRADIUS	500 km
TRIEBWERK	ein Turbojet Tumanski R-13-300
SCHUB	mit NB 66,7 kN
BEWAFFNUNG	eine doppelläufige Kanone GSch-23

Kal. 23 mm, Luft-Luft-Lenkwaffen, Bomben oder
Behälter mit ungel. 57 mm Raketen, gesamt bis 1000 kg

TECHNISCHE DATEN

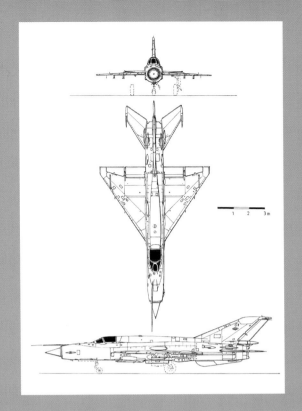

3

3 **MiG-21MF ›652‹** (Werk-Nr. 5310) nach Überholung in der Flugzeugwerft Dresden bekamen die MF von der Lieferbemalung abweichende Tarnbemalungen, diese Maschine ist mit drei 480 l fassenden Zusatzbehältern für Überführungsflüge ausgerüstet. Die Anbringung dieser Behälter unter den äußeren Flügelpylonen war ab MiG-21M möglich.

62

1 **MiG-21UM ›245‹** (Werk-Nr. 516995036) gehörte zu den vier Maschinen, die 1978 mit dem Triebwerk R-13-300 und hellgrauer Bemalung nachgeliefert wurden und beim JG-8 eingesetzt waren. Hier ist sie mit dem Trainingsgerät UZR-60 (»Schreiberrakete«) ausgerüstet.

2 **MiG-21UM ›266‹** (Werk-Nr. 07695156) der TAFS-47 in verblasstem Dresdner Tarnanstrich mit einem Kameracontainer CLA-87/II unter dem Flügel, der kleinere Behälter daneben enthält eine Schießkamera S-13, Bremsklappen und Periskop sind ausgefahren.

3 **MiG-21bis Lasur ›871‹** (Werk-Nr. N75033148) in der hellgrauen Lieferbemalung und bewaffnet mit radargelenkten R-3R (außen) und infrarotgelenkten R-13M-Raketen (innen).

MiG-21UM

VERWENDUNGSZWECK	Schul- und Übungsjagdflugzeug
BESATZUNG	2
SPANNWEITE	7,15 m
FLÜGELFLÄCHE	22,95 m²
LÄNGE	14,41 m
HÖHE	4,10 m
STEIGLEISTUNG	170 m/s
LEERMASSE	5400 kg
STARTMASSE max.	9500 kg
HÖCHSTGESCHWINDIGKEIT	2230 km/h
MARSCHGESCHWINDIGKEIT	1200 km/h
DIENSTGIPFELHÖHE	19 500 m
AKTIONSRADIUS	400 km
TRIEBWERK	ein Turbojet Tumanski R-11F2S-300 oder R-13-300
SCHUB	mit NB 60,6 kN bzw. 66,7 kN
BEWAFFNUNG	Luft-Luft-Lenkwaffen, Bomben oder Behälter mit ungel. 57-mm-Raketen, gesamt bis 1000 kg

TECHNISCHE DATEN

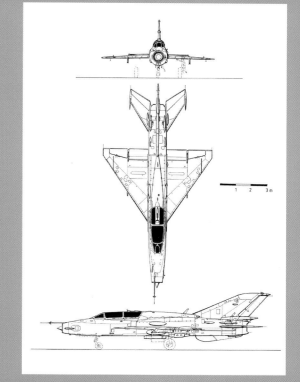

4 **MiG-21bisLasur ›872‹** (Werk-Nr. N75033151) in der späteren Dresdner Tarnbemalung, sie trägt hier einen elektronischen Störcontainer SM unter dem Rumpf und zwei 480 l fassende Zusatzbehälter unter den Tragflächen.

5 **MiG-21bis SAU ›794‹** (Werk-Nr. 75051108) in Dresdner, sogenannter Chlor-Buna-Tarnbemalung, hier bewaffnet mit je zwei Nahbereichs-Infrarot-Raketen R-60 (innen) und radargelenkten R-3R (außen); sie trägt unter dem Rumpf einen Zusatzbehälter für 800 l.

MiG-21bis

VERWENDUNGSZWECK	Jagdflugzeug
BESATZUNG	1
SPANNWEITE	7,15 m
FLÜGELFLÄCHE	22,95 m²
LÄNGE	14,10 m
HÖHE	4,12 m
STEIGLEISTUNG	>200 m/s
LEERMASSE	5450 kg
STARTMASSE max.	10 420 kg
HÖCHSTGESCHWINDIGKEIT	2230 km/h
MARSCHGESCHWINDIGKEIT	1250 km/h
DIENSTGIPFELHÖHE	22 000 m
AKTIONSRADIUS	500 m
TRIEBWERK	ein Turbojet Tumanski R-25-300
SCHUB	mit NB 60,6 kN
BEWAFFNUNG	eine doppelläufige Kanone GSch-23 Kal. 23 mm, Luft-Luft-Lenkwaffen, Bomben oder Behälter mit ungel. 57-mm-Raketen, gesamt bis 1500 kg, Störbehälter für Funkelektronischen Kampf möglich

TECHNISCHE DATEN

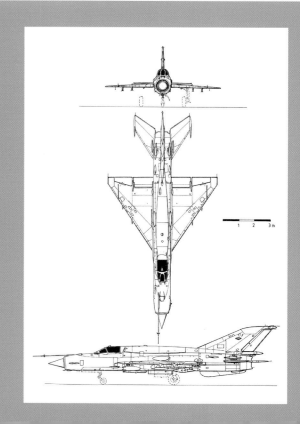

Kampf- und Übungskampfflugzeuge

Aero L-39 »Albatros«

Einsatz	1977 bis 1990
Stückzahl	54
Hersteller	Aero národni podnik, Vodochody, ČSSR

L-39ZO ›175‹ (Werk-Nr. 232301) in der Standardbemalung für diesen Typ, ausgerüstet mit zwei 350 l fassenden Kraftstoffzusatzbehältern und zwei Startbehältern für ungelenkte 57-mm-Raketen. In der Zweitrolle sollten die »Albatrosse« als leichte Erdkampfflugzeuge dienen.

Ab 1974 befand sich der Nachfolger des Strahltrainers L-29 »Delfin«, die L-39 »Albatros«, in der ČSSR in Serienfertigung. Der größte Teil der Produktion ging in die Sowjetunion. Auch in einige nichtsozialistische Länder außerhalb Europas konnte der neue Trainer exportiert werden. Die LSK/LV der NVA führten ab 1977 den »Albatros« für das Ausbildungsgeschwader in Bautzen ein. Die Flugzeuge der NVA gehörten zur Version L-39ZO, die im Unterschied zur Version L-39ZA keine Kanonengondel unter dem Rumpf hatte. Sie dienten der Lehre von Militärflugzeugführern in der Ausbildungsrichtung Jagd-/Jagdbombenflieger in den ersten beiden Studienjahren, die zuvor bei der GST eine Segelflug- und eine Motorfluggrundausbildung erhalten hatten. Zum Ausbildungskomplex gehörten neben den Flugzeugen auch der Simulator TL-39, der Katapultiertrainer NKTL-39 und

die fahrbare Kontroll- und Analysestation KL-39. Zunächst flogen die neuen L-39 noch gemeinsam mit den L-29 des FAG-25, die dann schrittweise bis 1981 außer Dienst gestellt wurden. Die L-39ZO waren mit einem einfachen Kreiselvisier ausgerüstet und hatten vier Unterflügelstationen, die äußeren für je 250 kg und die inneren für je 500 kg Außenlasten. Erdschießen mit ungelenkten Raketen und Bombenwurf mit 50 bis 250 kg Übungsbomben wurde mit den L-39 des FAG-25 trainiert. Die Ausbildung im Schießen auf Luftziele erfolgte mit dem Foto-MG (Schießkamera). Möglich war auch die Bewaffnung der L-39 mit zwei infrarotgelenkten Luftkampfraketen R-3S. Doch das relativ schubschwache Triebwerk des »Albatros« erlaubte den Einsatz der Raketen in einem nur sehr engen Bereich des Höhen- und Geschwindigkeitsspektrums des Strahltrainers. Seit 1978 gab es auch eine Kunstflugkette L-39,

die sporadisch zu besonderen Anlässen auftrat. Auch die Zieldarstellungskette ZDK-33 erhielt 1980/81 Flugzeuge vom Typ »Albatros« als Ersatz für die veralteten IL-28. Drei L-39ZO kamen vom FAG-25 und dienten zur einfachen Zieldarstellung für die Truppenluftabwehr der Landstreitkräfte und der Volksmarine. 1984 beschaffte man für diese Flugzeuge die »Luftzielapparatur 07«, einen Container mit Winde, 1250 m Drahtseil und Luftsack, der an einem der Tragflächenpylone befestigt wurde. Ergänzend importierte man zwei spezielle L-39V. Sie waren für das Schleppen des Hochgeschwindigkeitsziels KT-04 eingerichtet, das ebenfalls aus der ČSSR stammte. Diese Ziele konnten an Fallschirmen gelandet werden und waren daher wiederverwendbar. Durch Unfälle und Havarien gingen zwei Maschinen verloren, dabei kamen drei Personen ums Leben.

L-39ZO

TECHNISCHE DATEN

VERWENDUNGSZWECK	Schulflugzeug
BESATZUNG	2
SPANNWEITE	9,46 m
FLÜGELFLÄCHE	18,80 m²
LÄNGE	12,13 m
HÖHE	4,77 m
STEIGLEISTUNG	17,3 m/s
LEERMASSE	3540 kg
STARTMASSE max.	5600 kg
HÖCHSTGESCHWINDIGKEIT	755 km/h
MARSCHGESCHWINDIGKEIT	680 km/h
DIENSTGIPFELHÖHE	10 000 m
AKTIONSRADIUS	500 km
TRIEBWERK	ein Turbofan Iwtschenko AI-25TL191
SCHUB	16,87 kN
BEWAFFNUNG	Bomben und ungel. Raketen bis 1000 kg oder zwei Luft-Luft-Raketen R-3S möglich

1

2

1 **L-39V ›170‹** (Werk-Nr. 630705) Nur diese und ihre Schwestermaschine ›171‹ trugen, entsprechend internationaler Vereinbarungen, eine solche auffällige Bemalung. In der hinteren Kabine befand sich die Seiltrommel mit Bremsvorrichtung, die mittels einer Staudruckturbine unter dem Rumpf angetrieben wurde. Das dazu wiederverwendbare Hochgeschwindigkeitsschleppziel KT-04 der Firma Letov aus der ČSSR konnte am 1700 m langen Stahlseil nachgeschleppt werden.

2 **L-39ZO ›144‹** (Werk-Nr. 731006) mit ausgefahrenem Fahrwerk, von der rechten Seite gesehen. Diese Maschine steht heute als Exponat im Luftwaffenmuseum Berlin-Gatow, die meisten anderen NVA L-39 erhielt Ungarn 1993 als Geschenk.

Kampf- und Übungskampfflugzeuge

Mikojan/Gurewich MiG-23MF / MiG-23ML / MiG-23UB

Einsatz   1978 bis 1990 / 1982 bis 1990 / 1978 bis 1990
Stückzahl   12 / 32 / 11
Hersteller   12 MF /32 ML staatl. Flugzeugwerk Nr. 30 »Snamja Truda«,
             Moskau-Chodynka, UdSSR
             11 UB staatl. Flugzeugwerk Nr. 39 »60 Letija SSSR«, Irkutsk, UdSSR

99

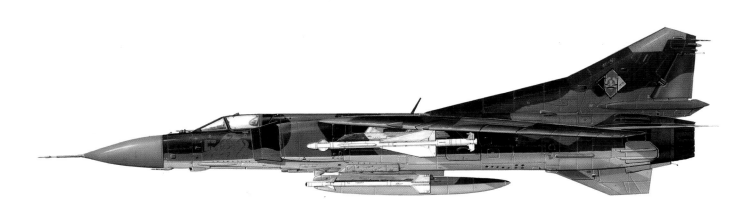

MiG-23MF ›592‹ (Werk-Nr. 0390213351110013) bewaffnet mit zwei der neuen Infrarot-Lenkwaffen R-23T und zwei älteren R-3S sowie einem 800 l fassende Zusatzbehälter. Alle MiG-23MF trugen diese Tarnbemalung mit individuellen Mustern.

Seit 1970 in Produktion, stellte die MiG-23 das erste Kampfflugzeug der Sowjetunion mit veränderlicher Tragflügelgeometrie dar. Für Start und Landung stellte man die Pfeilung der Flügel auf 16°, für den hohen Unterschallgeschwindigkeitsbereich auf 45° und für den Hochgeschwindigkeitsbereich auf 72° ein. In dieser Schwenkflüglertechnologie sah man zu dieser Zeit in Ost und West eine praktikable Lösung, um Überschallkampfflugzeugen gute Langsamflugeigenschaften für Start- und Landephase zu geben. Der Nachteil lag allerdings im komplizierten, wartungsintensiven und vor allem sehr schweren Schwenkmechanismus. Ab Juli 1978 übernahm die NVA zwölf Maschinen der Exportversion MiG-23MF. Dank ihrer Ausstattung mit einem auf dem modernem Monopulsradar Saphir-23D-III basierenden Visier- und Feuerleitsystem war die MiG-23 das erste Jagdflugzeug der NVA mit

der Möglichkeit, Luftziele auf Gegenkurs und vor dem Erdhintergrund zu orten, abzufangen und zu bekämpfen. Mit der MiG-23 kamen auch neue Luft-Luft-Lenkwaffen in Form der Raketen R-23T oder R-23R mit Infrarot- oder Radarzielsuchkopf in die Bewaffnung der LSK/LV. Eine neue, wesentlich verbesserte Version der MiG-23, die MiG-23ML, wurde in der Sowjetunion seit 1976 produziert und stand später auch für den Export zur Verfügung. Von dieser Version beschaffte die DDR ab 1982 32 Maschinen. Gegenüber der MF verfügte die ML über eine stärkere Triebwerksversion mit verringertem Kraftstoffverbrauch. Deshalb konnte ein KS-Behälter im Heckbereich entfallen, und durch konsequente Leichtbauweise wog die ML fast 1,5 t weniger als die MF. Besser gelöst waren auch Aufbau und Kinematik des Fahrwerks, was eine größere Bodenfreiheit und waagerechtere Lage des Flugzeugs am

Boden zufolge hatte. Alle MiG-23 stationierte man beim JG-9 in Peenemünde, weil das damals modernste NVA-Jagdflugzeug dicht an den Grenzen zur NATO operieren sollte und man seinen Vorteil bei Flugdauer/Reichweite gegenüber der MiG-21 über der Ostsee nutzen wollte. Elf Übungskampfflugzeuge MiG-23UB ergänzten den Bestand. Diese Doppelsitzer hatten kein Radar und ein schwächeres Triebwerk. Durch Unfälle und Havarien sind zehn Maschinen aller Versionen verloren gegangen, wobei fünf Personen ums Leben kamen. Nach dem Ende der DDR bekamen alle verbliebenen Maschinen Bundeswehr-Inventarnummern und einige hat man bei der WTD-61 in Manching nachgeflogen. Bemerkenswert ist die Übernahme einer ganzen Staffel von zwölf MiG-23ML durch die USAF, der Rest ging an Museen und Ausstellungen.

MiG-23MF

VERWENDUNGSZWECK	Jagdflugzeug
BESATZUNG	1
SPANNWEITE	7,18 / 13,96 m
FLÜGELFLÄCHE	34,16 / 37,35 m²
LÄNGE	17,18 m
HÖHE	4,82 m
STEIGLEISTUNG	220 m/s
LEERMASSE	10 845 kg
STARTMASSE max.	18 300 kg
HÖCHSTGESCHWINDIGKEIT	2500 km/h
MARSCHGESCHWINDIGKEIT	1200 km/h
DIENSTGIPFELHÖHE	17 500 m
TRIEBWERK	ein Turbojet Tumanski R-29-300
SCHUB	mit NB 122,50 kN
AKTIONSRADIUS	600 km
BEWAFFNUNG	eine doppelläufige Kanone GSch-23L Kal. 23 mm, 4 bis 6 Luft-Luft-Lenkwaffen oder Bomben oder Behälter mit ungel. 57-mm-Raketen, gesamt bis 2000 kg

TECHNISCHE DATEN

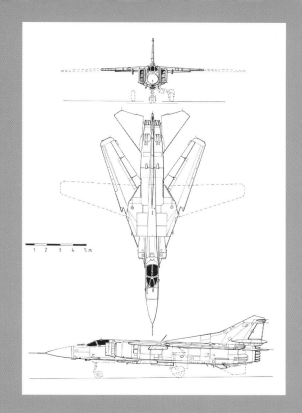

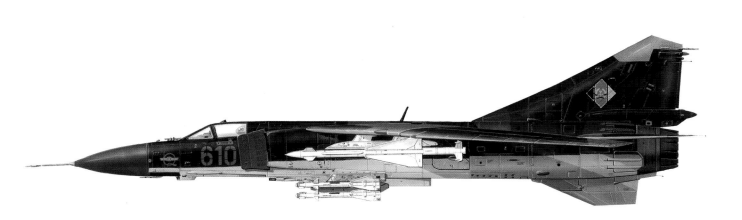

MiG-23ML ›610‹ (Werk-Nr. 0390324249) in der für diese Version üblichen Vierfarben-Tarnbemalung, bewaffnet mit je einer R-23R bzw. R-23T unter den Tragflächen und drei Nahbereichsraketen R-60 an einem Doppel- und einem Einfach-träger unter dem Rumpf.

Kampf- und Übungskampfflugzeuge

Mikojan/Gurewich MiG-23MF / MiG-23ML / MiG-23UB

1

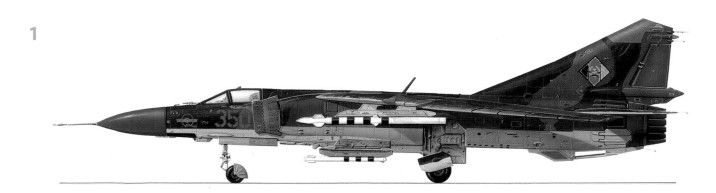

2

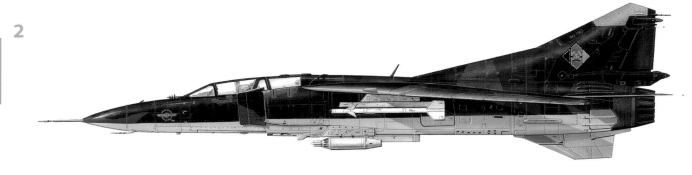

3

1 **MiG-23ML ›350‹** (Werk-Nr. 0390324639) hier ausgerüstet mit »Schreiberraketen« zur Simulation des scharfen Einsatzes und zur Aufzeichnung sowie Auswertung der Schießdaten. Diese Maschine ist nach 1990 durch die Bundeswehr an die USA übergeben worden.

2 **MiG-23UB ›100‹** (Werk-Nr. A1038504) des JBG-37 1987 in Vierfarben-Tarnbemalung mit Raketen R-3S und UB-16-Behältern bewaffnet. Diese Maschine kam später zum JG-9 und führte am 26. September 1990 den letzten Flug eines NVA-Flugzeugs überhaupt durch.

3 **MiG-23UB ›110‹** (Werk-Nr. A1038285) In dieser grauen Bemalung sind 1983 zwei Maschinen geliefert worden, sie erhielten jedoch später Tarnfarben. Diese Maschine stürzte 1986 bei einer Luftkampfübung in geringer Höhe nach Baumberührung ab, beide Piloten konnten sich durch Katapultieren retten.

MiG-23ML

VERWENDUNGSZWECK	Jagdflugzeug
BESATZUNG	1
SPANNWEITE	7,78 / 13,96 m
FLÜGELFLÄCHE	34,16 / 37,35 m²
LÄNGE	16,63 m
HÖHE	4,82 m
STEIGLEISTUNG	240 m/s
LEERMASSE	8472 kg
STARTMASSE max.	17 800 kg
HÖCHSTGESCHWINDIGKEIT	2500 km/h
MARSCHGESCHWINDIGKEIT	1250 km/h
REICHWEITE	2500 km
DIENSTGIPFELHÖHE	18 500 m
TRIEBWERK	ein Turbojet Tumanski R-35-300
SCHUB	mit NB 127,53 kN
AKTIONSRADIUS	700 km
BEWAFFNUNG	eine doppelläufige Kanone GSch-23L Kal. 23 mm, 4 bis 6 Luft-Luft-Lenkwaffen oder Bomben oder Behälter mit ungel. 57-mm-Raketen, gesamt bis 2000 kg

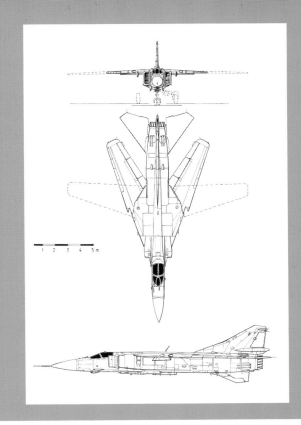

TECHNISCHE DATEN

MiG-23UB

VERWENDUNGSZWECK	Übungsjagdflugzeug
BESATZUNG	2
SPANNWEITE	7,78 / 13,96 m
FLÜGELFLÄCHE	34,16 / 37,35 m²
LÄNGE	17,11 m
HÖHE	4,82 m
STEIGLEISTUNG	220 m/s
LEERMASSE	10 505 kg
STARTMASSE max.	18 000 kg
HÖCHSTGESCHWINDIGKEIT	2445 km/h
MARSCHGESCHWINDIGKEIT	1250 km/h
REICHWEITE	2500 km
DIENSTGIPFELHÖHE	15 800 m
TRIEBWERK	ein Turbojet Tumanski R-27F2M-300
SCHUB	mit NB 98,07 kN
AKTIONSRADIUS	700 km
BEWAFFNUNG	eine doppelläufige Kanone GSch-23L Kal. 23 mm, 4 Luft-Luft-Lenkwaffen oder Bomben oder Behälter mit ungel. 57 mm Raketen, gesamt bis 1600 kg

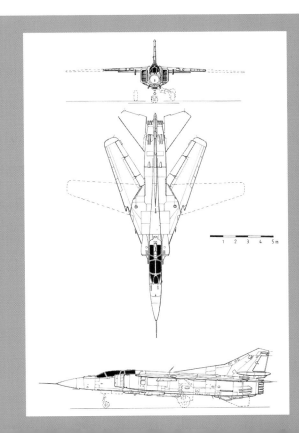

TECHNISCHE DATEN

Kampf- und Übungskampfflugzeuge

Mikojan/Gurewich MiG-23BN

Einsatz	1979 bis 1990
Stückzahl	22
Hersteller	staatl. Flugzeugwerk Nr. 30 »Snamja Truda«, Moskau-Chodynka, UdSSR

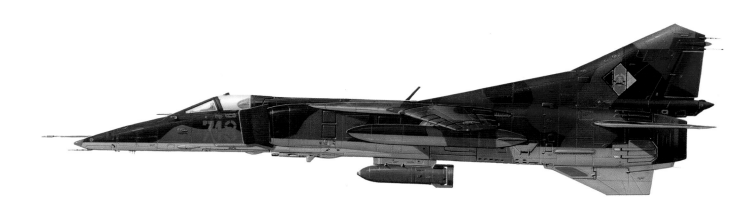

MiG-23BN ›718‹ (Werk-Nr. 03932157297742) ausgerüstet mit einer Übungskernbombe am Rumpfträger und zwei Kraftstoffzusatzbehältern. Alle BN trugen eine Dreifarben-Tarnbemalung.

Das erste und bis dahin immer noch einzige Jagdbombengeschwader der LSK/LV benötigte ab 1979 dringend Ersatz für ihre veralteten MiG-17. In der UdSSR war zwischenzeitlich aus dem Jäger MiG-23 die Jagdbomber-Variante MiG-23BN entstanden. Der Grundaufbau der MiG-23BN entsprach der MiG-23MF, sie hatten aber ein schwächeres Triebwerk ohne Regelschubdüse und kein Radar. Wegen des fehlenden Radars konnte der Bug flach gestaltet werden, und das Cockpit erhielt eine zusätzliche Panzerung. Von 1979 bis 1981 führte die DDR 22 solcher Flugzeuge für das JBG-37 ein. Die Gefechtseigenschaften der MiG-23BN sind in der NVA jedoch als nicht ausreichend angesehen worden. Triebwerksleistung, Kraftstoffzuladung, Navigationsausrüstung und vor allem die Bewaffnungsmöglichkeiten blieben weit hinter der Su-22 zurück, die dann zu Beginn der 80er Jahre verfügbar war.

Die MiG-23BN konnten zwar ein weites Spektrum an Abwurfwaffen und ungelenkten Raketen mitführen, doch als Lenkwaffe stand nur die funkkommandogelenkte Ch-23 zur Verfügung. Vor allem diese fehlende Möglichkeit zum Einsatz hochentwickelter Lenkwaffen brachte der MiG-23BN den Ruf des reinen »Eisenwerfers« ein. Dennoch war die MiG-23BN ein enormer Fortschritt gegenüber der antiquierten MiG-17. Alle MiG-23BN waren für den Einsatz von je einer freifallenden bzw. durch einen Schirm gebremsten taktischen 30-kt-Atomwaffe von ca. 500 kg Masse am Rumpfträger vorbereitet. Das Navigations- und Angriffssystem ermöglichte die automatische Bekämpfung mehrerer vorprogrammierter Ziele im Tiefstflug und den Bombenwurf ohne Erdsicht, litt aber noch sehr unter den Kinderkrankheiten der Elektronik der 70er Jahre. Die MiG-23BN galt als schwierig zu fliegen und verzieh keine

Steuerfehler, da die Flugeigenschaften an der Grenze der aerodynamischen Stabilität lagen. Die Programmierung des Autopiloten war für den Flug in niedrigen Höhen und in Bodennähe optimiert. Das führte aber zu einer in manchen Situationen schwer zu beherrschenden Steuerung und gilt als ursächlich für alle vier Verluste von MiG-23BN, wobei zwei Piloten ums Leben kamen. Die NVA-Führung versuchte Ende der 80er Jahre die MiG-23BN zu verkaufen, fand jedoch keinen Abnehmer. Als Ersatz war die Anschaffung von Su-25 im Gespräch. Doch das Ende der DDR machten diese Pläne hinfällig. Von den im Jahr 1990 verbliebenen 18 MiG-23BN gingen je zwei Maschinen für Studienzwecke in die USA und Großbritannien, den Rest verteilte man an Museen und Ausstellungen.

MiG-23BN

VERWENDUNGSZWECK	Jagdbomber
BESATZUNG	1
SPANNWEITE	7,78 / 13,96 m
FLÜGELFLÄCHE	34,16 / 37,35 m²
LÄNGE	16,84 m
HÖHE	5,15 m
STEIGLEISTUNG	220 m/s
LEERMASSE	10 700 kg
STARTMASSE max.	18 850 kg
HÖCHSTGESCHWINDIGKEIT	1900 km/h
MARSCHGESCHWINDIGKEIT	1150 km/h
REICHWEITE	2500 km
DIENSTGIPFELHÖHE	16 800 m
TRIEBWERK	ein Turbojet Tumanski R-29B-300
SCHUB	mit NB 112,81 kN
AKTIONSRADIUS	550 km
BEWAFFNUNG	eine doppelläufige Kanone GSch-23L Kal. 23 mm, gelenkte und ungelenkte Luft-Boden-Raketen, Kanonenbehälter UPK-23-500, Bomben bzw. eine 30 kt Kernbombe, gesamt bis 3 000 kg

TECHNISCHE DATEN

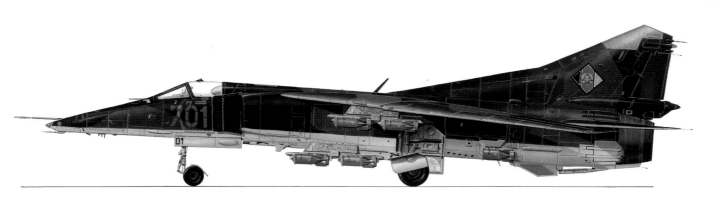

MiG-23BN ›701‹ (Werk-Nr. 03932142177144) bewaffnet mit 18 Stück 100-kg-Bomben an vier Mehrfachträgern und den Schlössern am Heck. Diese Maschine steht heute im Deutschen Museum in München.

Kampf- und Übungskampfflugzeuge

Suchoj Su-22M-4 / Su-22UM-3K

Einsatz	1984 bis 1990
Stückzahl	48 / 8
Hersteller	Staatl. Flugzeugwerk Nr. 126 »Juri Gagarin«, Komsomolsk na Amurje, UdSSR

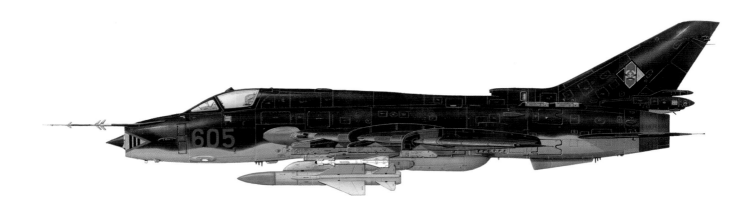

Su-22M-4 ›605‹ (Werk-Nr. 25017) des JBG-77 ausgerüstet mit zwei Ch-58U Antiradarraketen, in der Wanne unter dem Rumpf befinden sich Teile der Energieversorgung und Feuerleitanlage für diese Waffe. Zwei R-60 Luft-Luft-Raketen zur Selbstverteidigung ergänzen die Bewaffnung.

1978 begann bei Laage, etwa 20 km südlich Rostock, streng geheim der Bau eines nagelneuen Militärflugplatzkomplexes, der zwei neu zu bildende Jagdbombengeschwader aufnehmen sollte. Als Flugzeugtyp für diese Einheiten war die Suchoj Su-22 vorgesehen. Erstmals sollten die DDR-Streitkräfte damit ein Kampfflugzeugmuster erhalten, das nicht aus dem Hause MiG kam. Die Entwicklungslinie der Su-22 reicht bis zur Su-7 von 1958 zurück, aus der Anfang der 70er Jahre mehrere Schwenkflügler-Versionen hervorgingen. Ab Dezember 1984 kamen die Suchojs für das neue JBG-77 an Bord von sowjetischen Transportern An-22 und IL-76 in demontiertem Zustand zum Flugplatz des FAG-15 in Rothenburg, wo sie montiert und eingeflogen wurden. Dann erfolgte die Überführung nach Laage. Die Aufstellung des zweiten in Laage zu stationierenden neuen Jagdbomben-

geschwaders begann 1985 als Marinefliegergeschwader MFG-28. Die Zuführung seiner Su-22 erfolgte an Bord von sowjetischen IL-76 direkt nach Laage. Das MFG sollte nur im »Verteidigungsfall« operativ der Volksmarine unterstellt werden, aber sonst durch die LSK/LV betrieben werden. Die Su-22 waren das kampfstärkste Offensivwaffensystem der LSK/LV mit einer beeindruckenden Waffenpalette, bestehend vor allem aus Luft-Boden-Lenkwaffen mit Laser-, Fernseh- oder Funkleitstrahllenkung und Antiradarraketen. Zahlreiche Arten von ungelenkten Raketen verschiedener Kaliber und Gefechtsköpfen aller Art, Bomben von unterschiedlicher Masse und Zweckbestimmung, Kanonenbehälter, Abwurfbehälter für Submunition oder Brandmittelcontainer erweiterten das Waffenarsenal. Die Su-22 waren auch als Träger taktischer Atomwaffen vorgesehen, die dazu erforderlichen Aufhän-

gungen waren im Geschwader gelagert, jedoch die Steuerblöcke in den Flugzeugen blindgeschlossen. Im Ernstfall wären die Kernwaffen mit Steuerblöcken von der sowjetischen Seite angeliefert worden. Die Steuerblöcke dient übrigens dem Scharfmachen der Waffen vom Befehlszentrum aus. Der Pilot selbst konnte die Kernwaffe nicht scharf machen, sondern im Fall der Fälle nur unscharf abwerfen, z. B. bei einem gegnerischen Jägerangriff. Zwei Maschinen gingen durch Unfälle verloren, wobei keine Personen zu Schaden kamen. Nach der Auflösung der NVA bekamen alle verbliebenen Su-22 Bundeswehr-Inventarnummern, einige wurden vorübergehend bei der WTD-61 nachgeflogen. Mehrere gingen zur Erprobung in die USA und nach Großbritannien, dreizehn wurden verschrottet und der Rest an Museen und Ausstellungen verteilt.

Su-22M-4

VERWENDUNGSZWECK	Jagdbomber
BESATZUNG	1
SPANNWEITE	10,03 / 13,68 m
FLÜGELFLÄCHE	34,45 / 38,49 m²
LÄNGE	19,03 m
HÖHE	5,13 m
STEIGLEISTUNG	230 m/s
LEERMASSE	10 670 kg
STARTMASSE max.	19 430 kg
HÖCHSTGESCHWINDIGKEIT	1850 km/h
MARSCHGESCHWINDIGKEIT	1100 km/h
REICHWEITE MIT 4 ZB	2560 km
DIENSTGIPFELHÖHE	15 000 m
TRIEBWERK	ein Turbojet Ljulka Al-21-F-3
SCHUB	mit NB 110,00 kN
BEWAFFNUNG	zwei Kanonen NR-30 Kal. 30 mm, Luft-Boden-Lenkwaffen und Abwurfwaffen bis 4000 kg

TECHNISCHE
DATEN

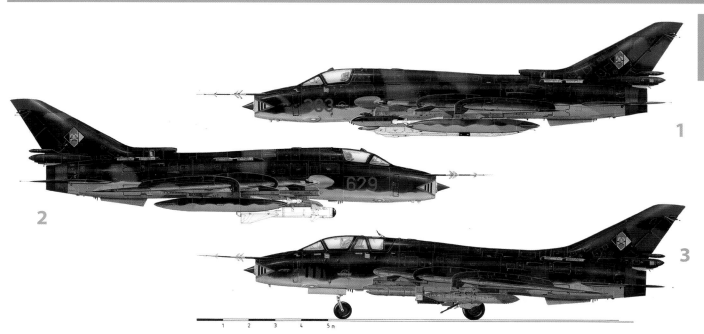

1 **Su-22M-4 ›363‹** (Werk-Nr. 25510) des JBG-77 in der Aufklärerrolle. Dafür gab es einen Rüstsatz bestehend aus dem Aufklärungscontainer KKR-1T mit Kameras und einem Modul zur funkelektronischen Aufklärung unter dem Rumpf, sowie einen Container SPS zur funkelektronischen Gegenwirkung unter der linken Tragfläche. Außerdem trägt diese Maschine zwei KS-Zusatzbehälter und zwei R-60 Luftkampfraketen.

2 **Su-22M-4 ›629‹** (Werk-Nr. 30918) des MFG-28 mit Ch-29T Raketen. Die Maschinen des MFG unterschieden sich nur durch die Anzahl von 8 ASO-2V Störkörperwerfern, gegenüber nur 4 an denen des JBG. Außerdem war bei den Marinemaschinen der Fernsehmonitor für die TV-gelenkten Ch-29T im Cockpit eingebaut, die gegen Seeziele zum Einsatz kommen sollten.

3 **Su-22UM-3K ›111‹** (Werk-Nr. 17532366510) hier dargestellt mit ungelenkten S-24-Raketen, 250-kg-Bomben und Kanonenbehältern SPPU-22-01. Die Doppelsitzer konnten bis auf die Ch-29T und Ch-58 alle Waffensysteme der Einsitzer einsetzen.

Kampf- und Übungskampfflugzeuge

Mikojan/Gurewich MiG-29A / MiG-29UB

Einsatz	1988 bis 1990
Stückzahl	20 / 4
Hersteller	20 staatl. Flugzeugwerk Nr. 30 »Snamja Truda«, Moskau-Chodynka, UdSSR
	4 staatl. Flugzeugwerk Nr. 21 »S. Ordshonikidse«, Gorki, UdSSR

74

MiG-29A ›607‹ (Werk-Nr. 2960525108) mit voller Luftkampfbewaffnung von zwei radargelenkten R-27R und 4 R-73 Nahbereichsraketen. Alle 20 Einsitzer waren bei Lieferung mit einem 4-farbigen Tarnanstrich mit individuellen Mustern versehen.

Eine ganz neue Generation von sowjetischen Jagdflugzeugen entstand Anfang der 80er Jahre mit der MiG-29. Ab 1982 ging das Flugzeug in die Serienproduktion, und ab 1987 gab es erste Exporte nach Indien und Syrien. Die DDR entschloss sich ebenfalls, die neueste MiG einzuführen, und wurde nach Jugoslawien 1988 der vierte Exportkunde. Von den Streitkräften des Warschauer Vertrages bekam die NVA also als erste dieses neue Waffensystem. Die MiG-29 galt in den 80er Jahren und Anfang der 90er als eines der leistungsfähigsten und modernsten Jagdflugzeuge der Welt. Dank ihrer »integrierten Aerodynamik«, bei der Rumpf und Tragwerk eine aerodynamisch geformte Einheit bilden, dem hervorragenden Triebwerk R-33D und dem Schub-Masse-Verhältnis von 1,2:1 stieg die MiG-29 schneller, wendete enger und beschleunigte besser als alle vergleichbaren westlichen Typen

dieser Zeit. Ab März 1988 bis Januar 1989 erfolgte die Zuführung von 20 Einsitzern und vier Schuldoppelsitzern zum JG-3 in Preschen. Die im Moskauer Flugzeugwerk Nr. 30 gebauten Einsitzer stellten eine Exportversion der MiG-29A mit etwas vereinfachter Elektronik dar und wurden als Erzeugnis 9.12A bezeichnet. Alle Warschauer-Vertrags-Staaten erhielten diese Version. Andere, so auch die ungarischen Streitkräfte, bekamen zum Teil noch weiter »abgespeckte« MiG-29B. Die Beschaffung von weiteren 30 MiG-29 für die DDR und die Ausrüstung weiterer Einheiten mit diesem Typ war vorgesehen, konnte aber nicht mehr verwirklicht werden. Am 10. Mai 1988 gab es aus Anlass eines Besuches des sowjetischen Verteidigungsministers in der DDR erstmals eine Vorführung der MiG-29 der NVA. Der Öffentlichkeit präsentierte man erste Fotos von MiG-29 mit DDR-Hoheitszeichen erst

ab Mitte 1989. Die Einführungsphase verlief recht problemlos, es traten wesentlich weniger Fehler und Ausfälle auf als bei vergleichbaren Umschulungsmaßnahmen bei den anderen MiG-Typen. Trotzdem brachte auch die Bewaffnung viel Neues für die LSK/LV der DDR, so z. B. die radargelenkten R-27-Luftkampfraketen oder die R-73-Nahluftkampfraketen, die auch über ein Helmvisier eingesetzt werden konnten. Die Ausbildung der NVA-Piloten konnte während des relativ kurzen Zeitraums bis zum Ende der NVA noch nicht vollständig abgeschlossen werden. Alles in allem absolvierten die MiG-29 bei der NVA ca. 4000 Flugstunden bis zum Ende der DDR. Alle 20 MiG-29A und vier MiG-29 UB gingen in den Bestand der Bundeswehr über.

MiG-29A

VERWENDUNGSZWECK	Jagdflugzeug
BESATZUNG	1
SPANNWEITE	11,36 m
FLÜGELFLÄCHE	38,00 m²
LÄNGE OHNE STAUROHR	16,28 m
HÖHE	4,73 m
STEIGLEISTUNG	330 m/s
LEERMASSE	10 900 kg
STARTMASSE max.	18 500 kg
HÖCHSTGESCHWINDIGKEIT	2440 km/h
MARSCHGESCHWINDIGKEIT	1250 km/h
REICHWEITE	2200 km
DIENSTGIPFELHÖHE	18 600 m
AKTIONSRADIUS MIT EINEM ZB	2100 m
TRIEBWERK	zwei Turbofans Klimow RD-33
SCHUB	mit NB je 81,0 kN
BEWAFFNUNG	eine Kanone GSch-30-1 Kal. 30 mm, bis zu sechs Luft-Luft-Lenkwaffen, oder Bomben, ungelenkte Raketen und andere Abwurfwaffen bis zu 2000 t

TECHNISCHE DATEN

1   **MiG-29UB ›179‹** (Werk-Nr.50903006526) in diesem hellgrau-blauen Zweiton-Anstrich kamen drei der Doppelsitzer in die DDR, die vierte Maschine war grün-braun getarnt. Zwischen den Triebwerken ist bei dieser Maschine ein 1 500 l fassender Zusatzbehälter angebracht und sie ist mit einer »Schreiberrakete« R-73U ausgerüstet.

2   **MiG-229A ›778‹** (Werk-Nr. 2960526314) hier für den Erdkampf bewaffnet mit vier Abschussblöcken B-8 für je 20 ungelenkte Raketen Kal. 80 mm und mit zwei Nahluftkampfraketen R-60MK zur Selbstverteidigung. Für diese Sekundärrolle gegen Erdziele waren auch Bomben und Abwurfbehälter für Submunition vorhanden.

3   **MiG-29A ›604‹** (Werk-Nr. 2960525106) war aus Anlass der Auflösung der DDR-Luftstreitkräfte mit einer speziellen »Abschiedsbemalung« versehen worden und nahm so am letzten Flugdienst am 29. September 1990 teil.

Hubschrauber

Mil Mi-4

Einsatz	1957 bis 1979
Stückzahl	48
Hersteller	staatl. Flugzeugwerk Nr. 292, Saratow, UdSSR
	staatl. Flugzeugwerk Nr. 387, Kasan, UdSSR

19 57

Mi-4A ›572‹ (Werk-Nr. 1251) der Transportfliegerschule Dessau 1958 noch mit alten Hoheitszeichen. Dieser Hubschrauber diente bis 1972 im HG-31 und war 1990 noch als stationäres Lehrobjekt bei den Landstreitkräften vorhanden.

76

Nach Gründung der NVA und ihrer Luftstreitkräfte 1956 war es auch an der Zeit, Hubschrauber einzuführen, da diese sich inzwischen international bewährt hatten und ihre Bedeutung im modernen Militärwesen weiter zunahm. Ab August 1957 wurden den LSK/LV bis 1963 kontinuierlich 44 Hubschrauber Mi-4A zugeführt. Die ersten Hubschrauber teilte man der neu gebildeten Transportfliegerschule in Dessau zu. Im Januar 1959 bildete man schließlich das Hubschraubergeschwader HG-31 mit Standort Brandenburg-Briest. Die Mi-4A dienten in der NVA zum Transport von Personal und Ausrüstung und wurden im Such- und Rettungsdienst sowie im Sanitätsdienst verwendet. Durch die großen Hecktore mit anlegbaren Spurrampen, der ausschwenkbaren Winde und der Außenlasttransportmöglichkeit galt der Mi-4A als vielseitig verwendbare, zuverlässige

Konstruktion. Allerdings sanken die Flugleistungen bei höheren Außentemperaturen und abnehmender Luftdichte (Druckhöhe) drastisch. Im Laufe der Jahre kamen neue Einsatzvarianten hinzu, wie z.B. Absetzen von Luftlandetruppen, Legen von Landminen, Funkrelaisstation und Aufklärung hinzu. Das HG-31 (1971 in HG-34 umbenannt) wurde zur Basis und Keimzelle aller militärischen und zivilen Hubschrauberaktivitäten in der DDR. Alle später gebildeten Hubschraubereinheiten der Marine, der Grenztruppen, der Landstreitkräfte und die Hubschrauberabteilungen der DLH/Interflug wurden mit Personal und Technik aus Briest aufgebaut. So bekamen die 1962 und 1964 aufgestellten Hubschrauberketten der Volksmarine und der Grenztruppen Mi-4A aus dem Bestand des HG-31. Die Hubschrauberkette der VM erhielt 1965 vier Maschinen der Version Mi-4MÄ für

die U-Boot-Suche und -Bekämpfung. Die DLH der DDR übernahm 1959 zwei Mi-4A und 1961 noch einen weiteren von der NVA und setzte sie für funktechnische Messflüge, Fernsehübertragungen, sowie für Erkundungs- und Rettungsflüge ein. Während die ersten Maschinen 1964 an die NVA zurückgegeben wurden, kamen 1963 zwei weitere Mi-4A zur zivilen Verwendung – nun bei der Interflug. Pionierarbeit leisteten die Hubschrauberbesatzungen der Interflug bei der Entwicklung von Taktik und Technik des Kranflugs. Auch die GST trat kurz als Halter von Mi-4A-Hubschraubern auf. Im September 1972 bekamen drei Maschinen des HG-34 Zivilregistrierungen für die Teilnahme an einer Flugschau in Dresden. Bei den Streitkräften sind die letzten Mi-4A bis 1979 außer Dienst gestellt worden. Durch Unfälle und Havarien gingen neun Hubschrauber verloren, wobei sieben Personen ums Leben kamen.

Mi-4A

VERWENDUNGSZWECK	mittlerer Transporthubschrauber
BESATZUNG	3
ROTORKREISDURCHMESSER	21,00 m
RUMPFLÄNGE	16,79 m
HÖHE	4,40 m
ROTORKREISFLÄCHE	349,48 m²
LEERMASSE	5400 kg
STARTMASSE max.	7600 kg
HÖCHSTGESCHWINDIGKEIT	210 km/h
MARSCHGESCHWINDIGKEIT	185 km/h
REICHWEITE	425 km
STEIGLEISTUNG	3,6 m/s
DIENSTGIPFELHÖHE	4500 m
NUTZLAST	13 Soldaten oder 1,2 t Fracht
BEWAFFNUNG	ein MG Kal. 12,7 mm in der Bodenwanne
TRIEBWERK	ein 14-Zyl.-Doppelsternmotor Schwezow ASch-82W

TECHNISCHE DATEN

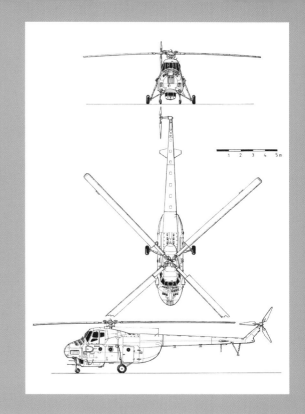

Mi-4A ›528‹ (Werk-Nr. 06146) des HG-31 in den 70er Jahren anlässlich einer Übung mit feldmäßig aufgebrachter Zusatztarnung.

1 Die ›563‹ (Werk-Nr. 041149) war die einzige Mi-4S der NVA mit Passagiersaloneinrichtung und eckigen Fenstern, er diente von 1961 bis 1979.

2 Mi-4MÄ ›543‹ (Werk-Nr. 06174) der Hubschrauberkette der Volksmarine in Parow, ausgerüstet mit Suchradar, Tauchsonar und Wasserbomben. Die großen weißen »Schiffsnummern« waren eine Zeit lang bei den Hubschraubern der VM üblich.

3 Mi-4A ›569‹ (Werk-Nr. 13146) mit zweifarbiger Tarnbemalung, die ab Mitte der 70er Jahre eingeführt wurde. Dieser Hubschrauber steht heute im Luftwaffenmuseum in Berlin-Gatow.

4 **Mi-4A DM-SPA** (Werk-Nr. 1263) der DLH der DDR 1959 nach Übernahme von der NVA.

5 **Mi-4A DM-SPF** (Werk-Nr. 5142) der Interflug Anfang der 60er Jahre.

6 **Mi-4A** (Werk-Nr. 04146) der NVA als **DM-WSC**, zusammen mit zwei weiteren Maschinen für einen Monat im Dienst der GST.

Hubschrauber

Mil Mi-1 / SM-1

Einsatz	1958 bis 1973
Stückzahl	25
Hersteller	staatl. Flugzeugwerk Nr. 387, Kasan, UdSSR
	Wytwórnia Sprzętu Komunikacyjnego WSK, Swidnik, Polen

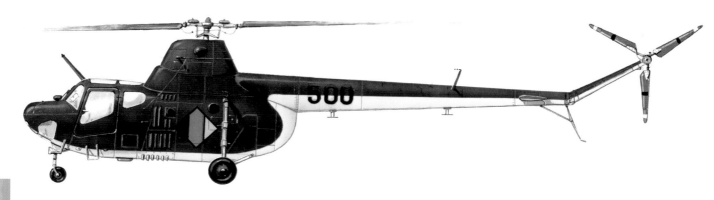

Mi-1 ›500‹ (Werk-Nr. S103001) in der Standardausführung unmittelbar nach der Lieferung 1958 noch mit Hoheitszeichen ohne Emblem.

Der Mi-1 war der erste in Großserie produzierte, leichte Mehrzweck-hubschrauber der Sowjetunion. Von 1959 bis 1957 sind in der UdSSR 990 Maschinen hergestellt worden. Danach verlagerte man die Produktion ins polnische Świdnik bei Lublin. In diesem Werk sind dann bis 1965 1683 als SM-1 bezeichnete Exemplare in mehreren Varianten gebaut worden. Die LSK der NVA bekamen ihre ersten SM-1 aus polnischer Produktion im März 1958 geliefert. Die Hubschrauber wurden der Transportfliegerschule in Dessau zugeteilt, doch die fliegerische Ausbildung konnte noch nicht beginnen, da keine Schulmaschinen mit Doppel-steuerung zur Verfügung standen. Von einer in Zerbst stationierten sowjeti-schen Einheit kam Hilfe nach Dessau in Form von Fluglehrern und Schulma-schinen, und die Ausbildung konnte beginnen. Weitere Mi-1 aus sowjetischer Produktion, die sich äußerlich nicht vom SM-1 unterschieden, wurden über-nommen. Endlich, im Mai 1959, kamen dann die ersten eigenen SM-1ASz-Schulmaschinen in die DDR. Später, nach Umstrukturierung und Aufteilung der Schule, kamen die Mi-1/SM-1 zunächst zum Transportfliegerausbildungsge-schwader TAG-4 und dann schließlich zum HG-31 mit Standort Brandenburg-Briest. Die Hubschrauber dienten für Beobachtungs-, Kurier-, Verbindungs- und Ambulanzaufgaben. Technisch recht einfach und robust, hatten die Mi-1/SM-1 jedoch eine Schwach-stelle: die mechanische Kupplung zwischen Motor und Rotorgetriebe. Wenn dieses Einkuppeln nicht genau nach Vorschrift und mit viel Feingefühl erfolgte, beschädigte die ruckartige Belastung die Rotorblätter, was bei mindestens fünf Maschinen zur Zerstö-rung des kompletten Hauptrotors führte. Vier SM-1WS der Sanitätsversion, die zwei Verletzte in außen an den Rumpf-seiten angebrachten Gondeln befördern konnten, und zwei SM-1Wb mit Komfort-einrichtung sind 1963/64 noch zusätz-lich beschafft worden. Die Grenzketten Nord in Salzwedel, Süd in Meiningen und die Berliner Kette erhielten ab 1964 Mi-1/SM-1 vom HG-31 und flogen sie bis 1970. In den Jahren 1972 und 1973 wurden alle verbliebenen Mi-1/SM-1 außer Dienst gestellt und von der Mi-2 abgelöst. Sie wurden konserviert und abgestellt und vermutlich später verschrottet. Eine SM-1ASz ist im Luftwaffenmuseum Berlin-Gatow erhalten geblieben. Vier Hubschrauber gingen durch Unfälle und Havarien verloren, wobei eine Person ums Leben kam.

Mi-1/SM-1

VERWENDUNGSZWECK	leichter Mehrzweckhubschrauber
BESATZUNG	1 bis 2
PASSAGIERE	2 bis 3
ROTORKREISDURCHMESSER	14,35 m
RUMPFLÄNGE	12,50 m
HÖHE	3,30 m
ROTORKREISFLÄCHE	160,60 m²
LEERMASSE	1950 kg
STARTMASSE max.	2500 kg
HÖCHSTGESCHWINDIGKEIT	170 km/h
MARSCHGESCHWINDIGKEIT	140 km/h
STEIGLEISTUNG	3,7 m/s
REICHWEITE	360 km
DIENSTGIPFELHÖHE	4000 m
TRIEBWERK	ein 7-Zyl.-Sternmotor Iwtschenko AI-26WF
LEISTUNG	423 kW

TECHNISCHE
DATEN

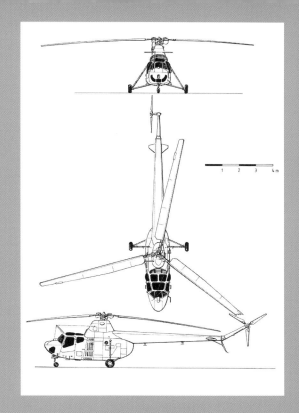

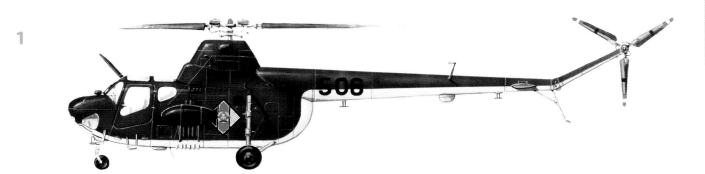

1

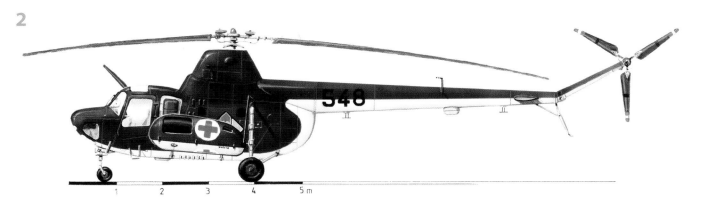

2

1 **SM-1ASz ›506‹** (Werk-Nr. S1A01002) Schulhubschrauber, hier ausgerüstet mit dem, scherzhaft auch »Blase« genannten, Kraftstoffzusatzbehälter.

2 **SM-1WS ›548‹** (Werk-Nr. W05018) mit Sanitätsgondeln, die an beiden Bordseiten installiert werden konnten.

Hubschrauber

Mil Mi-8T / Mi-8TB / Mi-8S / Mi-9

Einsatz	1967-1990/ 1977-1990/ 1969-1990 und 1984-1990
Stückzahl	44 / 26 / 38 und 8
Hersteller	staatl. Flugzeugwerk Nr. 387, Kasan, UdSSR
	staatl. Flugzeugwerk Nr. 99, Ulan Ude, UdSSR

* Die Mi-8 hatten keine Werknummern im herkömmlichen Sinn sondern waren vom Hersteller nur mit einer »Exportnummer« versehen, bei der die ›105‹ für das Land DDR stand!

Mi-8T DDR-SPA (*Werk-Nr. 10501) der Interflug nach Modernisierung in den 80er Jahren. Für den Kranflug waren die IF-Maschinen mit einem Kastenfenster in der Einstiegstür nachgerüstet worden, um dem Bordmechaniker (in liegender Stellung) einen guten Blick auf die Außenlast zu gewährleisten.

Von 1961 bis 1965 entwickelte das OKB Mil den Mi-8 als turbinengetriebenen Nachfolger des Kolbenmotorhubschraubers Mi-4. Die ersten drei Transporthubschrauber Mi-8T kamen im Juli 1968 nach Brandenburg-Briest, gefolgt 1969 von zwei Salonhubschraubern Mi-8S. Der Bestand an Mi-8T wuchs bis 1975 auf 37 Maschinen, sie erfüllten allgemeine Transport-, Verbindungs-, Such- und Rettungsaufgaben. Zur Unterstützung der Bodentruppen war die Anbringung von vier Startbehältern für ungelenkte Raketen möglich. Die beiden Salonhubschrauber des HG-31 wechselten 1969 zur den »Regierungsfliegern« nach Marxwalde, und unter Zuführung von weiteren Mi-8S bildete man eine eigene Hubschrauberstaffel. Nach einer festgelegten Flugstundenzahl gaben die Regierungsflieger die Mi-8S mit vereinfachter Inneneinrichtung als Mi-8PS an andere Hubschraubereinheiten ab. Die Hubschrauberkette der Grenztruppen erhielt 1977 zwei Mi-8PS und 1982 einen Mi-8T. Ab 1977 kam eine wesentlich stärker bewaffnete Version des Mi-8TB in den Bestand der NVA. Die Bewaffnung umfasste nun sechs Startbehälter für je 32 ungelenkte Raketen. Weiter gab es Startschienen für sechs Panzerabwehrlenkraketen und im Rumpfbug war ein bewegliches MG installiert. Die Mi-8TB kamen in die neu gebildeten KHG- 57 und -67, die dem Kommando der Front- und Armeefliegerkräfte unterstellt wurden. Das Marinehubschraubergeschwader MHG-18 übernahm ebenfalls zwölf Kampf- und Transporthubschrauber Mi-8TB für die Küstenverteidigung und zum Einsatz gegen Überwasserziele. 1984 erhielt die NVA noch acht Spezialhubschrauber Mi-9 als »Luftbewegliche Führungsstellen« für die Divisionsstäbe der Landstreitkräfte. Durch Unfälle und Havarien gingen sechs Maschinen verloren, wobei zehn Personen ums Leben kamen. Nach der Auflösung der NVA gingen 101 militärische Mi-8 in den Bestand der Bundeswehr über. Mehr oder weniger genutzt, sind alle bis 1994 außer Dienst gestellt worden. Auch der IF Betrieb Spezialflug, später FIF bekam 1967/68 zwei Mi-8T und bis 1980 folgten nochmals drei Maschinen. Hauptaufgabe dieser Hubschrauber war der Kranflug im Außenlastbetrieb in allen Bereichen der Wirtschaft. Besondere Bedeutung erlangte dabei die Elektrifizierung der Eisenbahnstrecken. Als die DDR 1984 die Einrichtung einer Antarktisstation plante, musste die Interflug dafür zusätzlich zwei Mi-8T anschaffen. Mit dieser Überkapazität an Hubschraubern ging die IF in Liquidation. Die Mi-8 übernahm die Nachfolgefirma Berliner Spezialflug, heute ist davon noch eine Maschine im Einsatz.

82

 **Mi-8T**

VERWENDUNGSZWECK   mittlerer Transporthubschrauber
BESATZUNG   3
ROTORKREISDURCHMESSER   21,29 m
RUMPFLÄNGE   18,31 m
HÖHE   5,65 m
ROTORKREISFLÄCHE   355,81 m²
LEERMASSE   7160 kg
STARTMASSE max.   12 000 kg
HÖCHSTGESCHWINDIGKEIT   250 km/h
MARSCHGESCHWINDIGKEIT   225 km/h
REICHWEITE   (mit Zusatzbeh.) 930 km
DIENSTGIPFELHÖHE   4500 m
NUTZLAST   24 Soldaten oder 4 t Fracht
TRIEBWERK   zwei Wellenturbinen Isotow TW-2-117A
LEISTUNG   je 1104 kW
BEWAFFNUNG   4 Behälter für je 16 ungel. Raketen
                            Kal. 57 mm möglich

TECHNISCHE
DATEN

 **Mi-8TB**

VERWENDUNGSZWECK   mittlerer Kampf- und
                         Transporthubschrauber
BESATZUNG   3
ROTORKREISDURCHMESSER   21,29 m
RUMPFLÄNGE   18,31 m
HÖHE   5,65 m
ROTORKREISFLÄCHE   355,81 m²
LEERMASSE   7422 kg
STARTMASSE max.   12 000 kg
HÖCHSTGESCHWINDIGKEIT   245 km/h
MARSCHGESCHWINDIGKEIT   205 km/h
REICHWEITE   650 km
DIENSTGIPFELHÖHE   4500 m
NUTZLAST   24 Soldaten oder 3,5 t Fracht
TRIEBWERK   zwei Wellenturbinen Isotow TW-2-117A
LEISTUNG   je 1104kW
BEWAFFNUNG   1 MG A-12,7 Kal. 12,7 mm im Bug, 6 PALR
»Maljutka«, 6 Behälter für je 32 ungel. Raketen Kal. 57 mm
oder Bomben und andere Abwurflasten bis 1500 kg

TECHNISCHE
DATEN

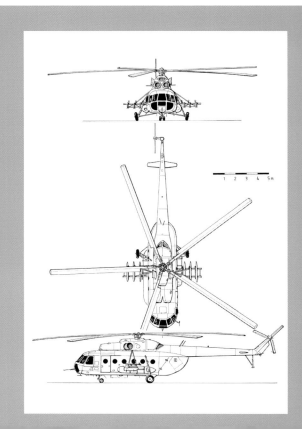

Hubschrauber

Mil Mi-8T/ Mi-8TB / Mi-8S / Mi-9

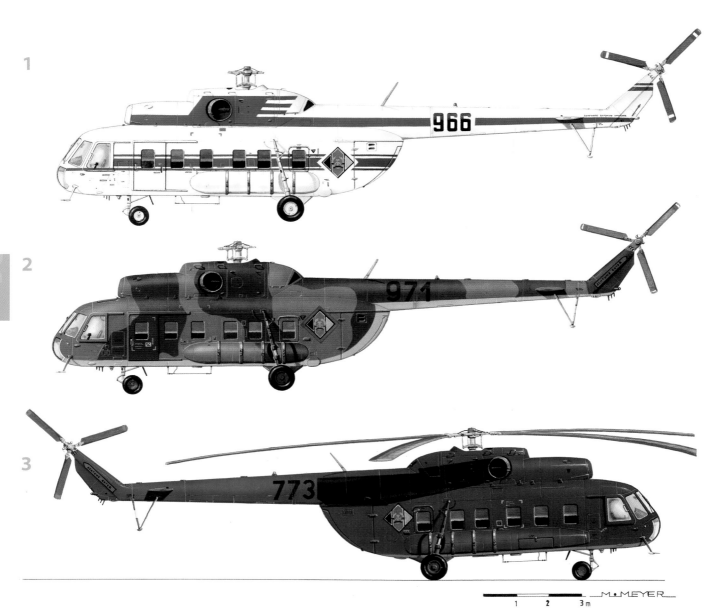

1 Mi-8S ›966‹ (*Werk-Nr. 10551) des TG-44 ca. 1977 in der anfänglich verwendeten »Regierungsflieger«-Bemalung, die später durch Tarnbemalung ersetzt wurde.

2 Mi-8PS ›971‹ (*Werk-Nr. 10520) der HS-16 der Grenztruppen, der grüne Ring um das Hoheitszeichen war das Kennzeichen für die Grenztruppen.

3 Mi-8PS ›773‹ (*Werk-Nr. 105100) des MHG-18 im sehr edlen Marineblau 1988, hatte bis 1986 im TG-44 als Salonhubschrauber gedient.

Mi-8S

VERWENDUNGSZWECK	mittlerer Passagier- oder Salonhubschrauber
BESATZUNG	3 bis 4
NUTZLAST	6 bis 24 Passagiere
ROTORKREISDURCHMESSER	21,29 m
RUMPFLÄNGE	18,31 m
HÖHE	5,65 m
ROTORKREISFLÄCHE	355,81 m²
LEERMASSE	7420 kg
STARTMASSE max.	12 000 kg
HÖCHSTGESCHWINDIGKEIT	250 km/h
MARSCHGESCHWINDIGKEIT	225 km/h
REICHWEITE	480 km
DIENSTGIPFELHÖHE	4500 m
TRIEBWERK	zwei Wellenturbinen Isotow TW-2-117A
LEISTUNG	je 1104 kW

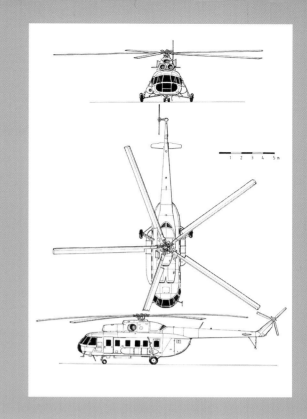

TECHNISCHE DATEN

Mi-9

VERWENDUNGSZWECK	mobile Führungsstelle für Militärstäbe
BESATZUNG	3 bis 6
ROTORKREISDURCHMESSER	21,29 m
RUMPFLÄNGE	18,31 m
HÖHE	5,65 m
ROTORKREISFLÄCHE	355,81 m²
LEERMASSE	7500 kg
STARTMASSE max.	12 000 kg
HÖCHSTGESCHWINDIGKEIT	250 km/h
MARSCHGESCHWINDIGKEIT	235 km/h
REICHWEITE	480 km
DIENSTGIPFELHÖHE	4500 m
TRIEBWERK	zwei Wellenturbinen Isotow TW-2-117A
LEISTUNG	je 1104 kW

TECHNISCHE DATEN

Hubschrauber

Mil Mi-8T / Mi-8TB / Mi-8S / Mi-9

1

98

2

3

1 **Mi-8TB ›814‹** (*Werk-Nr. 10568) des MHG-18 mit voller Bewaffnung in der Ende der 80er Jahre eingeführten blauen Marinebemalung.
2 **Mi-8TB ›125‹** (*Werk-Nr. 10554) des KHG-3 »Ferdinand von Schill« mit voller Bewaffnung in den 80er Jahren im Tarnschema nach Überholung im Reparaturwerk Tököl in Ungarn.
3 **Mi-8T ›925‹** (*Werk-Nr. 10542) des HG-34 in der Lieferbemalung von 1975, hier ausgerüstet mit UB-16 Raketenstartbehältern.

4 **Mi-8T ›907‹** (*Werk-Nr. 10536) der Volksmarine im Zustand Ende der 70er Jahre, vor Einführung der blauen Marinefarbe mit takt. Nr. im Stil der Schiffsnummern und zusätzlichen Langdrahtantennen für Seenotfunkausrüstung.

5 **Mi-8T ›906‹** (*Werk-Nr. 10535) der Volksmarine kurz vor der Wiedervereinigung 1990 umgerüstet für SAR-Dienst mit modernisierter Winde.

6 **Mi-9 ›402‹** (Werk-Nr. 340002) der HSFA-103 des Militärbezirks III in Cottbus, erkennbar an den vielen zusätzlichen Antennen, der Rumpf ist eine Mischung aus Passagier- und Transportversion.

Hubschrauber

Kamow Ka-26

Einsatz	1970 bis 1990
Stückzahl	24
Hersteller	staatl. Flugzeugwerk Nr. 99, Ulan Ude, UdSSR
	staatl. Flugzeugwerk Kumertau-Worotynowka, UdSSR

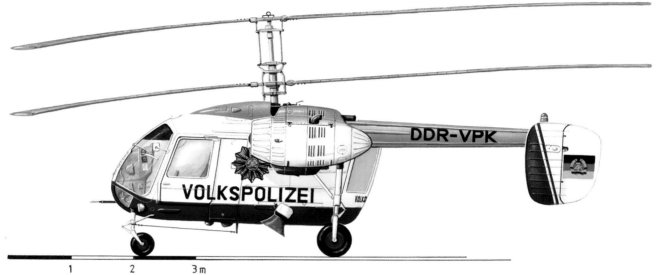

Die **DDR-VPK** (Werk-Nr. 7404609) der Volkspolizei in den 80er Jahren, die Lautsprecher wurden später in den Kabinenboden verlegt, die Bemalung der Leitwerksscheiben war bei den VP-Maschinen von Zeit zu Zeit unterschiedlich.

Der Betrieb Wirtschaftsflug, später Agrarflug hatte umfangreiche Erfahrungen mit Flächenflugzeugen in der Land- und Forstwirtschaft gemacht und dabei erkannt, dass sich solche Flugzeuge für den Einsatz in Mittelgebirgslagen schlecht eignen. Daher entschloss man sich 1970, den sowjetischen leichten Mehrzweckhubschrauber Ka-26 einzuführen. Der in der für Kamow typischen Koaxialrotorbauweise ausgeführte Ka-26 konnte durch austauschbare Module entweder mit einer Kabine für sechs Personen oder einem 800-kg-Hopper mit Streu- oder Sprühapplikationsanlage oder einer Lastplattform oder einem Außenlastgeschirr (Kranhaken) versehen werden. Der Antrieb durch zwei Kolbenmotoren entsprach allerdings nicht mehr dem Stand der Technik, denn die meisten vergleichbaren Hubschrauber dieser Klasse waren mit Gasturbinen ausgerüstet.

Bis 1977 stieg die Zahl der Ka-26 auf 19 Maschinen, und in den 80er Jahren kaufte die IF noch zwei gebrauchte Exemplare hinzu. Zum Streuen oder Sprühen über Felder und Wiesen in den Hanglagen der Mittelgebirgsgegenden, wo Starrflügler kaum eingesetzt werden konnten, waren die Ka-26 besonders geeignet. Auch Pflanzenschutz und Düngung von Obstplantagen und Waldflächen gehörten zu ihren Aufgaben. Der IF Betrieb Spezialflug, später FIF, verwendete Ka-26-Hubschrauber für Foto- und Kontrollflüge von Industrieanlagen und zum Kranflug. Beim Kranflug ergänzten die Kamows die Mi-8 bei der Elektrifizierung der Eisenbahn, in dem sie leichtere Bauelemente der Masten beförderten. Eine wichtige Aufgabe fanden die Ka-26 im Küsten- und Umweltschutz über der Ostsee. Dafür erhielten drei Maschinen Seenotausrüstung und aufblasbare Notschwimmer. Anfang

der 70er Jahre beschloss das Innenministerium der DDR die Bildung von Polizeifliegerkräften. Als Hubschraubertyp wählte man den Ka-26 aus, da er bei der Interflug im Einsatz stand und man so eine technische und logistische Zusammenarbeit aufbauen konnte. Zunächst bekam das Personal, teils von der IF übernommen, teils von der VP kommandiert, seine Ausbildung bei der IF. Für die Einsatzerprobung nutzte man einen Kamow der IF. Nach Übernahme von drei eigenen Hubschraubern begann deren regelmäßiger Einsatz. Hauptaufgaben waren Verkehrsüberwachung, vorrangig zur Überwachung der Transitstrecken, Suchflüge zur Fahndung nach Personen, Leichen oder Dingen, Kontrollflüge bei Katastrophen oder Großveranstaltungen und normale Transport-/Kurierflüge. Durch Unfälle und Havarien gingen vier Hubschrauber verloren, wobei aber keine Personen zu Schaden kamen.

 **Ka-26**

VERWENDUNGSZWECK   leichter Mehrzweckhubschrauber
BESATZUNG   2
PASSAGIERE   6
ROTORKREISDURCHMESSER   13,00 m
RUMPFLÄNGE   7,75 m
HÖHE   4,05 m
ROTORKREISFLÄCHE   2 x 137,67 m²
LEERMASSE   ohne Kabine oder andere Anbauten 1950 kg
STARTMASSE max.   3250 kg
HÖCHSTGESCHWINDIGKEIT   170 km/h
MARSCHGESCHWINDIGKEIT   110 km/h
REICHWEITE   450 km
DIENSTGIPFELHÖHE   3000 m
TRIEBWERK   zwei 9-Zyl.-Sternmotoren Wedenejew M-14W-26
LEISTUNG   je 242 kW

TECHNISCHE
DATEN

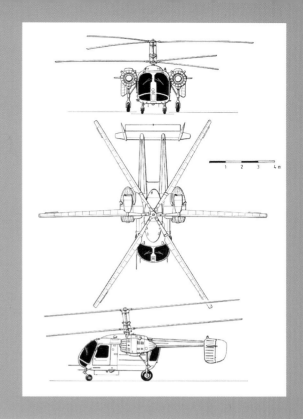

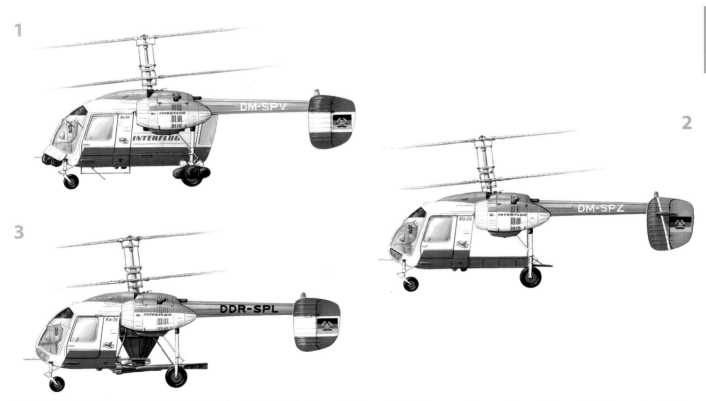

1   Die DM-SPV (Werk-Nr. 7303406) des IF Betriebs Spezialflug mit Kabine und Seenotausrüstung für Umweltschutz-
    kontrollflüge über der Ostsee.
2   Die DM-SPZ (Werk-Nr. 7001306) ausgerüstet mit Lastplattform, das Leitwerk hat noch die ursprüngliche Form und
    Bemalung, wie sie nur bei den ersten beiden Maschinen vorhanden war.
3   Die DDR-SPL (Werk-Nr. 7505201) des IF Betriebes Agrarflug mit Hopper und Streuausrüstung.

Hubschrauber

Mil Mi-2

Einsatz	1972 bis 1990
Stückzahl	48
Hersteller	Wytwórnia Sprzętu Komunikacyjnego WSK, Swidnik, VR Polen

1972

Mi-2 ›382‹ (Werk-Nr. 562632112) des HG-54 ca. 1976 an beiden Bordseiten mit einer Lafette zu je zwei Kal. 7,62 mm MGs PKT System Kalaschnikow mit je 800 Schuss ausgestattet.

Nachdem die mittleren Turbinenhubschrauber Mi-8 1968 in die NVA eingeführt worden waren, fand die Ausbildung der Piloten immer noch auf dem veralteten leichten Kolbenmotorhubschrauber Mi-1/SM-1 statt. 1961 war bereits in der Sowjetunion der leichte Turbinenhubschrauber Mi-2 zum Erstflug gestartet, und seit 1966 befand er sich in Polen in Serienproduktion. Diesen Typ beschaffte die NVA ab 1972 als Ersatz für die Mi-1/SM-1. Ab 1972 kamen die ersten Maschinen in das Hubschraubergeschwader HG-34 in Brandenburg-Briest. Dort dienten sie in erster Linie zur Ausbildung (3. Staffel) von Hubschrauberführern. In Vorbereitung auf die Schaffung von Kampfhubschraubereinheiten sind 21 Mi-2 mit MGs, ungelenkten Raketen oder Bomben zur Ausbildung bewaffnet worden und bildeten das HG-54. Drei Mi-2 waren als Seenotrettungsversion

geliefert worden. Doch die mangelnde Allwettertauglichkeit der Mi-2 über See, die schwache Winde LPG-4 und die zu kleine, enge Kabine ließen diesen Typ für diese Aufgabe nicht geeignet erscheinen. Sie wurden für Funkaufklärungsaufgaben umgerüstet. Zwei weitere Mi-2 übernahm die NVA in einer Fotoaufklärerversion. Diese Spezialversionen kamen später in den Bestand der Hubschraubereinheiten der Landstreitkräfte. Die meisten Mi-2 der LSK/LV dienten dann im 1984 gebildeten Ausbildungsgeschwader HAG-35 bis zum Ende. Die Grenztruppen erhielten 1973 ebenfalls elf Mi-2 Hubschrauber als Ersatz für ihre Mi-4 und Mi-1. Zur Abwehr von Grenzdurchbrüchen, besonders mit Sport-, Segel- oder Agrarflugzeugen, tauschte die HS-16 vier ihrer unbewaffneten Mi-2 gegen vier bewaffnete aus dem HG-34 ein. Zweiter Halter von Mi-2 Hubschraubern neben der

NVA wurde die Deutsche Volkspolizei. Die seit 1973 bestehende Hubschraubereinheit des MdI flog den Ka-26, dessen Produktion jedoch auslief und für den nun ein Nachfolger gefunden werden musste. Ab 1983 beschaffte man sechs Mi-2 für die Volkspolizei. Kurz vor der Auflösung der Grenztruppen sind deren Mi-2 im September 1990 übrigens an eine extra gebildete »Zentrale Polizeifliegerstaffel« übergeben worden. Sie dienten dann nach dem Ende der DDR als Grundstock für die Polizeihubschrauberkräfte der neuen Bundesländer. Einige sowjetische Mi-2 der Aeroflot, die in den Jahren 1988 bis 1990 zur saisonalen Unterstützung des IF-Agrarflug gechartert waren, hat man aus Versicherungsgründen kurzzeitig in das Zivilregister der DDR übernommen. Durch Unfälle und Havarien gingen Hubschrauber verloren, wobei sechs Personen ums Leben kamen.

Mi-2

VERWENDUNGSZWECK	leichter Mehrzweckhubschrauber
BESATZUNG	1 bis 2
PASSAGIERE	6 bis 8
ROTORKREISDURCHMESSER	14,56 m
RUMPFLÄNGE	11,94 m
HÖHE	3,75 m
ROTORKREISFLÄCHE	165,50 m²
LEERMASSE	2365 kg
STARTMASSE max.	3700 kg
HÖCHSTGESCHWINDIGKEIT	210 km/h
MARSCHGESCHWINDIGKEIT	190 km/h
REICHWEITE	580 km
DIENSTGIPFELHÖHE	4000 m
TRIEBWERK	zwei Wellenturbinen Isotow GTD-350
LEISTUNG	je 295 kW
BEWAFFNUNG	MGs Kal. 7,62 mm, ungelenkte Raketen Kal. 57 mm oder Bomben möglich

TECHNISCHE
DATEN

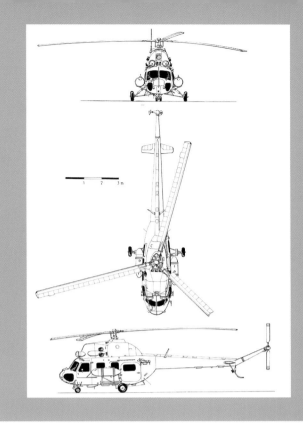

Mi-2 ›328‹ (Werk-Nr. 514415125) ein Luftbildhubschrauber der Hubschrauberstaffel der Führung und Aufklärung HSFA-3 des Militärbezirks 3 der Landstreitkräfte ca. 1986.

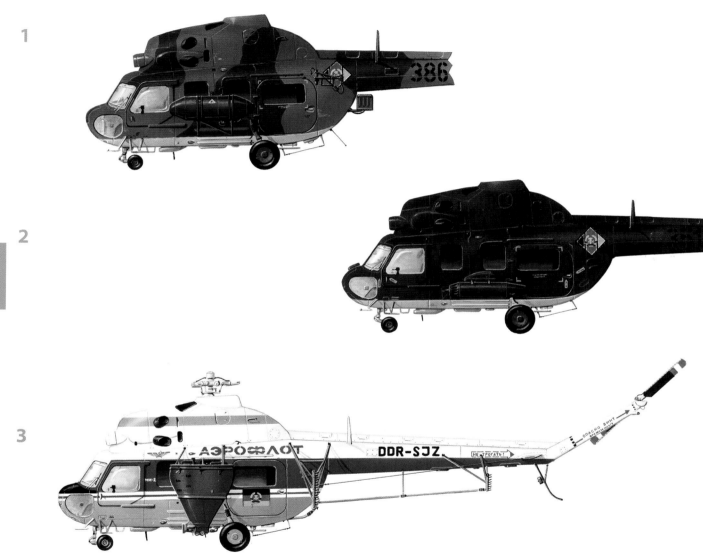

1 **Mi-2 ›386‹** (Werk-Nr. 552649122) in der ursprünglichen Seenotvariante mit Zusatzakku, Winde LPG-4 und Seefunk-kompass ARK-U2.

2 **Mi-2 ›351‹** (Werk-Nr. 564412105) des HG-54 in DDR Chlor-Buna Tarnanstrich, bewaffnet mit Abschussbehälter MARS-2 für 16 ungelenkte 57-mm-Raketen. Dieser Hubschrauber stürzte 1984 nach einer Kollision in der Luft mit einer anderen Mi-2 (›384‹) ab.

3 **Mi-2 DDR-SJZ** (Werk-Nr. 527106031) der Aeroflot, eigentlich CCCP-20238, während eines Chartereinsatzes in der DDR. Die Registrierungen SJV bis SJZ sind mehrfach für insgesamt acht sowjetische Mi-2 vergeben worden.

4 **Mi-2 ›557‹** (Werk-Nr. 543625074) der Hubschrauberstaffel HS-16 der Grenztruppen ca. 1978, die grüne Umrandung des Hoheitszeichens war das Kennzeichen der DDR-Grenztruppen.

5 **Mi-2 DDR-VPH** (Werk-Nr. 538840114) der Deutschen Volkspolizei der DDR im Zustand ca. 1988. Nach 1990 diente diese Maschine in der Polizei des Landes Brandenburg und wurde 2009 in den Kongo verkauft.

Hubschrauber

Mil Mi-24D / Mi-24P

Einsatz	1978 bis 1990 / 1989 bis 1990
Stückzahl	42 / 12
Hersteller	staatl. Flugzeugwerk Nr. 168 Rostow na Donu, UdSSR

Mi-24D ›408‹ (*Werk-Nr. 110158) des KHG-5 in Bemalung nach Überholung in der DDR, bewaffnet mit PALR »Falanga«, zwei Startbehältern UB-32 für ungel. 57-mm-Raketen und KS-Zusatzbehältern, unter dem Heckträger sind zusätzliche Störkörperwerfer angebracht.

Auf Drängen der UdSSR hat die DDR offensive Fliegerkräfte mit Jagdbomber und Kampfhubschraubereinheiten aufgestellt. Als erste Armee des Warschauer Vertrages stellte die NVA 1978 daher Kampfhubschrauber Mi-24D für ihre neu gebildeten Kampfhubschraubergeschwader in Dienst. Bis 1983 befanden sich bereits 42 Maschinen im Bestand der KHG-57 in Basepol und -67 in Cottbus, die dem sogenannten Führungsorgan der Front und Armeefliegerkräfte unterstanden, zu dem auch die Jagdbomber und Transportflieger gehörten. Hauptaufgaben der Mi-24 waren Feuerunterstützung der Bodentruppen, Suche und Bekämpfung von Panzern und anderen Fahrzeugen, Bekämpfung befestigter Stellungen, Bunker und Gebäuden sowie Begleitschutz für Transporthubschrauber und Bekämpfung von langsamen, tief fliegenden Luftzielen. Zur Zweitrolle der Mi-24D zählten Gefechtsfeldaufklärung,

begrenzte Transport- und auch Sanitätsaufgaben. Dazu gab es im Rumpf eine Kabine, die acht Soldaten aufnehmen konnte, mit Klappluken an beiden Seiten. Der die Waffen bedienende Bordschütze saß im vorderen Cockpit, während der Pilot aus der zweiten Kabine steuerte. Dahinter im engen Gang zur Kabine hatte der Bordmechaniker seinen Platz. Im Laufe des Einsatzes der Mi-24D wurden Störkörperwerfer unter dem Heckträger und ein Infrarotstrahler nachgerüstet. Die beiden Kampfhubschraubergeschwader sind 1984 nach Umbenennung in KHG-5 und KHG-3 den Landstreitkräften unterstellt worden. Im Jahre 1989 erhielt das KHG-5 eine Verstärkung durch die Zuführung von zwölf Maschinen einer, nach den Erfahrungen des Afghanistan-Krieges, stark verbesserten Version Mi-24P. Diese hatten statt des beweglichen MGs eine starre, doppelläufige 30-mm-Kanone mit einem Kampf-

satz von 250 Granaten bei einer Feuergeschwindigkeit von 3000 Schuss pro Minute. Außerdem gab es modernere Panzerabwehrlenkraketen und eine erweiterte Palette an Außenlasten sowie größere elektronische Störmöglichkeiten zum Eigenschutz. Infrarotstrahler und Störkörperwerfer waren bei der Mi-24P schon serienmäßig vorhanden. Außerdem hatten sie kastenförmige Vorsätze für die Abgasrohre zur Kühlung und Umlenkung der Abgase, um wärmegelenkten Luftabwehrraketen weniger Ziel zu bieten. Drei Maschinen gingen durch Unfälle und Havarien verloren, wobei sechs Personen ums Leben kamen. Nach Auflösung der NVA wurden die 51 Kampfhubschrauber stillgelegt. Einige hat die Wehrtechnische Erprobungsstelle WTD-61 nachgeflogen und zwei gingen an die US Army, die anderen wurden später größtenteils nach Ungarn und Polen verkauft.

Mi-24D

VERWENDUNGSZWECK	Kampfhubschrauber
BESATZUNG	3
	Mitnahme von 8 Soldaten möglich
ROTORKREISDURCHMESSER	17,30 m
RUMPFLÄNGE	17,51 m
HÖHE	4,44 m
ROTORKREISFLÄCHE	235,00 m²
LEERMASSE	8260 kg
STARTMASSE max.	11 500 kg
HÖCHSTGESCHWINDIGKEIT	330 km/h
MARSCHGESCHWINDIGKEIT	260 km/h
AKTIONSRADIUS	250 km
DIENSTGIPFELHÖHE	4500 m
TRIEBWERK	2 Wellenturbinen Isotow TW-3-117A III. Serie
LEISTUNG	je 1636 kW
BEWAFFNUNG	Bewaffnung: ein bewegliches Vierlings-MG JakB Kal.12,7 mm, vier PALR 9M17P »Falanga«, vier UB-32 Behälter für 32 ungel. 57-mm-Raketen oder Bomben und andere Abwurfwaffen bis 1 500 kg

TECHNISCHE DATEN

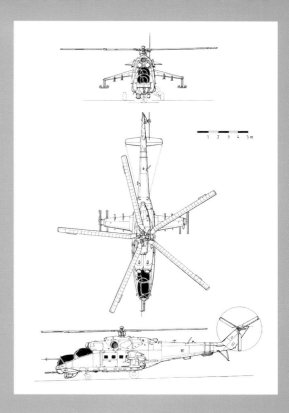

Mi-24P ›512‹ (*Werk-Nr. 340341) des KHG-5 in der Lieferbemalung, bewaffnet mit PALR »Schturm-W« und vier Startbehältern B-8W20 für ungel. 80-mm-Raketen. Die ÄWU-Kästen zur Umlenkung und Kühlung der Abgase sind installiert.

Hubschrauber

Mil Mi-14PL / Mi-14BT

Einsatz   1979 bis 1990 / 1985 bis 1990
Stückzahl   9 / 6
Hersteller   staatl. Flugzeugwerk Nr. 387, Kasan, UdSSR

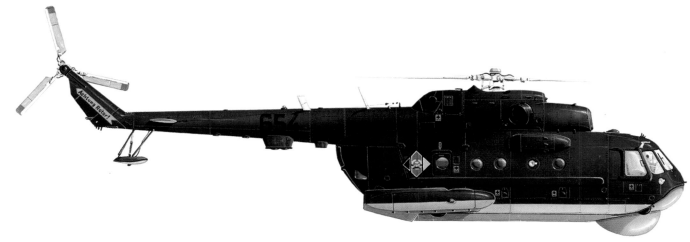

Mi-14BT ›654‹ (*Werk-Nr. Z4014) – Minenabwehrhubschrauber des MHG-18, im Rumpfheck sind Fenster erkennbar, durch welche das geschleppte passive oder aktive Räumgeschirr beobachtet werden konnte.

Das Hubschraubergeschwader HG-18 der Volksmarine in Parow hatte 1977 seine kolbenmotorgetriebenen UAW-Hubschrauber Mi-4MÄ außer Dienst gestellt. Ende der 70er Jahre hatte das OKB Mil auf der Basis des Mi-8 den Amphibien-Marinehubschrauber Mi-14 entwickelt. Obwohl seit 1976 eine Exportversion des UAW-Hubschraubers zur Verfügung stand, entschloss sich die DDR erst 1979 zu dessen Einführung, so dass eine ca. dreijährige Lücke im UAW-System der Volksmarine bestand. Der Rumpf des Mi-14 ist wasserdicht konstruiert und mit einer Bootsform versehen, so dass der Hubschrauber auf dem Wasser sowie mit seinem einziehbaren Fahrwerk an Land starten und landen konnte. Die Triebwerksanlage, Kraftübertragung und Rotoren entsprachen weitgehend der Mi-24, viele andere Baugruppen und Systeme waren vom Mi-8 bzw. Mi-17 übernommen worden. Das 1981 in MHG-18 umbe-

nannte Geschwader in Parow stellte neun UAW-Hubschrauber Mi-14PL in Dienst. Diese Version diente zur Suche von U-Booten durch Abwurf hydroakustischer Bojen oder ein in das Wasser absenkbares Tauchsonar OKA-2. Ein nachschleppbarer Magnetanomaliedetektor und das Suchradar »Iniziatiwa-2W« konnten ebenfalls zur U-Boot-Ortung eingesetzt werden. Die Bekämpfung entdeckter U-Boote erfolgte durch Wasserbomben und zielsuchende Torpedos, wobei Letztere in der DDR VM nicht verwendet wurden. Die in der Regel angewandte Einsatzvariante war der paarweise Einsatz, wobei eine Maschine in der Suchvariante eine größere Menge an hydroakustischen Funkbojen mitführte, um das U-Boot über längere Zeit zu orten und zu verfolgen. Die andere Maschine handelte in der Schlagvariante, denn sie trug die maximale Kapazität von 2 t an Abwurfwaffen mit sich. 1985 kamen

zusätzlich sechs Minenabwehrhubschrauber Mi-14BT in das MHG-18. Diese Hubschrauber hatten keine Ortungs- und Waffenanlagen, dafür verfügten sie über hydraulische Winden zum Schleppen von Räumgeräten gegen akustische, Magnet- und Kontaktminen. Die Mi-14BT handelten in der Regel mit MAW-Schiffen zusammen, von denen sie das bis zu 3 t schwere Räumgerät übernahmen und dann an einer Trosse über das Wasser schleppten. Eine Sekundärrolle des BT war die Seenotrettung, dazu verfügte der Hubschrauber über Suchscheinwerfer und eine verstärkte Rettungswinde. Eine Mi-14PL ging durch Unfall verloren, dabei kam eine Person ums Leben. Nach dem Ende der DDR dienten einige Mi-14BT kurze Zeit in der Bundesmarine für SAR-Aufgaben und sind dann verkauft worden. Von den Mi-14 PL gingen zwei in die USA zur Erprobung, der Rest endete in verschiedenen Museen.

Mi-14PL

VERWENDUNGSZWECK	UAW-Hubschrauber
BESATZUNG	4
ROTORKREISDURCHMESSER	21,29 m
RUMPFLÄNGE	18,31 m
HÖHE	6,94 m
ROTORKREISFLÄCHE	355,92 m²
LEERMASSE	8902 kg
STARTMASSE max.	14 000 kg
HÖCHSTGESCHWINDIGKEIT	230 km/h
MARSCHGESCHWINDIGKEIT	165 bis 210 km/h
REICHWEITE	800 km
DIENSTGIPFELHÖHE	4000 m
TRIEBWERK	zwei Wellenturbinen Isotow TW-3-117M
LEISTUNG	je 1 636 kW
BEWAFFNUNG	Wasserbomben oder Torpedos bis 2000 kg oder 36 Sonarbojen

TECHNISCHE DATEN

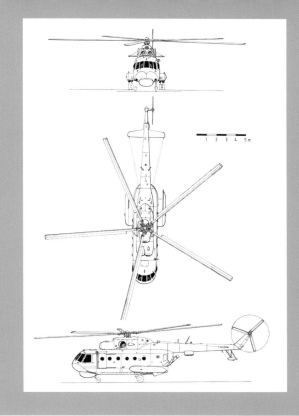

* Die Mi-14 hatten keine Werknummern im herkömmliche Sinn, sondern waren vom Hersteller nur mit einer »Exportnummer« versehen, bei der die ›40‹ für das Land DDR stand.

Mi-14PL ›617‹ (*Werk-Nr. B4001) – UAW-Hubschrauber des MHG-18, am Rumpfheck ist die Sonde mit dem Magnetanomaliedetektor APM-60 zu erkennen, die im Fluge an einem Kabel/Seil nachgeschleppt wurde. Dieser Hubschrauber steht heute im Luftwaffenmuseum in Berlin-Gatow.

Schul-, Sport- & Reiseflugzeuge

Jakowlew Jak-18 / Jak-18U

Einsatz	1952 bis 1972
Stückzahl	37/ 31
Hersteller	staatl. Flugzeugwerk Nr. 116, Arsenjew, UdSSR
	staatl. Flugzeugwerk Nr. 135, Charkow, UdSSR

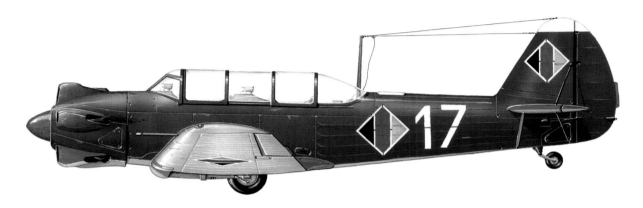

Jak-18 ›17‹ (Werk-Nr. 6131) der LSK Fliegerschule 1956 mit den ersten DDR-Hoheitszeichen ohne Emblem. Diese Maschine wurde 1958 zur DM-WDG der GST und ist 1968 als SP-BRN nach Polen gelangt.

Ab 1947 war die Jak-18 das Standardschulflugzeug in der UdSSR und den anderen Ostblockstaaten, auf dem tausende Flugschüler die Grundausbildung erhielten. Als ab 1952 bewaffnete Kräfte in der DDR unter dem Deckmantel der Kasernierten Volkspolizei aufgebaut wurden, schulten die ersten Lehrgänge der VP-Luft auf Maschinen des Typs Jak-18. Diese wurden von einem in der DDR stationierten sowjetischen Lehrregiment zur Verfügung gestellt. Ab 1953 bekamen die inzwischen als Aeroklubs bezeichneten VP-Einheiten 37 eigene Jak-18 geliefert. Gekennzeichnet waren die Flugzeuge mit dem roten Sowjetstern, da Motorflugzeuge laut Vorschrift der alliierten Siegermächte in Deutschland nicht betrieben werden durften. Bei Gründung der NVA 1956 gingen die Jak-18 in den Erstbestand der LSK/LV über und erhielten die DDR-Hoheitszeichen. Da

die Einsatzflugzeuge, für welche die Flugschüler ausgebildet wurden, schon durchweg mit Bugradfahrwerken ausgestattet waren, musste die Jak-18 dem angepasst werden. In der Sowjetunion entstand deshalb die Jak-18U, mit Bugfahrwerk. Da bei gleichgebliebener Leistung sich aber die Masse erhöht hatte, sanken die Flugleistungen – die Jak-18U war untermotorisiert. Die NVA beschaffte 1957 31 Jak-18U für ihr Fliegerausbildungsgeschwa-der FAG-1. Die abgelösten Jak-18 erhielt die Wehrsportorganisation GST, wo sie zivil registriert weiter flogen. Die Jak-18U dienten bei den LSK/LV nur knapp zwei Jahre lang, dann gab es einen Strukturwandel in der Pilotenausbildung. In den Ausbildungsgeschwadern der LSK sollte nur noch auf Strahltrainern unterrichtet werden. Die fliegerische Grundausbildung auf den Kolbenmotormaschinen hatte, wie in der So-

wjetunion und den anderen Warschauer Paktarmeen, die Wehrsportorganisation zu übernehmen. So bekamen die GST von September 1958 bis 1959 30 Jak-18U von der NVA überstellt. In den verschiedenen Ausbildungszentren der GST lief nun die Schulung der »Offiziersbewerber Militärflieger« auf der Jak-18 und der Jak-18U. Für die älteren Jak-18 begann bei der GST ab 1965 die schrittweise Außerdienststellung. 16 Maschinen exportierte man nach Polen im Austausch für zwölf Doppeldecker CSS-13 und einige »Bocian«-Segelflugzeuge, eine Jak-18 bekam das Armeemuseum Dresden. Bis 1970/71 sind dann auch die Jak-18U bei der GST außer Dienst gestellt und verschrottet worden. Ab 1964 stand die leistungsstärkere Jak-18A als Ablösemuster zur Verfügung. Durch Unfälle und Havarien sind zehn Maschinen verloren gegangen, wobei vier Personen ums Leben kamen.

Jakowlew Jak-18

VERWENDUNGSZWECK	Schulflugzeug
BESATZUNG	2
SPANNWEITE	10,60 m
FLÜGELFLÄCHE	17,00 m²
LÄNGE	8,03 m
HÖHE	2,2 m
STEIGLEISTUNG	3,5 m/s
LEERMASSE	750 kg
STARTMASSE max.	1065 kg
HÖCHSTGESCHWINDIGKEIT	257 km/h
REISEGESCHWINDIGKEIT	195 km/h
REICHWEITE	1050 km
DIENSTGIPFELHÖHE	4000 m
TRIEBWERK	ein 5-Zyl.-Sternmotor Schwezow M-11FR-1
LEISTUNG	118 kW

TECHNISCHE DATEN

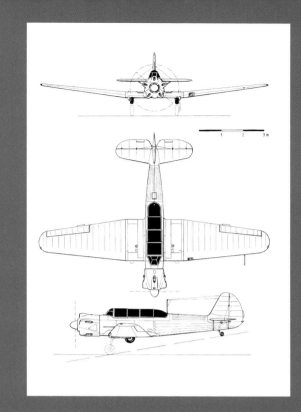

Jakowlew Jak-18 U

VERWENDUNGSZWECK	Schulflugzeug
BESATZUNG	2
SPANNWEITE	10,60 m
FLÜGELFLÄCHE	17,00 m²
LÄNGE	8,03 m
HÖHE	3,4 m
STEIGLEISTUNG	2,5 m/s
LEERMASSE	884 kg
STARTMASSE max.	1172 kg
HÖCHSTGESCHWINDIGKEIT	230 km/h
REISEGESCHWINDIGKEIT	186 km/h
REICHWEITE	900 km
DIENSTGIPFELHÖHE	3440 m
TRIEBWERK	ein 5-Zyl.-Sternmotor Schwezow M-11FR-2
LEISTUNG	118 kW

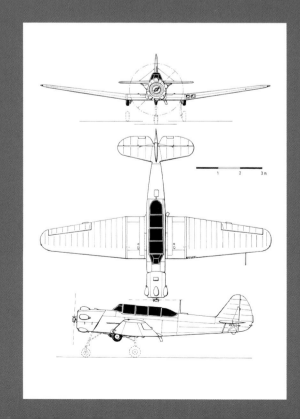

TECHNISCHE DATEN

Schul-, Sport- & Reiseflugzeuge

Jakowlew Jak-18 / Jak-18U

1

2

100

3

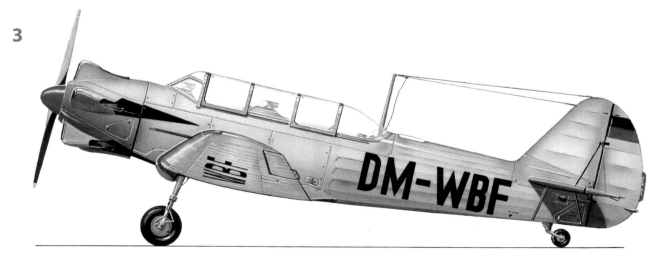

1 **Jak-18 ›30‹** (Werk-Nr. 5932) der VP-Luft 1953, die Farbe des Propellerspinners, rot, gelb oder blau, war jeweils einem der Aeroklubs bzw. Fliegergeschwader zugeordnet.

2 **Jak-18 DM-WBH** (Werk-Nr. 6216) der GST 1957 in von der NVA übernommener Bemalung mit DDR-Schriftzug unter der Flagge, üblich bis zur Einführung des Hammer-und-Zirkel-Emblems.

3 **Jak-18 DM-WBF** (Werk-Nr. 6034) der GST um 1960, in silbergrauer Bemalung mit schwarzen Flächen hinter den Auspuffstutzen zur Überdeckung der Rumpfverschmutzung.

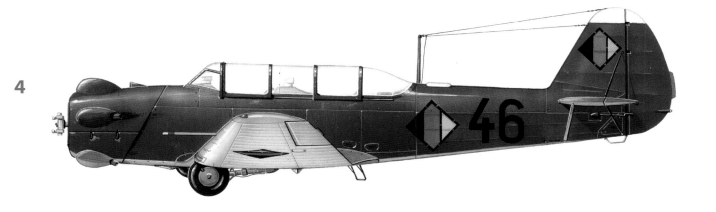

4

5

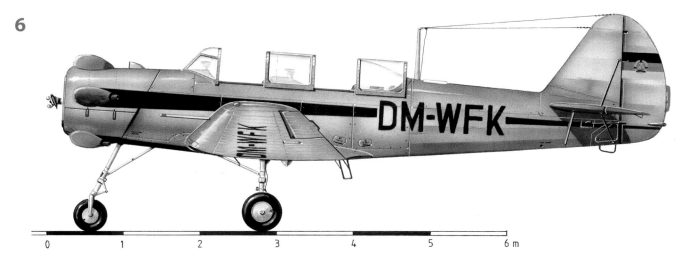

6

4 **Jak-18U ›46‹** (Werk-Nr. 2022) der LSK Fliegerschule 1957, sie wurde 1958 zur DM-WDL der GST und ist 1960 in Folge einer Havarie abgeschrieben worden.

5 **Jak-18U DM-WDV** (Werk-Nr. 2611) der GST Anfang 1960; obwohl das Emblem schon in der Flagge vorhanden ist, hat man die Buchstaben ›DDR‹ im Ruder noch belassen.

6 **Jak-18U DM-WFK** (Werk-Nr. 2625) der GST in silbergrauer Farbe um 1965 mit ungewöhnlichem blauen Rumpfband.

Schul-, Sport- & Reiseflugzeuge

Polikarpow Po-2 / CSS-13

Einsatz   1952 bis 1976
Stückzahl   24
Hersteller   staatl. Flugzeugwerk Nr. 3 »Krasny Lotchik«, Leningrad
                12 Stück staatl. Flugzeugwerk Nr. 387, Kasan
                staatl. Flugzeugwerk Nr. 412, Rostow na Donu, alle UdSSR
                12 Stück Panstwowe Zaklady Lotnicze Warschau-Okęcie, VR Polen

1952

Po-2 (Werk-Nr. unbekannt) der VP-Luft Flugzeugschleppstaffel Cottbus 1953.

Die tausendfach gebaute und bewährte Polikarpow Po-2 gehörte zu den ersten Flugzeugen, die im August/Oktober 1952 in der DDR den Flugbetrieb bei der VP-Luft, dem Vorläufer der NVA, aufnahmen. Die ersten vier oder fünf Po-2 schenkten die auf dem Gebiet der DDR stationierten sowjetischen Luftstreitkräfte 1952/53 der VP-Luft aus ihrem Bestand. Eines dieser Flugzeuge war interessanterweise eine Sanitätsvariante S-2 mit geschlossener Kabine. Die Po-2 dienten vorwiegend den Flugsportgruppen, welche sich an den Standorten der VP-Luft gebildet hatten. Sie halfen auch den Segelfliegern der FDJ bzw. GST als Schleppflugzeuge. Natürlich waren die »Podwas« mit Sowjetsternen gekennzeichnet, da motorgetriebene deutsche Flugzeuge nicht erlaubt waren. Der Rufname »Podwa« setzte sich aus der Abkürzung Po (für Polikarpow) und dem russischen Wort dwa (für zwei) zusammen. Mit Beginn

des Jahres 1956 wurde der Betrieb von Motorflugzeugen in Deutschland offiziell erlaubt, und in der DDR konnte die GST nun eigene Motorflugzeuge betreiben. Die ersten waren vom Typ Po-2, und sie kamen ebenfalls als Geschenke von den sowjetischen Luftstreitkräften in der DDR. Am 8. Mai 1956 landeten drei Po-2, von der sowjetischen Basis Jüterbog kommend auf dem GST-Flugplatz Schönhagen. Diesen ersten Exemplaren folgten noch weitere. Hauptsächlich dienten die Maschinen dem Segelflugzeugschlepp und der neu entstandenen Sportart Fallschirmsport. Hatte man bis dahin nur die Möglichkeit gehabt, von einigen Sprungtürmen zu üben, so konnte man nun aus Flugzeugen springen. Aus der VP-Luft war 1956 die NVA geworden und das schwarz-rot-goldene Hoheitszeichen ersetzte den roten Stern an den Flugzeugen. Doch die recht alten von den Sowjets übernommenen Ma-

schinen, die z.T. noch während des 2. Weltkriegs produziert worden waren, mussten nach fünf bis acht Jahren intensiver Nutzung abgeschrieben werden. Um aber nicht auf die guten Dienste dieses Flugzeugtyps zu verzichten, beschafften die DDR-Flugsportverantwortlichen 1965 bis 1967 zwölf gebrauchte Maschinen aus Polen. Dort waren sie unter der Bezeichnung CSS-13 in Lizenz gefertigt worden. Diese umgangssprachlich ebenfalls als »Podwas« bezeichneten Flugzeuge hatten ein geringeres Alter und waren mit einem stärkeren Motor ausgerüstet. Die Einführung immer schnellerer Hochleistungssegelflugzeuge mit Laminarprofilen begrenzte jedoch bald die Verwendungsfähigkeit der langsamen »Podwas« als Schleppflugzeuge. Ab 1971 bis 1976 wurden die Veteranen außer Dienst gestellt und größtenteils verschrottet.

Po-2

VERWENDUNGSZWECK	Schul- und Sportflugzeug
BESATZUNG	2
SPANNWEITE	11,40 m
FLÜGELFLÄCHE	33,15 m²
LÄNGE	8,20 m
HÖHE	3,00 m
STEIGLEISTUNG	2,3 m/s
LEERMASSE	665 kg
STARTMASSE max.	985 kg
HÖCHSTGESCHWINDIGKEIT	145 km/h
REISEGESCHWINDIGKEIT	110 km/h
REICHWEITE	470 km
DIENSTGIPFELHÖHE	3000 m
LEISTUNG	92 kW
TRIEBWERK	ein 5-Zyl.-Sternmotor Schwezow M-11D

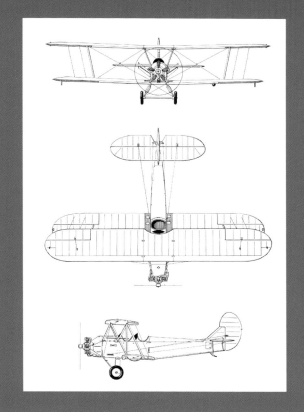

TECHNISCHE DATEN

CSS-13

VERWENDUNGSZWECK	Schul- und Sportflugzeug
BESATZUNG	2
SPANNWEITE	11,40 m
FLÜGELFLÄCHE	33,15 m²
LÄNGE	8,20 m
HÖHE	3,00 m
STEIGLEISTUNG	2,5 m/s
LEERMASSE	770 kg
STARTMASSE max.	1120 kg
HÖCHSTGESCHWINDIGKEIT	150 km/h
REISEGESCHWINDIGKEIT	120 km/h
REICHWEITE	430 km
DIENSTGIPFELHÖHE	3000 m
LEISTUNG	118 kW
TRIEBWERK	ein 5-Zyl.-Sternmotor Schwezow M-11FR

TECHNISCHE DATEN

Schul-, Sport- & Reiseflugzeuge
Polikarpow Po-2 / CSS-13

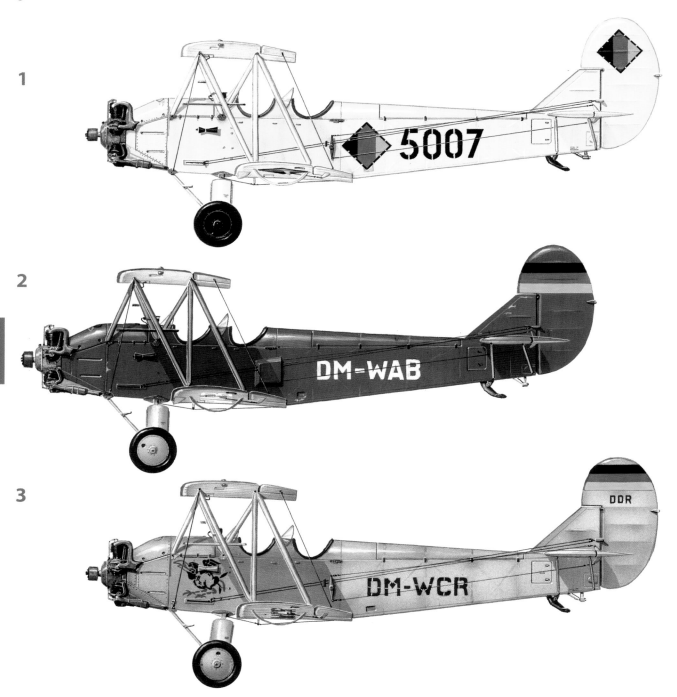

1

2

3

1 **Po-2 ›5007‹** (Werk-Nr. unbekannt) des ASV »Vorwärts« 1957.
2 **Po-2 DM-WAB** (Werk-Nr. 10998) der GST 1957, die Höhensteuerumlenkhebel sind speziell für den Fallschirm-
   sprung abgedeckt.
3 **Po-2 DM-WCR** (Werk-Nr. 010) des GST Fliegerklubs der TH-Dresden 1959.

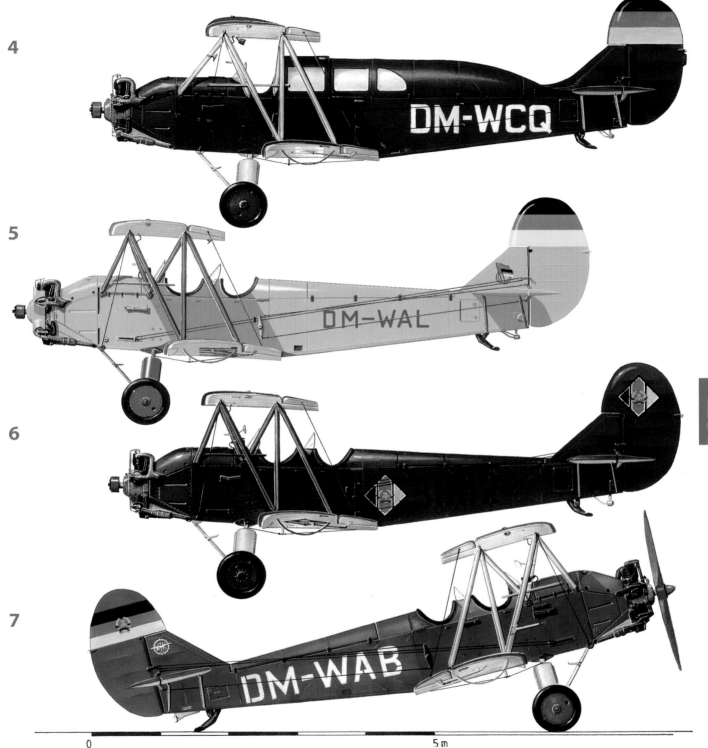

4

5

6

7

0   5 m

4 Po-2/S-2 DM-WCQ (Werk-Nr. 944050) im Einsatz bei der GST um 1958.

5 Po-2 DM-WAL (Werk-Nr. 642.614) 1956 mit teilweise verkleidetem Motor und DSF-Emblem an der Seitenflosse, von den sowjetischen Truppen in Jüterbog übernommen und durch die GST restauriert und bis 1959 geflogen.

6 Po-2 ›5002‹ (Werk-Nr. unbekannt) der Segelflieger des ASV »Vorwärts« in Strausberg 1963.

7 CSS-13 DM-WAB (Werk-Nr. 420-21) der GST um 1970, an der Seitenflosse das Emblem des Reparaturwerks WSK Krosno.

Schul-, Sport- & Reiseflugzeuge

Mráz M-1D »Sokol« / L-40 »Meta-Sokol«

Einsatz	1953 bis 1967 / 1959 bis 1984
Stückzahl	2 / 5
Hersteller	Orlican národní podnik, Chocen, ČSSR

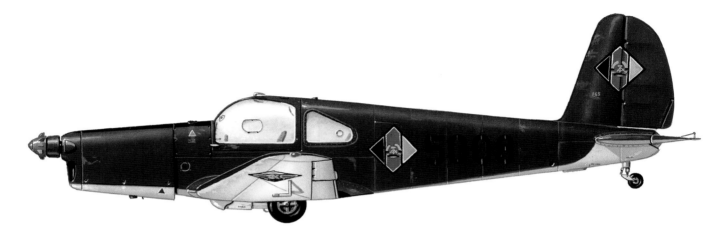

Holz-Sokol ›5008‹ (Werk-Nr. 365) des Armeesportklubs ASK »Vorwärts« Cottbus 1964.

Auf der Leipziger Herbstmesse 1953 stellte die Tschechoslowakische Luftfahrtindustrie ihr Reiseflugzeug M-1D »Sokol« vor. Angelehnt an die Arado Ar79 war dieser Flugzeugtyp 1945/46 entwickelt worden. Durch Fernflüge Prag – Kapstadt 1947 und Zürich – Melbourne 1949 hatte dieses Muster international Aufmerksamkeit erregt. Die damalige Leitung der Abteilung Flugsport im ZV der GST war von diesem Flugzeug offenbar auch begeistert und leitete auf der Leipziger Frühjahrsmesse den Kauf von zwei Exemplaren ein. Mit welchen Vorstellungen dieser Kauf damals getätigt wurde, bleibt unklar, denn laut Potsdamer Abkommen durften in Deutschland keine Motorflugzeuge betrieben werden. Lediglich der Segelflug durfte seit 1950 von der FDJ bzw. seit 1953 von der GST durchgeführt werden. Als Notlösung übernahm die VP-Luft, die ja Motorflugzeuge sozusagen illegal unter dem

Roten Stern betrieb, die beiden M-1D. In der Schleppstaffel Cottbus dienten die »Holz-Sokols«, wie man sie wegen ihrer Bauweise auch nannte, den Flugsportlern. Nach Aufhebung der alliierten Beschränkungen kamen die Maschinen 1957 als DM-WAP und WAS zur GST. Die WAP blieb bis 1967 bei der GST im Einsatz und ist dann verschrottet worden, während die WAS 1962 zur NVA transferiert wurde. Von den Sportflieger des ASV »Vorwärts« Cottbus restauriert und mit einer Verstellpropelleranlage versehen, diente sie als ›5008‹ noch einige Jahre. Wann sie außer Dienst gestellt wurde und wo sie verblieb sind unbekannt. Als Nachfolger der M-1 »Sokol« erschien 1957/58 die L-40 »Meta-Sokol« in robuster und wartungsfreundlicher Ganzmetallbauweise. Als konstruktive Besonderheit hatte dieses Muster ein Spornrad, das ca. bis zur Rumpfmitte vorgezogen war, also gleich hinter der Tragfläche angeordnet

war. Daraus resultierte eine fast waagerechte Lage am Boden und eine gute Sicht nach vorn beim Rollen. Die GST beschaffte 1959 fünf Flugzeuge dieses Typs. Als DM-WCL bis WCP wurden sie im Mai 1959 registriert. Hauptsächlich dienten die Maschinen höheren Flugsportfunktionären als Reiseflugzeuge. Bei der Sicherstellung von Wettbewerben und anderer Veranstaltungen kamen sie unter anderem zum Einsatz. Eine Maschine ist schon 1965 abgeschrieben worden, zwei wurden 1976/77 und zwei 1983/84 außer Dienst gestellt. Eine Maschine ist nach der Wiedervereinigung wieder flugfähig restauriert und 1997 wieder zugelassen worden.

M-1D Sokol

VERWENDUNGSZWECK	Sport- und Reiseflugzeug
BESATZUNG	1 bis 2
PASSAGIERE	1 bis 2
SPANNWEITE	10,00 m
FLÜGELFLÄCHE	13,80 m²
LÄNGE	7,35 m
HÖHE	2,20 m
STEIGLEISTUNG	3,3 m/s
LEERMASSE	465 kg
STARTMASSE max.	800 kg
HÖCHSTGESCHWINDIGKEIT	240 km/h
REISEGESCHWINDIGKEIT	212 km/h
REICHWEITE	1000 km
DIENSTGIPFELHÖHE	4800 m
TRIEBWERK	ein 4-Zyl.-Reihenmotor Walter Minor 4-III
LEISTUNG	77 kW

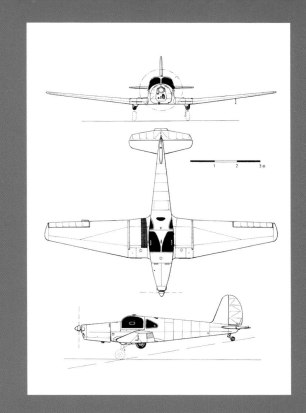

TECHNISCHE DATEN

L-40 Meta Sokol

VERWENDUNGSZWECK	Sport- und Reiseflugzeug
BESATZUNG	1 bis 2
PASSAGIERE	2 bis 3
SPANNWEITE	10,05 m
FLÜGELFLÄCHE	14,56 m²
LÄNGE	7,45 m
HÖHE	2,52 m
STEIGLEISTUNG	4,5 m/s
LEERMASSE	534 kg
STARTMASSE max.	935 kg
HÖCHSTGESCHWINDIGKEIT	240 km/h
REISEGESCHWINDIGKEIT	213 km/h
REICHWEITE	1107 km
DIENSTGIPFELHÖHE	5000 m
TRIEBWERK	ein 4-Zyl.-Reihenmotor M-332
LEISTUNG	103 kW

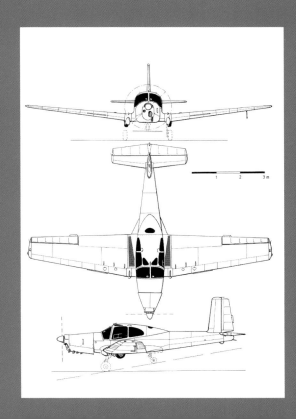

TECHNISCHE DATEN

Schul-, Sport- & Reiseflugzeuge

Mráz M-1D »Sokol« / L-40 »Meta-Sokol«

1

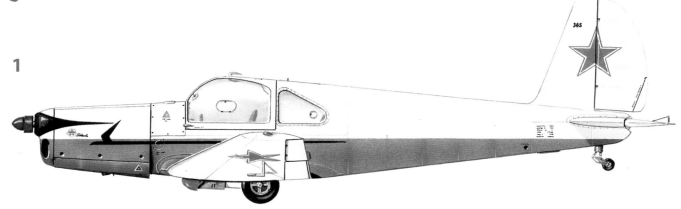

2

3

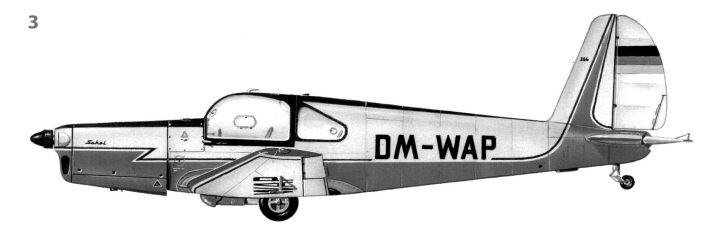

1 **M-1D Sokol ›365‹** (Werk-Nr. 365) der VP-Luft Schleppstaffel Cottbus 1955.

2 Die gleiche Maschine als **DM-WAS** (Werk-Nr. 365) der GST 1957.

3 Die **DM-WAP** (Werk-Nr. 366) in ihrer ersten Bemalung bei der GST ca. 1959.

4 Die **DM-WAP** (Werk-Nr. 3669) in einem späteren Bemalungsschema ca. 1968.

5 **L-40 Meta-Sokol DM-WCN** (Werk-Nr. 150511) der GST im ursprünglichen Farbschema mit Emblem des Aeroklubs der DDR am Leitwerk um 1960.

6 **Meta-Sokol DM-WCM** (Werk-Nr. 150509) der GST in einer neueren Bemalung um 1970.

Schul-, Sport- & Reiseflugzeuge

Zlín Z-126 »Trenér 2« / Zlín Z-226 »Trenér 6«

Einsatz	1953 bis 1977 / 1957 bis 1984
Stückzahl	19 / 44
Hersteller	Moravan, národní podnik, Otrokovice, ČSSR

Zlín Z-126 ›742‹ (Werk-Nr. 742) der VP-Luft 1954, diese gehörte zu den ersten drei eingeführten Maschinen, die noch das runde Seitenleitwerk der Vorgängerversion Z-26 hatten.

Mit der Typenreihe Z-26/126/226 »Trenér« hatte der tschechoslowakische Flugzeugbau ein einfaches, leistungsfähiges, universelles Sportflugzeug geschaffen. Aus dem Grundmuster Z-26, das im Jahre 1947 zum ersten Mal flog, war 1953 durch die Anwendung der Metallbauweise bei den Tragflächen die Z-126 geworden. Die DDR importierte 1954/55 19 Z-126 »Trenér 2«, die zunächst bei der VP-Luft als Ausbildungs- und Schleppflugzeuge für die Armeeflugsportler und zur Unterstützung der GST Segelflieger dienten. Diese Maschinen waren, wie üblich in dieser Zeit, mit Sowjetsternen gekennzeichnet. Ab 1956 erfolgte die Übertragung dieser Z-126 in das zivile Register. 13 Maschinen bekam die GST, zwei die TH/TU Dresden und zwei das Flugzeugwerk Dresden. Die letzteren vier Maschinen kamen Anfang der 60er Jahre ebenfalls zur GST. Nach intensiver Nut-

zung, hauptsächlich für den Segelflugzeugschlepp, sind die Z-126 in den 70er Jahren außer Dienst gestellt worden. Durch Unfälle und Havarien gingen vier Maschinen verloren. 1956 entstand durch Verwendung des stärkeren 6-Zyl.-Motors Minor 6-III der Z-226 »Trenér 6«. Nicht nur die Leistungen für den Schleppflug verbesserten sich erheblich, auch für die Kunstflugausbildung und den Wettbewerbskunstflug war der »Trenér 6« nun hervorragend geeignet. Von dieser Version importierte die DDR 1958 bis 1960 41 Exemplare für die GST, drei für die Armeesportvereinigung und eine Maschine ging an das Flugzeugwerk Dresden. Zusätzlich hat man noch eine Z-226B »Bohatýr« eingeführt, die aber ein Einzelstück blieb. Die Z-226 ermöglichten eine breite Basis für den F-Schlepp in der DDR zu schaffen. Bei Segelflugwettbewerben und Meister-

schaften erreichte man durch Masseneinsätze eine hohe Effektivität. Alle Z-226T sind mit zwei austauschbaren Luftschrauben geliefert worden. Es gab eine Schleppschraube und eine Kunstflugschraube mit jeweils unterschiedlicher Steigung und Blattbreite. So konnten in der Zweitrolle als Schulflugzeug Schlepppiloten ausgebildet werden und auch ein Kaderstamm für den Wettbewerbskunstflug herangebildet werden, der auf den später eingeführten Spezialkunstflugversionen gute Erfolge erzielen konnte. Die Mehrzahl der »Trenér« beendete 1977/78 ihre Dienstzeit und die PZL-104 »Wilga« übernahm die Rolle als Standardschleppflugzeug. Durch Unfälle und Havarien gingen sechs Maschinen verloren, wobei drei Personen ums Leben kamen. Nach der deutschen Wiedervereinigung wurden zwei Z-226 restauriert und wieder zugelassen.

Z-126T2

VERWENDUNGSZWECK	Sport- und Schulflugzeug
BESATZUNG	1 bis 2
SPANNWEITE	10,28 m
FLÜGELFLÄCHE	14,90 m²
LÄNGE	7,42 m
HÖHE	2,10 m
STEIGLEISTUNG	5,5 m/s
LEERMASSE	510 kg
STARTMASSE max.	765 kg
HÖCHSTGESCHWINDIGKEIT	205 km/h
REISEGESCHWINDIGKEIT	180 km/h
REICHWEITE	600 km
DIENSTGIPFELHÖHE	4750 m
LEISTUNG	77 kW
TRIEBWERK	ein 4-Zyl.-Reihenmotor Walter Minor 4-III

TECHNISCHE DATEN

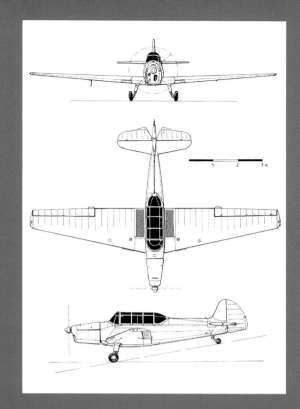

Z-226T6

VERWENDUNGSZWECK	Sport- und Schulflugzeug
BESATZUNG	1 bis 2
SPANNWEITE	10,28 m
FLÜGELFLÄCHE	14,90 m²
LÄNGE	7,83 m
HÖHE	2,10 m
STEIGLEISTUNG	7,0 m/s
LEERMASSE	570 kg
STARTMASSE max.	820 kg
HÖCHSTGESCHWINDIGKEIT	222 km/h
REISEGESCHWINDIGKEIT	195 km/h
REICHWEITE	480 km
DIENSTGIPFELHÖHE	6000 m
LEISTUNG	118 kW
TRIEBWERK	ein 6-Zyl.-Reihenmotor Walter Minor 6-III

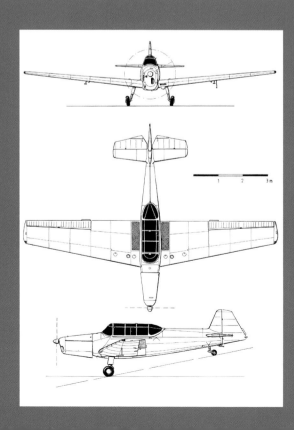

TECHNISCHE DATEN

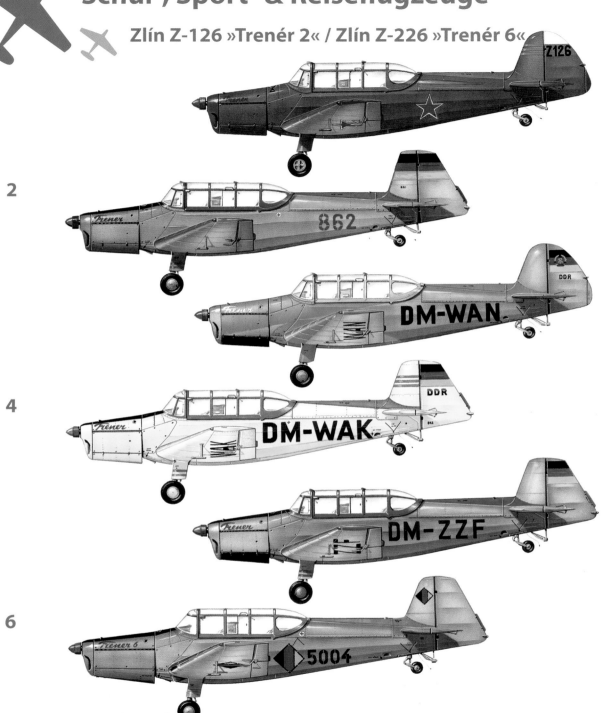

1

2

3

4

5

6

1 **Zlín Z-126 ›744‹** (Werk-Nr. 744) der VP-Luft 1957, ebenfalls mit rundem Leitwerk.

2 **Zlín Z-126 ›862‹** (Werk-Nr. 862) im Einsatz für das Flugzeugwerk Dresden 1960, sie wurde 1962 als DM-ZZH registriert.

3 **Zlín Z-126 DM-WAN** (Werk-Nr. 742) ist die ›742‹ nach Übernahme durch die GST, hier 1959 schon mit Emblem und zusätzlichem »DDR«-Schriftzug unter der Flagge.

4 **Zlín Z-126 DM-WAK** (Werk-Nr. 842) der GST 1958, noch ohne Emblem in der Flagge, aber mit »DDR«-Schriftzug darunter, wie es bis 1959 üblich war.

5 **Zlín Z-126 DM-ZZF** (Werk-Nr. 834) des VEB Flugzeugwerk Dresden 1959, wurde ab 1962 zur DM-WAZ der GST.

6 **Zlín Z-226 ›5004‹** (Werk-Nr. unbekannt) des ASV »Vorwärts« Cottbus 1959, sie ging 1964 durch einen Flugunfall verloren.

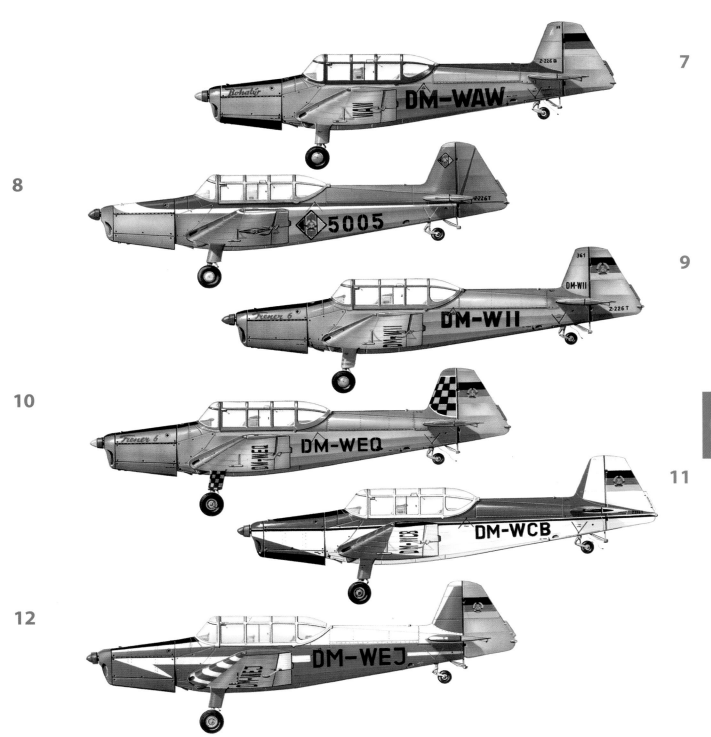

7   7

8

9

10

11

12

7   **Zlín Z-226B DM-WAW** (Werk-Nr. 38), das einzige Spezialschleppflugzeug »Bohatýr« der GST 1959. Diese Version hatte keine Doppelsteuerung und war nur für den Schleppflug optimiert.

8   **Zlín Z-226 ›5005‹** (Werk-Nr. 330) des ASV »Vorwärts« Cottbus 1962, sie ging ebenfalls 1964 durch Unfall verloren.

9   **Zlín Z-226 DM-WII** (Werk-Nr. 361) der GST um 1964, in der Einheitsbemalung welche fast alle »Trenér« in dieser Zeit trugen.

10   **Zlín Z-226 DM-WEQ** (Werk-Nr. 165) der GST mit farbigen Kontrastflächen in den 70er Jahren.

11   **Zlín Z-226 DM-WCB** (Werk-Nr. 46) der GST 1979 in einer der farbenfroheren Bemalungen, wie sie in dieser Zeit üblich wurden.

12   **Zlín Z-226 DM-WEJ** (Werk-Nr. 243) der GST um 1967, diese Maschine war speziell modifiziert für bodennahe Kunstflug-vorführungen des Neuhausener Fluglehrers Heinz Richter.

Schul-, Sport- & Reiseflugzeuge

Super Aero 45

Einsatz	1956 bis 1965
Stückzahl	9
Hersteller	Aero, národní podnik, Prag-Vysocany, ČSSR
	Let, národní podnik, Uherské Hradiste-Kunovice, ČSSR

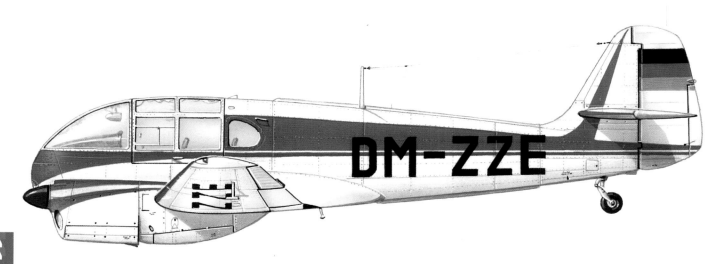

Die **DM-ZZE** (Werk-Nr. 04-001) ca. 1957 als Werksflugzeug des VEB Flugzeugwerk Dresden.

Dieses formschöne Reiseflugzeug ist als Aero 45 von 1947 bis 1951 produziert worden. Dann überführte man die Serienproduktion zu Let nach Kunovice, wo dann die verbesserte Version Aero 45S oder Super Aero 45 gebaut wurde. Die ersten beiden Exemplare, die in die DDR kamen, stammten aus einer Serie von 20 Maschinen, die noch beim ursprünglichen Hersteller Aero begonnen und dann aber im Werk Let fertiggestellt wurden. Sie sind zunächst 1956 bei der sogenannten Schleppstaffel der LSK in Cottbus in Dienst gestellt worden. Mit Bildung der Verbindungsfliegerstaffel VS-25 in Strausberg kamen sie dann in deren Bestand. Eine Aero 45S importierte die DDR für die Luftfahrtindustrie als Werksflugzeug für das Flugzeugwerk Dresden. Auch die Deutsche Lufthansa der DDR beschaffte von 1956 bis 1958 sechs Super Aero 45 aus der ČSSR. Man hatte den Plan, Taxiflüge und Rundflüge sowohl von den Verkehrsflug-

häfen als auch von den GST-Flugplätzen aus durchzuführen. Es stellte sich bald heraus, dass der Bedarf bzw. die Möglichkeiten der Bevölkerung, sich solche Flüge zu leisten, nicht ausreichend waren. Zudem litten die Aeros an einigen technischen Gebrechen, die bei ihrem Betrieb Probleme machten. Vor allem das Fahrwerk funktionierte nicht immer zuverlässig, was in mehreren Fällen zu Bruchlandungen führte. Ab 1960 entschloss man sich daher, die etwas ungeliebten »Taxis« wieder los zu werden. Eine Maschine konnte an einen Privatmann in die damalige britischen Kolonie Kenia verkauft werden und eine transferierte man zum Reparaturwerk Schkeuditz, das ebenfalls zur Luftfahrtindustrie gehörte. Da ja kein freier Markt für Flugzeuge in der DDR existierte, musste wie im Sozialismus üblich ein anderer Halter die Flugzeuge übernehmen, auch wenn er eigentlich keinen echten Bedarf dafür hatte. In

diesem Fall musste die NVA die restlichen vier Aeros übernehmen. Auch die beiden Maschinen der Flugzeugindustrie gingen 1962 nach der Einstellung des Flugzeugbaus in der DDR an die NVA. Man war mit dem Erbe dort nicht sehr glücklich. Denn im Einsatz als militärisches Verbindungsflugzeug bei der Verbindungsfliegerstaffel zeigten sich die Aero 45 ebenfalls als nicht besonders geeignet. Spätestens nach dem Totalverlust einer NVA-Maschine 1964 wurden alle Aeros bis 1965 außer Dienst gestellt. Drei Maschinen stellte man in Ferienlagern und Pionierparks auf und eine »landete« im Verkehrsmuseum Dresden, wo sie noch heute zu sehen ist. Vier Maschinen gingen durch Unfälle und Havarien verloren, wobei vier Personen ums Leben kamen.

Aero 45S

VERWENDUNGSZWECK	Reiseflugzeug
BESATZUNG	1 bis 2
PASSAGIERE	2 bis 3
SPANNWEITE	12,32 m
FLÜGELFLÄCHE	17,09 m²
LÄNGE	7,54 m
HÖHE	2,30 m
STEIGLEISTUNG	6,0 m/s
LEERMASSE	960 kg
STARTMASSE max.	1600 kg
HÖCHSTGESCHWINDIGKEIT	265 km/h
REISEGESCHWINDIGKEIT	230 km/h
REICHWEITE	1600 km
DIENSTGIPFELHÖHE	6800 m
LEISTUNG	je 77 kW
TRIEBWERK	zwei 4-Zyl.-Reihenmotoren Walter Minor 4-III

TECHNISCHE DATEN

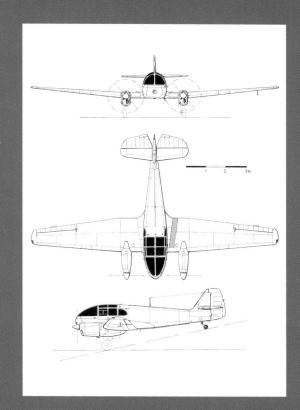

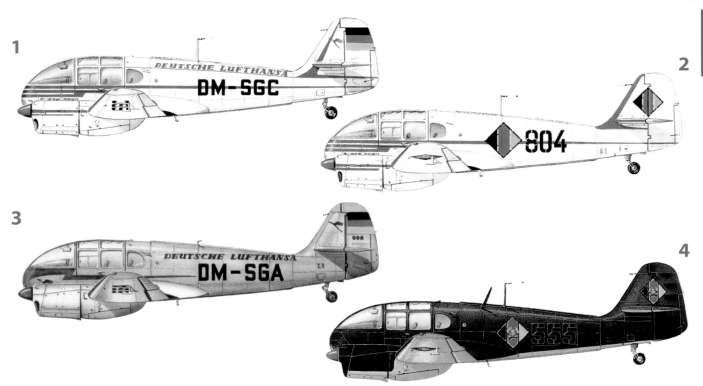

1 Die **DM-SGC** (Werk-Nr. 05-009) flog in dieser Werksbemalung mit Lufthansa-Aufschrift, sie wurde 1960 nach Kenia verkauft.

2 Die ›804‹ (Werk-Nr. 51194) der LSK 1957 im roten Farbschema mit Hoheitszeichen in alter Form; stürzte im August 1963 bei Golzow ab.

3 Die **DM-SGA** (Werk-Nr. 03-009) und die DM-SGB hatten diese original silbermetallische Lufthansa-Bemalung mit blauem Blitz.

4 Die ›555‹ (Werk-Nr. 04-002) 1962 in Militärgrün, sie war die ehemalige DM-SGE der DLH der DDR und ist noch heute im Verkehrsmuseum Dresden zu sehen.

Schul-, Sport- & Reiseflugzeuge

Jakowlew Jak-18A

Einsatz	1958 bis 1980
Stückzahl	62
Hersteller	staatl. Flugzeugwerk Nr. 116, Arsenjew, UdSSR

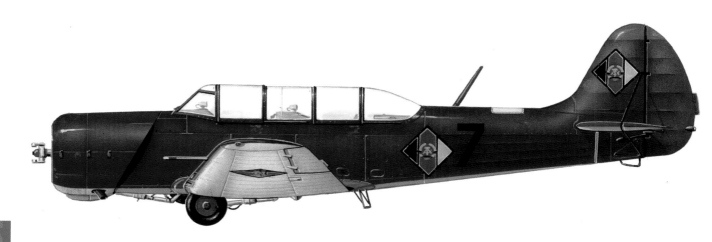

Jak-18A ›7‹ (Werk-Nr. 0504) diente bis 1970 in der NVA und danach in der GST als DM-WDD. Alle NVA Jak-18A trugen während ihrer gesamten Dienstzeit einheitlich dieses Farbschema mit ein- oder zweistelligen taktischen Nummern.

Aus der Jak-18 war 1954/55 durch die Verwendung eines Bugradfahrwerks die Jak-18U entstanden. Das höhere Gewicht der Bugradanlage beeinträchtigte aber die Flugleistungen, was 1957 zu der weiterentwickelten Jak-18A führte. Die neue Version war dank des stärkeren Neunzylinder AI-14R-Triebwerks, verfeinerter Aerodynamik und verbesserter Ausrüstung dem Vorgänger in allen Parametern überlegen. Mit UKW-Funkanlage, Kunstflughorizont und Radiokompass konnten Nacht- und Instrumentenflug trainiert werden, außerdem war sie fast voll kunstflugtauglich. Die LSK der NVA führten ab August 1958 62 Jak-18A-Schulflugzeuge als Ablösemuster für die Jak-18U ein. Sie bekamen schwarze taktische Nummern und gehörten zum damaligen FAG-1, welches 1961 in JAG-10 umbenannt wurde. Anfang der 60er Jahre begann jedoch die Umstrukturierung der Ausbil-

dung, um die fliegerische Grundausbildung komplett in die vormilitärische Wehrsportorganisation GST zu verlagern, wie es auch in der Sowjetunion und anderen Ostblockländern üblich war. Deswegen gab die NVA 16 der neuen Jak-18A 1960 an die GST weiter. Mit Einführung der Strahltrainer L-29 „Delfin" ab 1964 war dann die Ausbildung auf Kolbenmotor-flugzeugen in der NVA endgültig vorbei, und das JAG-10 wurde aufgelöst. Weitere 25 Jak-18A gingen daraufhin 1964 an die GST über. In der NVA verblieben nur noch 19 Flugzeuge dieses Typs für Kurier- und Verbindungsflüge. Davon gingen zehn Maschinen später schrittweise an die GST, und 1974 endete der Einsatz bei der NVA endgültig. In den Bezirksausbildungszentren der GST war die Jak-18A, anfangs noch neben der Jak-18U, das Standardschulflugzeug für die Grundausbildung der Offiziersbewerber.

Äußerlich behielten die Jak-18A bei der GST ihr militärgrünes Erscheinungsbild. Nur einige wenige Maschinen einer Kunstflugstaffel aus Zwickau erhielten farbenfrohe Bemalungen. Dieser Verband begann ab 1963 bei zahlreichen Flugtagen und anderen Großveranstaltungen in der DDR, zunächst als Dreierverband, später auch als Viererformation Verbandskunstflug vorzuführen. Auch auf Airshows in Österreich und in Ungarn trat der Verband mit großem Erfolg auf. Die Jak-18A galt in der GST als zuverlässiges, leistungsfähiges und zweckmäßiges Schulflugzeug. Trotz langjähriger intensiver Nutzung gingen nur drei Flugzeuge durch Unfälle und Havarien verloren, wobei keine Personen zu Schaden kamen. Mit Einführung der tschechischen Zlín Z-42 als Ablösemuster sind die Jak-18A in der GST schrittweise bis 1978 außer Dienst gestellt worden.

Jakowlew Jak-18A

VERWENDUNGSZWECK	Schulflugzeug
BESATZUNG	2
SPANNWEITE	10,60 m
FLÜGELFLÄCHE	17,80 m²
LÄNGE	8,35 m
HÖHE	3,40 m
STEIGLEISTUNG	5,4 m/s
LEERMASSE	1025 kg
STARTMASSE max.	1316 kg
HÖCHSTGESCHWINDIGKEIT	254 km/h
REISEGESCHWINDIGKEIT	224 km/h
REICHWEITE	750 km
DIENSTGIPFELHÖHE	5060 m
LEISTUNG	191 kW
TRIEBWERK	ein 9zyl. Sternmotor Iwtschenko AI-14R

TECHNISCHE DATEN

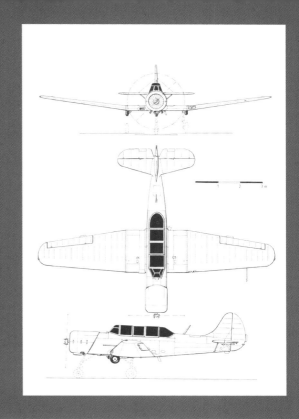

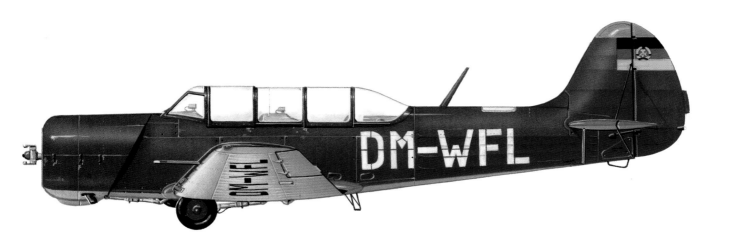

Die **DM-WFL** (Werk-Nr. 0503), in der ersten Zeit waren Kennzeichen und Flagge bei den GST Jak-18A in dieser Form angebracht.

Schul-, Sport- & Reiseflugzeuge
Jakowlew Jak-18A

1

2

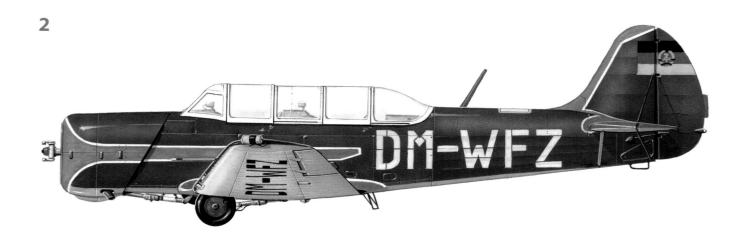

1 Die **DM-WGN** (Werk-Nr. 0502), ab etwa 1968 kamen schwarze Kennzeichen und eine andere Flaggenposition, wie bei dieser Maschine, zur Anwendung.
2 Die **DM-WFZ** (Werk-Nr. 0614) der Zwickauer Kunstflugstaffel, deren Flugzeuge ab 1963 diese Sonderbemalung erhielten.

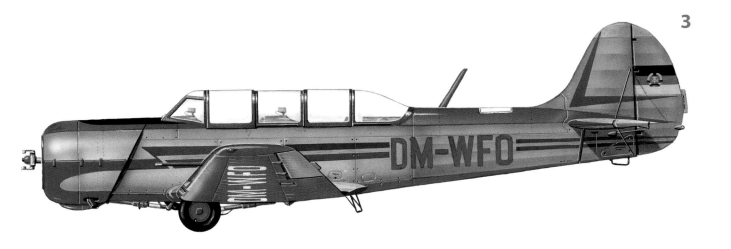

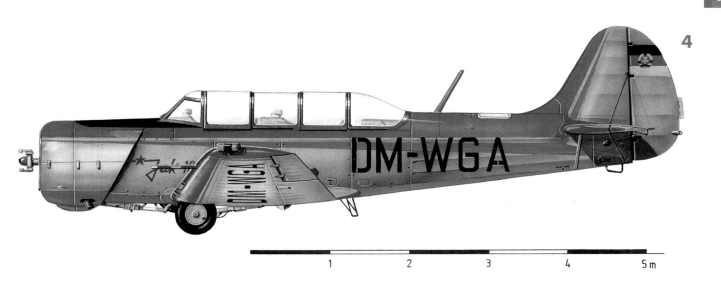

3 Die **DM-WFO** (Werk-Nr. 0430) der Zwickauer Kunstflugstaffel im schönen Farbschema mit rot-silbernen »Sonnenstrahlen«
auf der Flügeloberseite, in welchem die Maschinen von 1968 an flogen.

4 Die **DM-WGA** (Werk-Nr. 0612) – vor 1968 hatte man in Zwickau u. a. mit diesem Farbschema experimentiert.

Schul-, Sport- & Reiseflugzeuge

Zlín Z-326A »Akrobat« / Zlín Z-326 »Trenér Master« / Zlín Z-526A »Akrobat« / Zlín Z-526F / Zlín Z-526AFS »Akrobat Spezial«

Einsatz   1960-1983 / 1962-1974 / 1967-1983 / 1970-1990 / 1972-1990
Stückzahl   5 / 6 / 8 / 1 / 11
Hersteller Moravan, národní podnik, Otrokovice, ČSSR

Zlín Z-326A DM-WKD (Werk-Nr. 598) wurde wie auch alle anderen Z-326A 1960 in dieser Bemalung geliefert. Später erfolgten kleine Änderungen, wie z.B. farbige Kabinen-/Leitwerksübergänge oder wie bei WKE silberne Flügelunterseiten mit schwarzen Kennzeichen.

Mit der Einführung der einsitzigen Z-326A mit Einziehfahrwerk verfügte die GST ab 1961 über eines der modernsten Spezialkunstflugzeuge seiner Zeit. Auch sechs doppelsitzige Z-326TM »Trenér Master« für die Kunstflugausbildung hatte man angeschafft. Doch es gelang den DDR-Kunstfliegern nicht, in die Weltspitze vorzustoßen, da die technische Entwicklung schnell voranschritt. Deshalb rüstete man einige Z-326A in eigener Initiative und eigener Werkstatt mit Verstellpropelleranlagen aus. Doch erst 1967/68 nach der Einführung der Z-526A, die von Anfang an mit der Verstellluftschraube V-503 ausgerüstet waren, konnten die DDR-Flieger ihre größten Erfolge feiern und Weltmeistertitel erringen. 1970 beschaffte die GST einen Doppelsitzer Z-526F und noch einmal zwei Z-526A. Doch die erfolgreichen Zeiten der Z-526A waren bald vorbei. Bereits im Frühjahr 1972 hatte die GST elf

neue Z-526AFS »Akrobat Spezial« mit 132-kW-Einspritzmotor, vielen aerodynamischen Verbesserungen und einem größeren Last vielfachen eingeführt. Mit diesen Maschinen mischte die inzwischen gebildete GST Motorkunstflug-Auswahlmannschaft im internationalen Mittelfeld gut mit. Die Kunstflugpiloten waren auch auf vielen Flugveranstaltungen präsent, so benutzten die Piloten Richter und Bläske die AFS jetzt für ihren Spiegelflug sowie für bodennahe Schaukunstflüge. Das zog sich bis 1976 hin, danach verlor die DDR den Anschluss an den internationalen Motorkunstflug, denn die bereitgestellten Mittel wurden in der Hauptsache für die vormilitärische, fliegerische Ausbildung verwandt. Die Doppelsitzer Z-326TM verschwanden bis 1974 sang- und klanglos aus dem Register, sie wurden mit teilweise unter 200 Flugstunden (!) verschrottet. Schon bei der WM 1972

erwiesen sich die Z-526AFS als unterlegen. Die geringe negative Belastbarkeit war mit -4,5 g gegenüber den Hauptkonkurrenzmustern, die alle etwa -8 g betrugen, der Hauptschwachpunkt. Bei der WM 1976 waren sie schließlich chancenlos. Der internationale Wettkampfkunstflug kam für die DDR-Flieger zum Erliegen. Modernere Flugzeuge wurden zu spät beschafft, was aber in gewisser Weise zur Erhaltung der AFS beitrug. Anfang der 80er Jahre besann man sich in der DDR der noch vorhandenen Z-526AFS und begann sie wieder wettbewerbsmäßig zu fliegen. Die einzelne Z-526F überholte man mit großem Aufwand 1985 und setzte sie häufig auf Flugveranstaltungen für Loopingsprungattraktion ein. Bei Unfällen und Havarien gingen sechs Maschinen dieser »Trenér«-Baureihen verloren, Personen kamen dabei nicht zu Schaden.

Z-326A

VERWENDUNGSZWECK	Sportflugzeug
BESATZUNG	1
SPANNWEITE	10,59 m
FLÜGELFLÄCHE	15,45 m²
LÄNGE	7,83 m
HÖHE	2,10 m
STEIGLEISTUNG	4,8 m/s
LEERMASSE	637 kg
STARTMASSE max.	790 kg
HÖCHSTGESCHWINDIGKEIT	240 km/h
REISEGESCHWINDIGKEIT	212 km/h
REICHWEITE	580 km
DIENSTGIPFELHÖHE	4750 m
TRIEBWERK	ein 6-Zyl.-Reihenmotor Walter Minor 6-III
LEISTUNG	118 kW

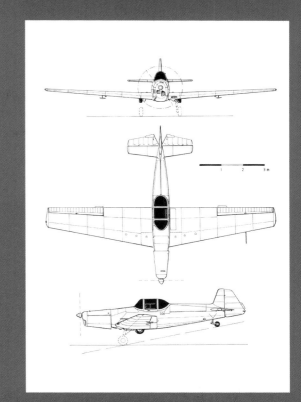

TECHNISCHE DATEN

Z-326TM

VERWENDUNGSZWECK	Sport- und Schulflugzeug
BESATZUNG	1 bis 2
SPANNWEITE	10,59 m
FLÜGELFLÄCHE	15,45 m²
LÄNGE	7,83 m
HÖHE	2,10 m
STEIGLEISTUNG	4,4 m/s
LEERMASSE	650 kg
STARTMASSE max.	910 kg
HÖCHSTGESCHWINDIGKEIT	230 km/h
REISEGESCHWINDIGKEIT	210 km/h
REICHWEITE	580 km
DIENSTGIPFELHÖHE	4800 m
TRIEBWERK	ein 6-Zyl.-Reihenmotor Walter Minor 6-III
LEISTUNG	118 kW

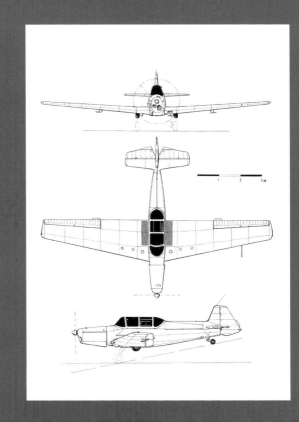

TECHNISCHE DATEN

Schul-, Sport- & Reiseflugzeuge

Zlín Z-326 / Zlín Z-526

1

2

3

1 **Zlín Z-326A DM-WKC** (Werk-Nr. 597) im schlichten, silbernen Übergangsanstrich von 1964/65.
2 **Zlín Z-326A DM-WKA** (Werk-Nr. 555) – nach dem Umbau auf Verstellluftschrauben trugen einige der 326A-»Akrobaten«
   dieses attraktive Farbschema.
3 **Zlín Z-326A DM-WKE** (Werk-Nr. 599) ist nicht umgebaut worden und flog in dieser schönen Bemalung bis ca. 1972
   oft auf Flugschauen.

Z-526F

VERWENDUNGSZWECK	Sport- und Schulflugzeug
BESATZUNG	1 bis 2
SPANNWEITE	10,59 m
FLÜGELFLÄCHE	15,45 m²
LÄNGE	8,00 m
HÖHE	2,10 m
STEIGLEISTUNG	6,0 m/s
LEERMASSE	665 kg
STARTMASSE max.	975 kg
HÖCHSTGESCHWINDIGKEIT	240 km/h
REISEGESCHWINDIGKEIT	210 km/h
REICHWEITE	480 km
DIENSTGIPFELHÖHE	5200 m
TRIEBWERK	ein aufgeladener 6-Zyl.-Reihenmotor M 137A
LEISTUNG	132 kW

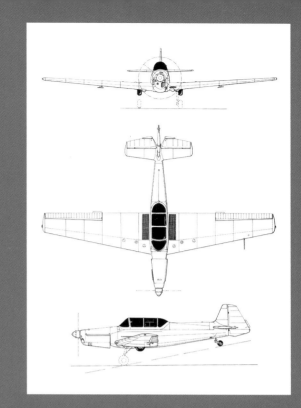

TECHNISCHE DATEN

Z-526AFS

VERWENDUNGSZWECK	Sportflugzeug
BESATZUNG	1
SPANNWEITE	10,59 m
FLÜGELFLÄCHE	13,80 m²
LÄNGE	7,80 m
HÖHE	1,90 m
STEIGLEISTUNG	8,0 m/s
LEERMASSE	604 kg
STARTMASSE max.	740 kg
HÖCHSTGESCHWINDIGKEIT	245 km/h
REISEGESCHWINDIGKEIT	225 km/h
REICHWEITE	360 km
DIENSTGIPFELHÖHE	5800 m
TRIEBWERK	ein aufgeladener 6-Zyl.-Reihenmotor M 137A
LEISTUNG	132 kW

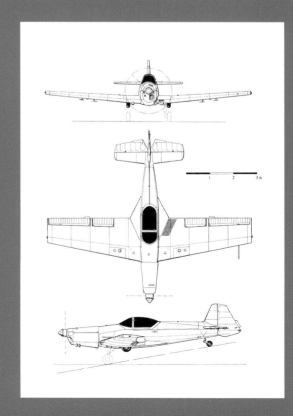

TECHNISCHE DATEN

Schul-, Sport- & Reiseflugzeuge

Zlín Z-326 / Zlín Z-526

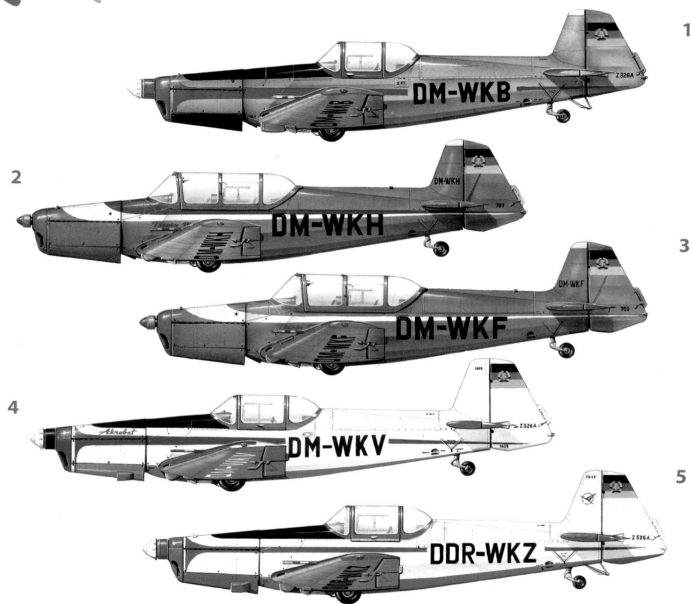

1

2

3

4

5

1. **Zlín Z-326A DM-WKB** (Werk-Nr. 596) Im letzten Abschnitt ihres Einsatzes erhielten die Z-326A eine Schleppkupplung und diese silber-rote Bemalung.
2. **Zlín Z-326TM DM-WKH** (Werk-Nr. 707) In dieser Standardbemalung kamen 1962 alle »Trenér Master« zur GST.
3. **Zlín Z-326TM DM-WKF** (Werk-Nr. 705) trug um 1970 weiß-orangene Zierstreifen.
4. **Zlín Z526A DM-WKV** (Werk-Nr. 1039) in der Lieferbemalung von 1968.
5. **Zlín Z-526A DM-WKZ** (Werk-Nr. 1017) Ab 1971 bekamen die 526er-»Akrobaten« diesen, fast einheitlichen Anstrich, doch es gab auch kleinere Unterschiede von Flugzeug zu Flugzeug.

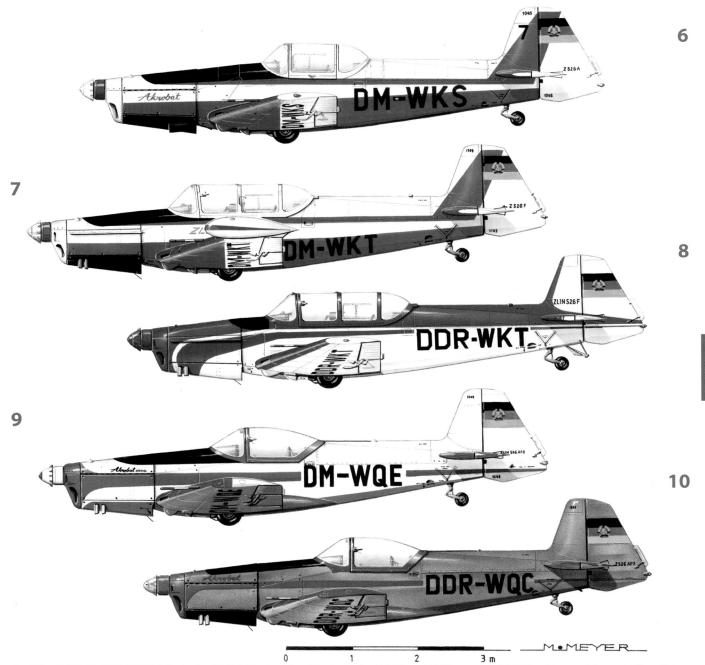

6 Zlín Z-526A DM-WKS (Werk-Nr. 1045) Die beiden Nachzügler WKR und WKS kamen 1970 in diesem blau-weißen Sche-
ma in die DDR, wurden aber bald umlackiert und an die anderen angeglichen.

7 Der einzige **Zlín Z-526F DM-WKT** (Werk-Nr. 1109) war 1970 in diesem Farbschema geliefert worden. Die hier darge-
stellten Kraftstoffzusatzbehälter konnten übrigens an allen Z-326 und ›526‹ für Überführungsflüge angebracht werden.

8 Zlín Z-526F DM-WKT (Werk-Nr. 1109) bekam nach Restaurierung und Überholung 1985 diese Bemalung.

9 Zlín Z-526AFS DM-WQE (Werk-Nr. 1209) 1972, alle Z-526AFS trugen bei der Lieferung diese Bemalung.

10 Zlín Z-526AFS DM-WQC (Werk-Nr. 1207) Gegen Ende der 70er Jahre erhielten alle AFS diesen silbernen Grundanstrich,
sonst gab es kleine Unterschiede, manche hatten z.B. silberne Kabinenhaubenrahmen, manche nur einen kurzen
schwarzen Blendschutz usw.

Schul-, Sport- & Reiseflugzeuge

FSS-100 »Tourist«

Einsatz	1962 bis 1978
Stückzahl	1
Hersteller	Flugsportschule Schönhagen, DDR

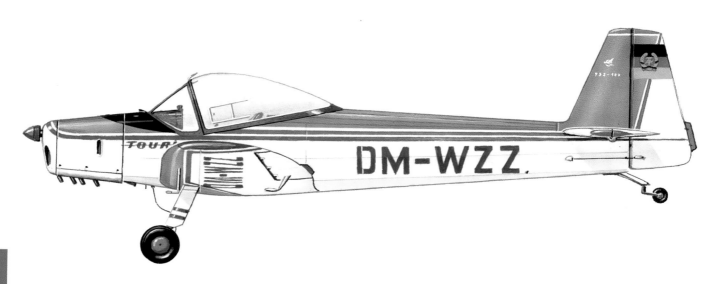

FSS-100 »Tourist« DM-WZZ (Werk-Nr. 01-62) in seiner attraktiven ersten Bemalung in den 60er Jahren.

Die FSS-100 »Tourist« stellt das einzige in der DDR konstruierte und gebaute Sportflugzeug dar. Das ›FSS‹ stand dabei für Flugsportschule Schönhagen, denn dort entstand der kleine Zweisitzer in traditioneller Holzbauweise. Ausgangspunkt für den Bau des Flugzeugs war ein tschechoslowakischer Flugmotor Walter Mikron III, der in den 50er Jahren auf der Leipziger Messe gekauft wurde und längere Zeit in Schönhagen eingelagert war. Als die Schönhagener 1958 bei ihren vorgesetzten Dienststellen nachfragten, was mit dem Motor geschehen soll, antwortete die GST-Führung ungewohnt unbürokratisch: »Baut doch ein Flugzeug dazu.« Der Leiter der Zentralen Entwicklungs- und Reparaturbasis (ZERB), Johannes Höntsch, besorgte eine Baubeschreibung und Zeichnungsteile der bekannten französischen Konstruktion CP-30 »Emeraude«.

Auf dieser Grundlage erfolgte mit vielen Änderungen und Anpassungen die Projektierung und Konstruktion. Der Bau zog sich mit längeren Unterbrechungen bis 1962 hin und wurde größtenteils vom Segelflugzeugbaumeister Gerhard Winkler durchgeführt. Schließlich konnte am 9. Oktober 1962 die Flugerprobung durch den Leiter der Flugsportschule Fritz Fliegauf beginnen. Nach 50 Flügen und insgesamt 19 Flugstunden konnten zufriedenstellende Flugeigenschaften festgestellt werden. Nachteilig wirkte sich allerdings das Fehlen einer Landeklappe aus. Auch der Motor der »Tourist« zeigte meist wenig Lust zum Anspringen und blieb im Leerlauf oft stehen, da die Tankbelüftung unzureichend war. Das anfängliche Interesse an diesem Eigenbau ließ jedoch bald nach, und die FSS-100 wurde immer seltener genutzt. Dennoch bekam das Flugzeug noch

einmal eine Grundüberholung im Segelflugzeugwerk Lommatzsch, wobei die Kabinenhaube durch zusätzliche Streben verstärkt wurde. Lange Zeit vom »Flugzeug« zum »Stehzeug« degradiert, erfolgte im Jahr 1978 die offizielle Löschung aus dem Luftfahrtregister. Dank der Fürsorge von »Hannes« Höntsch entging die »Tourist« aber der staatlich verordneten Zerstörung. An einem sicheren Ort verwahrt, überstand die FSS-100 auch die Wendewirren. Heute gehört die Maschine zum Fundus des Flugsportmuseums Finsterwalde, und es bestehen Pläne für eine flugfähige Restaurierung.

FSS-100

VERWENDUNGSZWECK	Sport- und Reiseflugzeug
BESATZUNG	1 plus 1
SPANNWEITE	8,04 m
FLÜGELFLÄCHE	17,09 m²
LÄNGE	6,53 m
HÖHE	1,85 m
STEIGLEISTUNG	2,0 m/s
LEERMASSE	325 kg
STARTMASSE max.	540 kg
HÖCHSTGESCHWINDIGKEIT	180 km/h
REISEGESCHWINDIGKEIT	150 km/h
REICHWEITE	525 km
DIENSTGIPFELHÖHE	3000 m
TRIEBWERK	ein 4-Zyl.-Reihenmotor Walter Mikron III
LEISTUNG	47,8 kW

TECHNISCHE DATEN

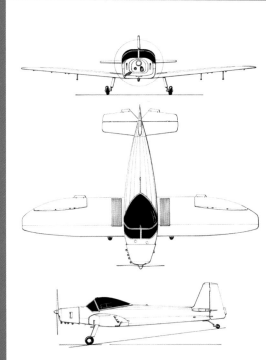

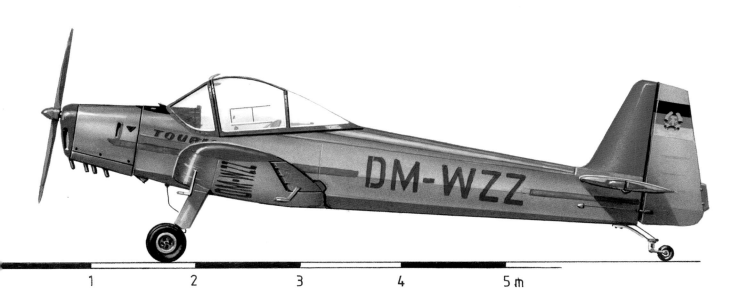

FSS-100 »Tourist« DM-WZZ (Werk-Nr. 01-62) in etwas schlichterer Bemalung nach Grundüberholung in den 70er Jahren.

Schul-, Sport- & Reiseflugzeuge

Let L-200 »Morava«

Einsatz	1963 bis 1987
Stückzahl	3
Hersteller	Let, národní podnik, Uherské Hradiste-Kunovice, ČSSR

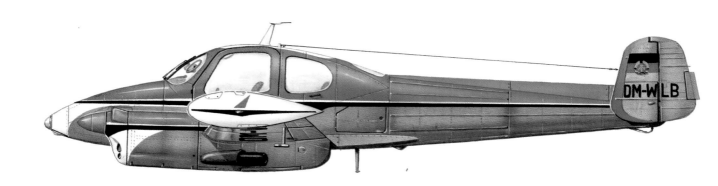

L-200A DM-WLB (Werk-Nr. 171213) der GST im Aussehen nach der Übernahme 1968.

Das tschechoslowakische, zweimotorige Reiseflugzeug L-200 »Morava« wurde in 361 Exemplaren produziert und in 22 Länder exportiert. Auch in der DDR gab es drei Exemplare dieses eleganten Flugzeugs. Die erste L-200 erschien in der DDR im Jahr 1963 und hatte eine nur kurze, etwas zwielichtige Existenz. Die Maschine der Version L-200 D war werksneu und eine der letzten zehn produzierten L-200. Das Flugzeug wurde, wie alle GST- Flugzeuge, über den Etat für Nationale Verteidigung angeschafft und vermutlich im Auftrag des MfS betrieben. Diese »Morava« bekam ein mit ›W‹ beginnendes Zivilkennzeichen, das für Außenstehende auf eine GST-Zugehörigkeit schließen ließ. Seltsamerweise gab es nie eine Eintragung im Zivilregister der DDR. In Schönhagen stationiert und intern als »Repräsentationsflugzeug« bezeichnet, wurde die Maschine nur von hohen Funktionären des ZV der GST

geflogen. Doch schon 1965 ist diese »Morava« auf ihrem Abstellplatz von einer GST-An-2 überrollt und so schwer beschädigt worden, dass der Hersteller von einer Reparatur abriet. Zwei vom Hersteller aus Österreich zurückgekaufte L-200 wurden daraufhin der GST angeboten und 1968 gekauft. Es handelte sich um eine Maschine der Version L-200D, Baujahr 1962 und eine Maschine der älteren Version L-200A vom Baujahr 1961. Die »Morava« war das einzige zweimotorige Flugzeugmuster der GST und nur eine begrenzte Zahl von Piloten erhielt eine Lizenz. Einige von ihnen bekamen auch eine IFR-Ausbildung. Beide Maschinen waren in Schönhagen stationiert und dienten als Reiseflugzeuge für höhere GST-Funktionäre und zur Sicherstellung von Wettbewerben im In- und Ausland. So wurden z.B. die Flugzeuge der Kunstflugnationalmannschaft auf den Überführungsflügen zu Wettbe-

werben ins Ausland begleitet. Gelegentlich erhielten auch Fluglehrer in der Ausbildung sogenannte Navigationseinweisungsflüge auf der L-200. Ein paar Mal kam es auch vor, dass hohe ausländische Staatsgäste bei ihrem Besuchsprogramm innerhalb der DDR mit der »Morava« befördert wurden. Wenn in Filmen der DEFA oder des Fernsehfunks Szenen mit »kapitalistischen« Reiseflugzeugen vorkamen, griff man auf die GST-»Moravas« zurück. Im Dezember 1987 stellte man dann beide Maschinen außer Dienst, und das Ende der DDR erlebten sie abgestellt in Schönhagen. Während die DDR-WLB restauriert und seit 1992 als D-GALE zugelassen wieder flog, verfiel die WLA auf ihrem Abstellplatz in Schönhagen. Später an die Luftfahrthistorische Sammlung nach Finow übergeben, soll sie dort als statisches Exponat restauriert werden.

L-200D

VERWENDUNGSZWECK	Reiseflugzeug
BESATZUNG	1 bis 2
PASSAGIERE	3 bis 4
SPANNWEITE	12,31 m
FLÜGELFLÄCHE	17,28 m²
LÄNGE	8,61 m
HÖHE	2,21 m
STEIGLEISTUNG	8,0 m/s
LEERMASSE	1275 kg
STARTMASSE max.	1950 kg
HÖCHSTGESCHWINDIGKEIT	310 km/h
REISEGESCHWINDIGKEIT	285 km/h
REICHWEITE	1900 km
DIENSTGIPFELHÖHE	6200 m
TRIEBWERK	zwei aufgeladene 6-Zyl.-Reihenmotoren M-337
LEISTUNG	je 154 kW

TECHNISCHE DATEN

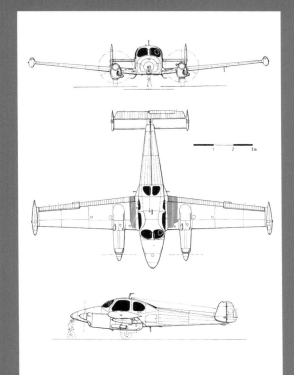

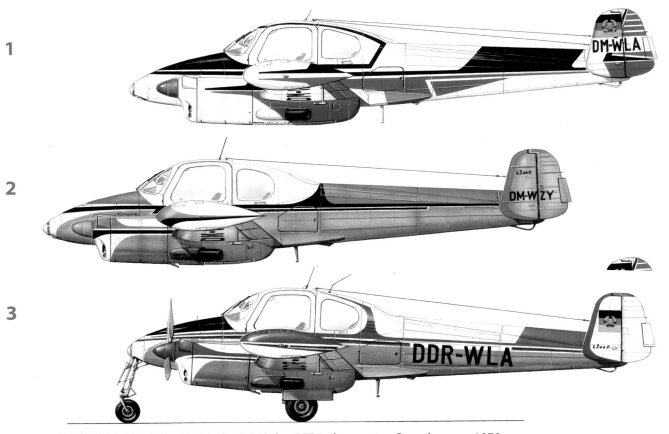

1 **L-200D DM-WLA** (Werk-Nr. 171214/170712) der GST in ihrer ersten Bemalung ca. 1970.
2 **L-200D DM-WZY** (Werk-Nr. 171214) der GST 1964, bemerkenswert ist das Fehlen der Staatsflagge.
3 **L-200D DM-WLA** (Werk-Nr. 171214/179712) der GST im ihrem letzten Farbschema der 80er Jahre.

Schul-, Sport- & Reiseflugzeuge

PZL-104 »Wilga« 35A

Einsatz	1971 bis 1990
Stückzahl	79
Hersteller	Panstwowe Zaklady Lotnicze Warschau-Okęcie, VR Polen

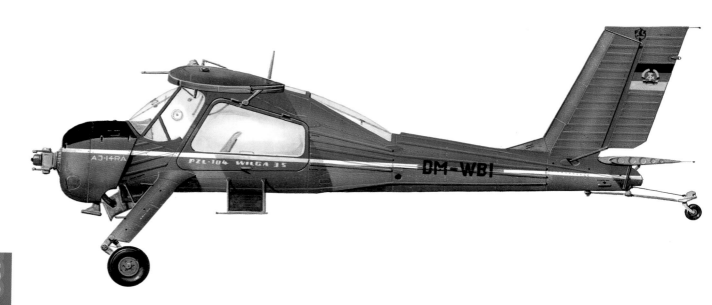

DM-WBI (Werk-Nr. 61114) in dieser Bemalung sind einige der ersten »Wilgas« 1971geliefert worden.

Als polnische Werkspiloten Ende der 60er Jahre die »Wilga« in der DDR vorführten, staunten die GST-Flieger nicht schlecht, als die Maschine selbst den schweren Schuldoppelsitzer »Lehrmeister« mit 500 kg Startmasse zügig mit 4 bis 5 m/s in die Luft beförderte. 1970 entschloss sich die Führung der GST zur Beschaffung dieses Typs. Ab Mai 1971 bis 1980 importierte die DDR 79 Exemplare der Version 35A. An den Segelflugplätzen, Ausbildungszentren und Flugschulen der GST kamen die »Wilgas« fast ausschließlich für den Segelflugzeugschlepp zum Einsatz. Feste Vorflügel und große mit den Querrudern gekoppelte Landeklappen gaben der »Wilga« gute STOL-Eigenschaften. Für den Segelflugzeugschlepp war sie daher bestens geeignet. Die verhältnismäßig große Motorleistung in Verbindung mit der Verstellluftschraube ergab eine gute Steigleistung und große Sinkrate beim Landeanflug, dadurch konnte eine hohe Startfolge erzielt werden. Doppelschlepp von einsitzigen Seglern war problemlos möglich, sogar Dreifachschlepp. Mit der Entwicklung der Flugsportdisziplin des Präzisionsflugs erhielt die PZL-104 eine weitere Aufgabe, für die sie sehr gut geeignet war. Einige Maschinen hatte man mit Auspuffschalldämpfer, Blitzleuchten, Überziehwarnanlage, Scheibenwischer und Radiokompass, speziell für den Präzisionsflug, nachgerüstet. Eine eigentlich zur Lieferung an die GST vorgesehene »Wilga« wurde 1980 vor der Ablieferung im Werk Okęcie mit einer Agrarausrüstung versehen. Der Betrieb Agrarflug der IF in Kyritz erprobte dann das Flugzeug. Doch diese Variante wurde nicht weiter verfolgt, die Agrarausrüstung wieder entfernt und das Flugzeug an den Betrieb FIF der IF übergeben. Dieser Betrieb übernahm noch drei weitere »Wilgas« von der GST und setzte sie zu Kontrollflügen an Hochspannungsleitungen, Bahntrassen und Pipelines, sowie zu Thermovisionsmess- und Fotoflügen ein. Auch die Volkspolizei erhielt 1981/82 zwei Maschinen aus dem Bestand der GST um den Einsatz von Flächenflugzeugen zu testen, da diese im Betrieb deutlich billiger als Hubschrauber sind. Da das zunächst ins Auge gefasste Landen auf Autobahnmittelstreifen oder naheliegenden Feldern kaum praktikabel war und somit ein polizeitaktisches Eingreifen der Besatzung bei Unfällen oder anderen Ereignissen nicht möglich war, schätzte man die »Wilga« als ungeeignet ein. Eine Maschine war 1981 abgestürzt, die andere übernahm 1986 der Betrieb FIF der IF. Durch Unfälle und Havarien gingen 10 Maschinen verloren, wobei zwei Personen ums leben kamen.

PZL-104 Wilga

VERWENDUNGSZWECK	STOL Mehrzweckflugzeug
BESATZUNG	1 bis 2
PASSAGIERE	2 bis 3
SPANNWEITE	11,14 m
FLÜGELFLÄCHE	15,50 m²
LÄNGE	8,10 m
HÖHE	2,94 m
STEIGLEISTUNG	5,0 m/s
LEERMASSE	870 kg
STARTMASSE max.	1300 kg
HÖCHSTGESCHWINDIGKEIT	220 km/h
REISEGESCHWINDIGKEIT	180 km/h
REICHWEITE	620 km
DIENSTGIPFELHÖHE	4000 m
TRIEBWERK	ein 9-Zyl.-Sternmotor Iwtschenko AI-14RA
SCHUB	194 kW

TECHNISCHE DATEN

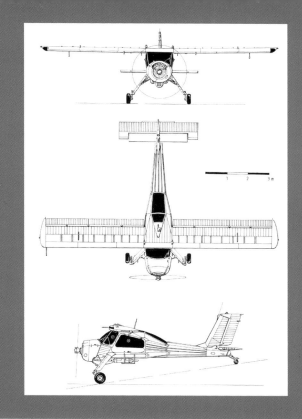

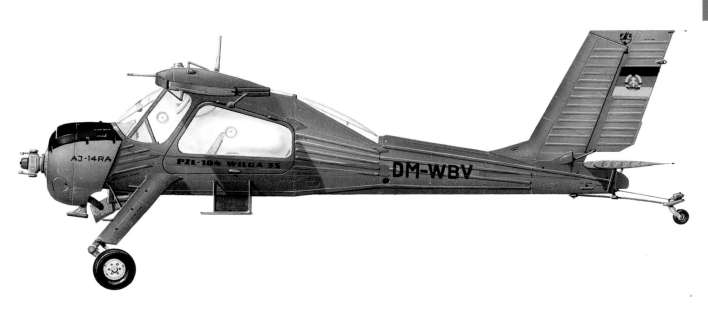

DM-WBV (Werk-Nr. 62160) – diese silbermetallische Bemalung mit rotem Streifen trugen weitere »Wilgas« der frühen Lieferungen in die DDR.

1

2

3

1 **DM-WHC** (Werk-Nr. 74215) trug, wie viele ab 1975 gelieferte Maschinen, dieses Farbschema.
2 **DM-WRD** (Werk-Nr. 96327) in einer etwas veränderten Bemalung, wie es die 1976/77 gelieferten Maschinen hatten.
3 **DDR-VPS** (Werk-Nr. 61110), die ehemalige DM-WBE der GST, in voller Volkspolizei Bemalung. Sie stürzte 1983 ab, da die Besatzungssicherung eine Blockiervorrichtung, der Höhensteuerung vor dem Start nicht entfernt worden war.
4 **DM-WBI** (Werk-Nr. 140535), die zweite »Wilga« mit dieser Registrierung flog 1980 beim IF Agrarflugstützpunkt in Kyritz versuchsweise mit Sprühausrüstung.
5 **DDR-VPT** (Werk-Nr. 61108) 1986 nach Übernahme durch den Betrieb FIF von der Volkspolizei.
6 **DDR-WHE** (Werk-Nr. 85226) bekam in den 80er Jahren, wie auch einige andere »Wilgas«, nach Überholung im polnischen Reparaturwerk in Krosno diese ockergelb-hellblaue Bemalung.
7 **DDR-WRJ** (Werk-Nr. 107338) war eine für den Wettbewerbspräzisionsflug nachgerüstete Maschine, u.a. zu erkennen am großen Auspuffschalldämpfer.

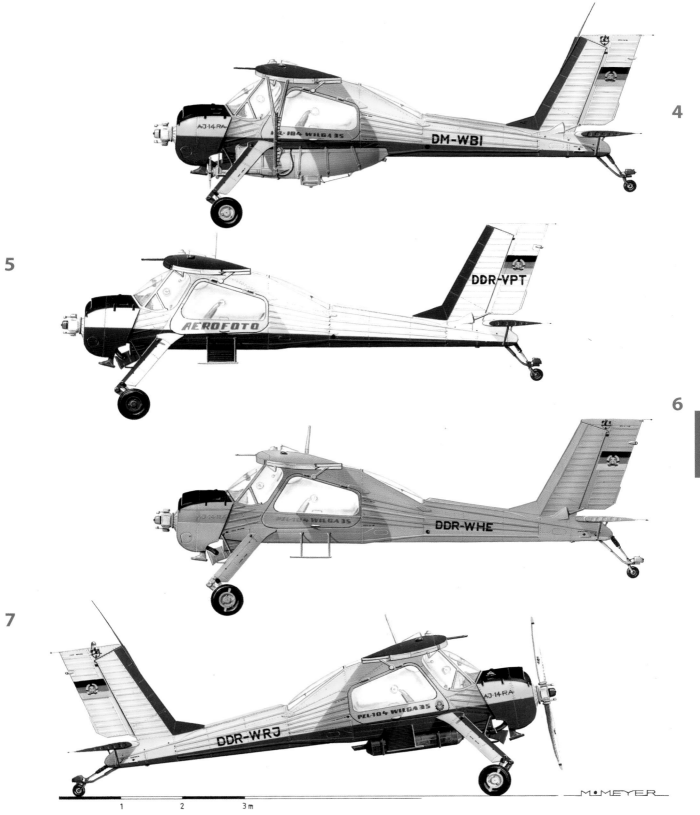

4

5

6

133

7

1   2   3 m

M•MEYER

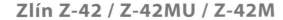

Zlín Z-42 / Z-42MU / Z-42M

Einsatz	1971 bis 1990
Stückzahl	65
Hersteller	Moravan národni podnik, Otrokovice, ČSSR

19 71

Z-42 DM-WML (Werk-Nr. 0022) im Lieferzustand 1971 mit Festpropeller und ohne Vorkiel vor dem Seitenleitwerk.

Nachdem die Schulflugzeuge der Gesellschaft für Sport und Technik vom Typ Jak-18U und 18A Anfang der 70er Jahre außer Dienst gestellt werden mussten, stellte sich die Frage nach einem Nachfolgemuster. In der damaligen ČSSR befand sich seit 1970 die Z-42 in der Serienfertigung. Die traditionsreiche Firma Zlín in Otrokovice, bekannt und berühmt wegen ihrer »Tréner«-Reihe, hatte mit diesem Typ ein modernes Schulflugzeug geschaffen, dessen Sitze nebeneinander lagen. Die GST begann ab Juli 1971 mit der Beschaffung der Z-42. Diese erste Ausführung war mit einem 132,4-kW-Einspritzmotor M-137A ausgerüstet und besaß einen festen Holzpropeller. Ab 1975 kamen dann weiterentwickelte Flugzeuge der Version Z-42M in die DDR. Sie verfügten über das verbesserte M-137AZ-Triebwerk und die Verstellluftschraube V-503A. Die vorhandenen

älteren Z-42 erhielten später bei periodischen Überholungen in der ČSSR ebenfalls das »AZ«-Triebwerk und den Verstellpropeller. Wie bei den Z-42M bekam das Seitenleitwerk einen Vorkiel, um die Lateralfläche zu vergrößern. Diese Maschinen erhielten nach Umbau die Bezeichnung Z-42MU. Alle Z-42 der GST dienten nur der Anfängergrundschulung und ferner als Schleppflugzeuge, sie hatten keinerlei Funknavigationsausrüstung und keine Positionslichter. Zunächst dienten die Z-42 hauptsächlich an den Bezirksausbildungszentren, zusammen mit den im Bestand abnehmenden Jak-18A. Im Laufe der 80er Jahre kam es dann zur Konzentration der Ausbildung der zukünftigen Militärpiloten, und nur solche wurden zu dieser Zeit noch ausgebildet, an den beiden Fliegerschulen der GST in Schönhagen und Jahnsdorf. Der Bestand an Z-42 war

zwischen diesen beiden Standorten aufgeteilt, wobei sich ständig ca. ein Drittel der Maschinen in der ČSSR zu Überholungs- und Reparaturarbeiten befand. Ein Problem war das kritische Trudelverhalten der Z-42, eigentlich ein Unding für ein Schulflugzeug. Auch aerodynamische Hilfsmittel wie sogenannte Trudelbremsen, ca. fünf cm breite und ein m lange Luftleitbleche an den Motorhauben und spezielle Einweisung der Fluglehrer konnten Unfälle nicht ganz verhindern. Durch Unfälle und Havarien gingen acht Maschinen verloren, dabei kamen zwölf Personen ums Leben. Die verbliebenen Z-42 kamen nach 1990 und der Auflösung der GST vorübergehend unter die Treuhandschaft des Bundes Technischer Sportverbände (BTS), der sie zur Nutzung an Klubs und Vereine weitergab, die sich an den ehemaligen GST-Flugplätzen gebildet hatten.

Zlín Z-42 / Z-42MU / Z-42M

VERWENDUNGSZWECK	Schulflugzeug
BESATZUNG	2
SPANNWEITE	9,11 m
FLÜGELFLÄCHE	13,15 m²
LÄNGE	7,70 m
HÖHE	2,69 m
STEIGLEISTUNG	5,2 m/s
LEERMASSE	654 kg
STARTMASSE max.	970 kg
HÖCHSTGESCHWINDIGKEIT	226 km/h
REISEGESCHWINDIGKEIT	190 km/h
REICHWEITE	600 km
DIENSTGIPFELHÖHE	3800 m
LEISTUNG	132 kW
TRIEBWERK	ein 6-Zyl.-Reihenmotor Avia M137A / M137AZ

TECHNISCHE DATEN

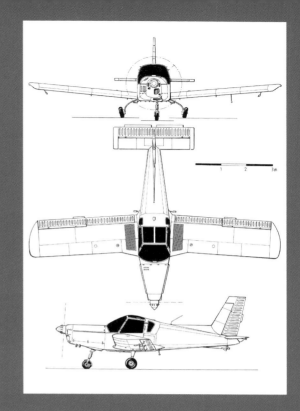

1. **Z-42MU DM-WMB** (Werk-Nr. 0013) umgebaut von Z-42M auf MU, erkennbar am Verstellpropeller und dem Seitenflossen-vorkiel.
2. **Z-42M DDR-WOC** (Werk-Nr. 0085) in den 80er Jahren mit Verstellpropeller und Vorkiel, sie ist auch mit einem Schalldämpfer nachgerüstet worden und hat daher nur einen Auspuffstutzen.

Einsatz	1973 bis 1990
Stückzahl	20
Hersteller	Moravan národni podnik, Otrokovice, ČSSR

Z-43 DDR-WFD (Werk-Nr. 0041/01) alle GST-Maschinen dieses Typs hatten dieses Bemalungsschema, das nach Überholungen in Details verändert wurde.

Parallel zur Z-42 hatten die Zlín-Flugzeugbauer eine vergrößerte, viersitzige Abwandlung mit einem um etwa 70 cm verlängerten Rumpf als Reiseflugzeug entwickelt. Dem Viersitzer mit der Bezeichnung Z-43 diente ein aufgeladener Einspritzmotor M-337A mit Verstellpropeller V-500A als Antrieb. Etwa 80 % der Bauteile waren zwischen Z-42 und Z-43 austauschbar. Allerdings hatte die komfortable Inneneinrichtung der Z-43 PKW-Niveau, dazu kam noch ein geräumiger Gepäckraum und zwei zusätzliche 50-l-Kraftstofftanks in den Tragflächenrandbögen. Bemerkenswert ist auch, das diese Flugzeuge voll kunstflugtauglich zugelassen waren. Die NVA beschaffte für die LSK/LV 1973 12 Z-43 als Kurier- und Verbindungsflugzeuge. Sie lösten die für diese Zwecke bis dahin immer noch benutzten Jak-18A ab. Kommandeure, Angehörige höherer Stäbe und Gefechtsstände, Inspekteure und an

dere Offiziere flogen mit diesen Maschinen entweder selbst oder wurden transportiert. Dazu erhielten die Verbindungsfliegerstaffel VS-14 in Strausberg vier (roter Spinner), die Transportfliegerausbildungsstaffel TAS-45 in Kamenz drei (schwarzmetallischer Spinner), die Verbindungsfliegerkette VFK-31 der 1. Division in Cottbus drei (grüner Spinner) und die VFK-33 der 3. Division in Neubrandenburg zwei Maschinen (blauer Spinner). Weitere acht Z-43 bekam die GST ab 1974 als Ersatz für die L-200 bzw. L-40 Flugzeuge. Die Z-43 dienten höheren Flugsportfunktionären und dem Zentralvorstand der GST als Reiseflugzeuge, sowie der Verbindung und Logistik der GST-Ausbildungszentren untereinander. Die Z-43 der NVA und der GST hatten Positionslichter, Drehkennleuchten, Lande- und Rollscheinwerfer sowie Instrumentenbeleuchtung und waren mit Radiokompass

anlagen ausgerüstet. Damit war bei der GST auch eine Instrumenten- und Nachtflugausbildung für ausgesuchte Piloten möglich. Bei Auflösung der NVA wurden deren Z-43 weit unter Wert an die Firma Sächsische Luftfahrt Service GmbH (SLS) in Kamenz, angeblich zur »Ersatzteilgewinnung« verkauft. Dies geschah, nachdem die Bundeswehr kein Interesse an der Übernahme bekundet hatte und die Flugzeuge am 30. September 1990 aus der Stammrolle löschen ließ. Das hatte allerdings ein juristisches Nachspiel, und die SLS musste nachzahlen. Bei der SLS erfolgte dann die »Zivilisierung« und der Weiterverkauf an andere Halter. Die acht Z-43 der GST gingen den gleichen Weg wie die Z-42, nämlich über die Treuhand/BTS an die Vereine der neuen Bundesländer.

Zlín Z-43

VERWENDUNGSZWECK	Sport- und Reiseflugzeug
BESATZUNG	1 bis 2
PASSAGIERE	2 bis 3
SPANNWEITE	9,76 m
FLÜGELFLÄCHE	14,50 m²
LÄNGE	7,75 m
HÖHE	2,91 m
STEIGLEISTUNG	3,5 m/s
LEERMASSE	730 kg
STARTMASSE max.	1350 kg
HÖCHSTGESCHWINDIGKEIT	248 km/h
REISEGESCHWINDIGKEIT	215 km/h
REICHWEITE BEI MAX. NUTZLAST	1100 km
DIENSTGIPFELHÖHE	4750 m
LEISTUNG / SCHUB	155 kW
TRIEBWERK	ein 6-Zyl.-aufgel.-Reihenmotor Avia M337

TECHNISCHE DATEN

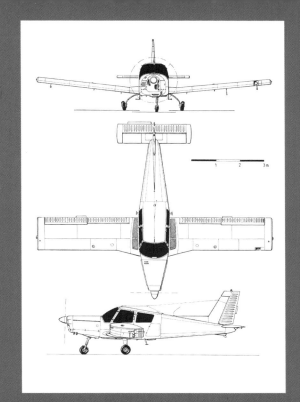

Z-43 ›19‹ (Werk-Nr. 0025) der NVA VFK-33 der 3. Luftverteidigungsdivision, erkennbar am blauen Propellerspinner. Alle NVA Z-43 trugen ein identisches Tarnschema.

Jakowlew Jak-50 / Zlín Z-50LS

Einsatz	1979 bis 1987	1988 bis 1990
Stückzahl	10	2
Hersteller	staatl. Flugzeugwerk Nr. 116 »Progress«, Arsenjew, UdSSR	Moravan národní podnik, Otrokovice, ČSSR

1 **Jak-50 DM-WQT** (Werk-Nr. 791504) der GST in ihrer Lieferbemalung, die während der gesamten Einsatzzeit unverändert blieb. Sie wurde 1987 mit sechs weiteren nach Westdeutschland verkauft. Von den beiden in der DDR verbliebenen Jak-50 kam nach der Wiedervereinigung eine zum Deutschen Museum in München und die andere wurde »wiederbelebt« und fliegt noch heute.

Ende der 70er Jahre erlebte der Wettbewerbskunstflug in der DDR ein Tief, nach dem in den Jahren zuvor sehr gute Erfolge erzielt werden konnten. Die vorhandenen Spezialkunstflugzeuge Zlín Z-526AFS entsprachen nicht mehr der Weltspitze und hatten keine Chance gegen die sowjetische Jak-50 und die noch moderneren tschechoslowakische Z-50. Die Jak-50 war eine direkte Nachfolgerin der Jak-18P, einer speziellen Kunstflugversion der Jak-18A. Die Jak-50 vertrug Belastungen von +9/-6g und war für die WM 76 entworfen und gebaut worden. Da die GST keine Devisen für die mit amerikanischen Lycoming-Triebwerken ausgerüsteten Zlín Z-50 aufbringen konnte, entschloss sich die DDR 1978 zum Kauf von 10 Jak-50 aus der UdSSR. Doch zu diesem Zeitpunkt waren auch die Jak-50 schon nicht mehr »state of the art«, denn der Trend ging zu superleichten, übermotorisierten Flugzeugen mit sa-

genhaften Rollraten. Die Jak-50 wurden an der Fliegerschule »Siegmund Jähn« der GST in Jahnsdorf stationiert. Doch es wollte dem Aeroklub der DDR aus verschiedenen Gründen nicht mehr gelingen, eine leistungsfähige Nationalmannschaft aufzubauen. Die immer schwieriger werdende ökonomische Situation und die Konzentration aller verbleibenden Mittel auf die vormilitärische Ausbildung brachten den Leistungssport praktisch zum Erliegen. Nachdem zwei Maschinen durch Unfälle verloren gegangen waren, wobei eine Pilotin ums Leben kam, ordnete die GST-Führung 1985 die Stilllegung der Jak-50 an. Alle verbliebenen Maschinen wurden aus dem Register gestrichen und in Jahnsdorf eingelagert. 1987 ergab sich die Möglichkeit, sechs der Jaks nach Westdeutschland zu verkaufen und dafür wertvolle »harte Währung« zu kassieren. Mit Hilfe dieser Devisen wurde es nun 1988 mög-

lich, zwei Zlín Z-50LS in der ČSSR zu kaufen. Die besten Zeiten der Z-50 waren da allerdings auch schon vorbei, 1983 wurde die EM und 1984 die WM auf diesem Typ gewonnen. Immerhin war die Z-50 zu dieser Zeit das Spezialkunstflugzeug, welches den sozialistischen Ländern zur Verfügung stand und noch einigermaßen in der Weltspitze mithalten konnte. Allerdings litt der Einsatz der Z-50 in der DDR an der fehlenden Logistik, denn auch für Verbrauchsmaterialien und Ersatzteile waren Devisen nötig, die einfach nicht vorhanden waren. Zum Kauf weiterer Flugzeuge oder zu einer Wiederbelebung des Wettbewerbskunstflugs, wie es ihn in den 60er und 70er Jahren gab, kam es nicht mehr. Beide Z-50 überlebten die DDR übrigens nicht lange, eine Maschine verunglückte 1992, die andere 1998.

Jak-50

VERWENDUNGSZWECK	Spezialkunstflugzeug
BESATZUNG	1
SPANNWEITE	9,50 m
FLÜGELFLÄCHE	15,00 m²
LÄNGE	7,67 m
HÖHE	3,10 m
STEIGLEISTUNG	16,0 m/s
LEERMASSE	765 kg
STARTMASSE max.	900 kg
HÖCHSTGESCHWINDIGKEIT	420 km/h
REISEGESCHWINDIGKEIT	225 km/h
REICHWEITE mit Zusatzbehälter	500 km
DIENSTGIPFELHÖHE	5500 m
LEISTUNG	256 kW
TRIEBWERK	ein 9-Zyl.-Sternmotor Iwtschenko M 14P

TECHNISCHE DATEN

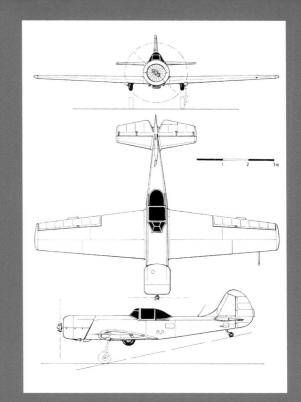

2   **Zlín Z-50LS DDR-WTA** (Werk-Nr. 04/0057) in den Farben, wie sie bei der GST flog. Der letzte DDR-Meister im Motorkunstflug Ralf Wandzich verunglückte 1992 mit dieser Maschine tödlich.

Z-50LS

VERWENDUNGSZWECK	Spezialkunstflugzeug
BESATZUNG	1
SPANNWEITE	8,58 m
FLÜGELFLÄCHE	12,50 m²
LÄNGE	6,51 m
HÖHE	1,98 m
STEIGLEISTUNG	14,0 m/s
LEERMASSE	600 kg
STARTMASSE max.	760 kg
HÖCHSTGESCHWINDIGKEIT	337 km/h
REISEGESCHWINDIGKEIT	275 km/h
REICHWEITE	170 km
DIENSTGIPFELHÖHE	8000 m
LEISTUNG	221 kW
TRIEBWERK	ein 6-Zyl.-Boxermotor Lycoming AEIO-540-L185D

TECHNISCHE DATEN

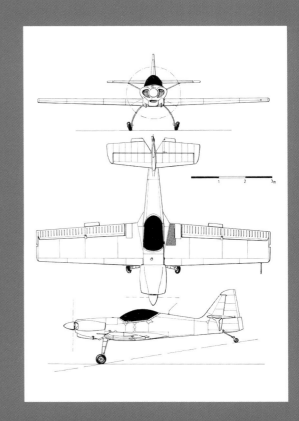

Antonow An-2

Einsatz	1952 bis 1990
Stückzahl	74
Hersteller	54 Stück staatl. Flugzeugwerk Nr. 473 Kiew-Swiatoschino, UdSSR
	20 Stück Panstwowe Zaklady Lotnicze, Mielec, VR Polen

1952

Die **An-2 ›802‹** (Werk-Nr. 12802) der VP-Luft, 1953 zur Tarnung mit Sowjetsternen gekennzeichnet, da ein Betrieb von Motorflugzeugen in Deutschland bis 1955 verboten war.

Zu den bekanntesten und mit über 17000 Exemplaren meistgebauten Flugzeugen der Welt gehört die Antonow An-2, der größte, heute noch fliegende Doppeldecker. Die Mehrzweckflugzeuge An-2 sind in der DDR von den NVA-Luftstreitkräften, der Wehrsportorganistion GST sowie der Lufthansa der DDR, später Interflug, genutzt worden. Das unverwüstliche, archaisch anmutende Flugzeug wurde umgangssprachlich meist »Anna« genannt, aber auch Spitznamen wie »1000PS-Baracke« hat man ihm verpasst. Von den 74 in die DDR eingeführten An-2 kamen 20 Stück aus polnischer Lizenzproduktion, alle anderen stammten aus originaler sowjetischer Produktion. Die LSK/LV betrieben 32 Maschinen für Transport- und Verbindungsaufgaben sowie als Schul- und Absetzflugzeug. Es dürfte wohl ziemlich einmalig sein, dass ein Flugzeugtyp in einer Luftwaffe 37 Jahre

lang ununterbrochen im aktiven Bestand ist. Dazu kommt noch, dass die meisten der Flugzeuge über 30 Jahre lang im Einsatz blieben, ohne zwischendurch ausgetauscht zu werden. An-2 gab es in der NVA vom ersten bis zum letzten Tag ihres Bestehens. Ja, selbst vor Gründung der NVA gab es bei deren geheimen Vorgänger, der Volkspolizei-Luft schon An-2. Fast ausschließlicher Einsatzzweck der An-2 bei der GST war das Absetzen von Fallschirmspringern. Die Entwicklung des Fallschirmsports zu einem Breitensport in der DDR wurde überhaupt erst durch die An-2 möglich gemacht. Bei der DLH der DDR/Interflug flogen 25 Exemplare, zunächst als Landwirtschaftsflugzeuge, aber auch als Passagierflugzeuge für Rundflüge und im Einsatz auf Inlandslinien von und nach Karl-Marx-Stadt (heute Chemnitz). Der damalige Flugplatz dort war für größere Flugzeuge nicht geeignet.

Dazu sind sieben Maschinen speziell umgebaut worden, zu erkennen an den großen viereckigen Fenstern. Die Verwendung als Passagierflugzeuge endete 1963, die als Agrarflugzeuge zum Ende der 70er Jahre mit dem Verkauf von 16 An-2 nach Bulgarien. Die verbliebenen Maschinen flogen dann als Schulflugzeuge und in vielen Spezialverwendungen beim Interflug-Betrieb für Fernerkundungs-, Industrie- und Forschungsflug FIF als Foto-, Vermessungs- und Erkundungsflugzeuge bis 1990. Vier An-2 gingen durch Unfälle und Havarien verloren, wobei zwei Personen ums Leben kamen. 1989 sind zehn An-2 von der NVA zur Interflug transferiert worden. Nach dem Ende der DDR flogen sie noch eine Weile beim Flugservice Berlin (FSB). Die restlichen NVA-Maschinen wurden an Privateigner verkauft, die GST-Maschinen über die Treuhand an Luftsportvereine weitergegeben.

An-2

VERWENDUNGSZWECK	Mehrzweckflugzeug
BESATZUNG	2
PASSAGIERE / NUTZLAST	12 oder 2 t Fracht
SPANNWEITE	18,18 m
FLÜGELFLÄCHE	71,51 m²
LÄNGE	12,74 m
HÖHE	4,00 m
STEIGLEISTUNG	3,6 m/s
LEERMASSE	3445 kg
STARTMASSE max.	5500 kg
HÖCHSTGESCHWINDIGKEIT	230 km/h
REISEGESCHWINDIGKEIT	190 km/h
REICHWEITE	1390 km
DIENSTGIPFELHÖHE	4160 m
LEISTUNG	746 kW
TRIEBWER	ein 9-Zyl.-Sternmotor Schwezow ASch-62IR

TECHNISCHE DATEN

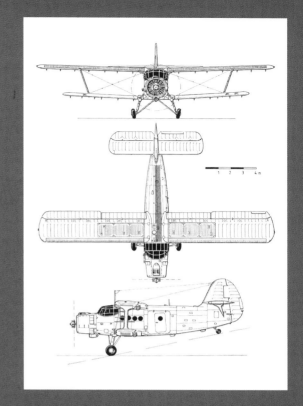

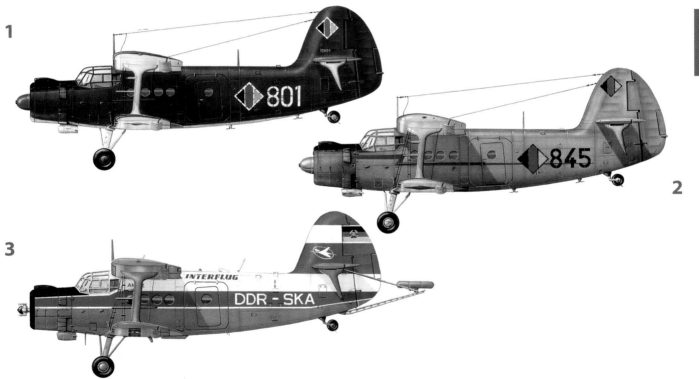

1 Die ›801‹ (Werk-Nr. 12801) der Schleppstaffel Cottbus der LSK/LV 1956 mit einer frühen Form der Hoheitszeichen. Später gab es nur noch schwarze Nummern und schwarze Umrandung der Hoheitszeichen.

2 Die ›845‹ (Werk-Nr. 172079) flog 1957/58 bei der Lufthansa der DDR und wurde dann zur NVA TVFS transferiert, behielt aber zunächst die zivilen Farben und bekam später Tarnanstrich.

3 Die **DDR-SKA** (Werk-Nr. 1G 86-48) des Betriebes FIF der Interflug mit fest montierter Magnetsonde zur Erkundung von Bodenschätzen 1985.

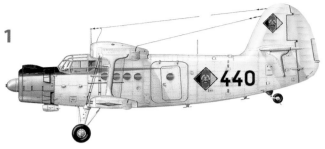

1 Die ›**440**‹ (Werk-Nr. 117411) der VFS-25 Strausberg ist 1962 in diesem gelben Werksanstrich geliefert worden, ebenso wie die ›822‹ und ›880‹. Sie flogen so bis zur ersten Überholung.

2 Die bei PZL gebaute ›**803**‹ (Werk-Nr. 1G158-95) der VFK-33 Neubrandenburg 1977 mit zweifarbiger Standardtarnbemalung.

3 Die **DM-SKE** (Werk-Nr. 17810) der Lufthansa der DDR nach dem Umbau zum Passagierflugzeug 1960.

4 Die **DM-SKN** (Werk-Nr. 112218) der Lufthansa der DDR mit Streuvorrichtung für den Agrareinsatz 1959.

5 Die **DM-SKO** (Werk-Nr. 114616) wurde von der Lufthansa der DDR für die SDAG »Wismut« mit Magnetsonde zum Ausfahren und Nachschleppen für die Erkundung von Bodenschätzen betrieben.

6 Die **DM-SKI** (Werk-Nr. 19402) der Interflug mit Sprühvorrichtung für den Agrareinsatz 1966.

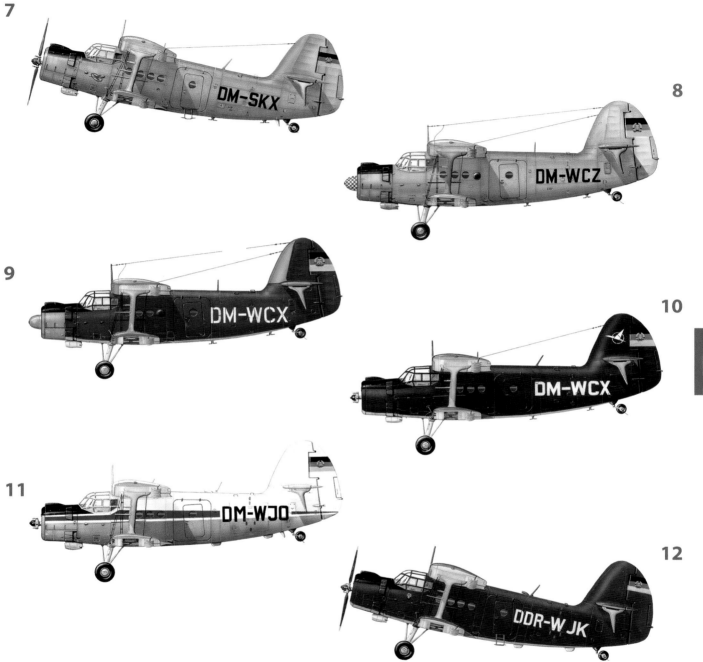

7 Die **DM-SKX** (Werk-Nr. 117417) in silbermetallischer Farbe als Schulflugzeug für die Abteilung Fliegerische Aus- und Weiterbildung der Interflug 1969.

8 Die **DM-WCZ** (Werk-Nr. 18120) der GST Anfang der 60er Jahre in silbermetallischer Farbe.

9 Die **DM-WCX** (Werk-Nr. 113901) Ende der 60er Jahre in Militärgrün mit Kontrastflächen (orange) zur besseren Sichtbarkeit.

10 In den 70er Jahren, nach einer Modernisierung, trug die **DM-WCX** (Werk-Nr. 113901) wieder schlichtes Militärgrün und am Leitwerk ein Emblem des Aeroklubs der DDR.

11 Die **DM-WJO** (Werk-Nr. 1G 174-26) wurde zusammen mit einigen weiteren An-2 1977 in diesem »zivilen« Farbschema geliefert.

12 Die **DDR-WJK** (Werk-Nr. 1G 142-34) in den 90er Jahren wieder im grünen, militärischen Erscheinungsbild.

Militärische Transport- & Verbindungsflugzeuge

Antonow An-14

Einsatz	1966 bis 1981
Stückzahl	4
Hersteller	staatl. Flugzeugwerk Nr. 116 Arsenjew, UdSSR

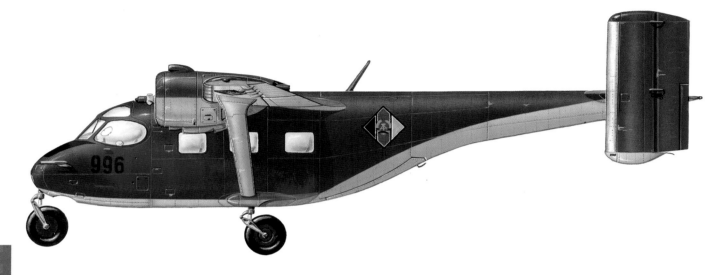

144

Die ›996‹ (Werk-Nr. 600904) in der ursprünglichen Lieferbemalung von 1966.

Bereits Ende der 50er Jahre meinte man in der Sowjetunion über ein moderneres Ablösemuster für die An-2 nachdenken zu müssen: so entstand das Projekt An-14 »Ptscholka« (Bienchen). Die Entwicklung und Erprobung zog sich mit vielen Schwierigkeiten und Rückschlägen, verbunden mit zahlreichen Änderungen, über sieben Jahre hin. Schließlich kam es ab 1965 zu einer Kleinserienproduktion im fernöstlichen Flugzeugwerk Arsenjew. Doch zu diesem Zeitpunkt war schon klar, dass es keinen An-2-»Ersatz« geben würde. Die Universalität der An-2 war mit der An-14 nicht zu erreichen. In knapp fünf Jahren konnten, nicht zuletzt auch wegen des Vorrangs anderer Projekte, nur 339 Exemplare fertiggestellt werden. Davon wurden ca.15 Maschinen in vier Länder exportiert. Warum die DDR 1966 vier An-14 beschaffte, ist eigentlich nicht nachvollziehbar, denn ein echter Be-

darf war wohl angesichts der reichlich vorhandenen An-2 nicht gegeben. Alle vier Maschinen wurden in einfarbiger grüner Tarnbemalung geliefert und bei der Verbindungsfliegerstaffel VS-25 (später VS-24) in Dienst gestellt. Ab Ende 1967 bekamen alle An-14 nacheinander in der Flugzeugreparaturwerkstatt FRW-24 in Kamenz einen neuen Anstrich. Zwei Maschinen erhielten blaue und zwei rote Fensterstreifen. Der Einsatz erfolgte vorwiegend zu sogenannten Kaderflügen, sprich Beförderung von Führungskräften des Kommandos LSK/LV. Manchmal setzte man die An-14 auch auf der Verbindungslinie Nord/Süd, zwischen den Einheiten der beiden Luftverteidigungsdivisionen ein, und natürlich wurden auch Ausbildungsflüge durchgeführt. Die erste Hauptinstandsetzung erfolgte für alle vier Maschinen 1971/72 im Reparaturwerk in Leningrad. Danach hatten die ›994‹ und ›996‹

blaue sowie ›995‹ und ›997‹ eine rote Bemalung. Die An-14 erreichten sehr gute Kurzstarteigenschaften und eine hohe Steiggeschwindigkeit. Sie hatten gute Langsamflugeigenschaften und waren im Fluge sehr stabil. Die zweite HI wurde 1977 fällig, zuerst wurden ›994‹ und ›995‹ in Leningrad überholt. Außerdem erhielten sie Tarnbemalung mit weit hochgezogenen, blauen Unterseiten. Die beiden anderen wurden in der FRW-24 in Kamenz überholt. 1980/81, nach Außerdienststellung der An-14, erhielten das Armeemuseum Dresden und die Traditionsvorstartlinie in Bautzen je eine Maschine. Die beiden anderen kamen zum Truppenübungsplatz Storkow als Trainingsobjekte für den Umgang mit chemischen Kampfstoffen. Heute finden sich je eine An-14 im Luftwaffenmuseum Berlin-Gatow und im Flugplatzmuseum Cottbus.

An-14

VERWENDUNGSZWECK	leichtes Transport- und Verbindungsflugzeug
BESATZUNG	1 bis 2
PASSAGIERE / NUTZLAST	4 bis 6 oder 600 kg Fracht
SPANNWEITE	21,99 m
FLÜGELFLÄCHE	39,72 m²
LÄNGE	11,38 m
HÖHE	4,63 m
STEIGLEISTUNG	5,1 m/s
LEERMASSE	2600 kg
STARTMASSE max.	3750 kg
HÖCHSTGESCHWINDIGKEIT	210 km/h
REISEGESCHWINDIGKEIT	190 km/h
REICHWEITE	680 km
DIENSTGIPFELHÖHE	4500 m
TRIEBWERK	ein 9-Zyl.-Sternmotor Schwezow AI-14RF
LEISTUNG	je 220 kW

TECHNISCHE DATEN

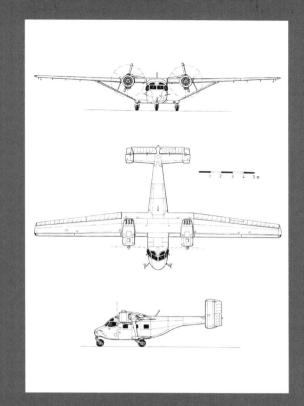

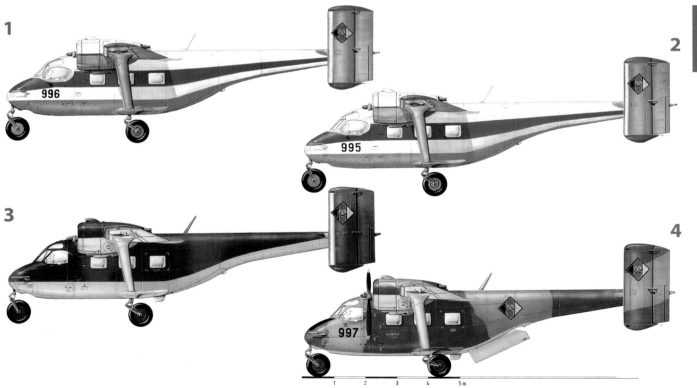

1 Die ›996‹ (Werk-Nr. 600904) flog von 1968 bis 1977 mit diesem blauen Farbschema.

2 Die ›995‹ (Werk-Nr. 601005) hatte in der Zeit von 1967 bis 1977 ein rotes Farbschema.

3 Die ›995‹ (Werk-Nr. 60105) im Aussehen nach der zweiten Überholung 1977 in Leningrad, UdSSR.

4 Die ›997‹ (Werk-Nr. 600902) trug seit 1977 diesen Tarnanstrich. Es war übrigens die einzige An-14, die gleichzeitig Hoheitszeichen an Rumpf und Leitwerk hatte.

Antonow An-26

Einsatz	1980 bis 1990
Stückzahl	12
Hersteller	staatl. Flugzeugwerk Nr. 473 Kiew-Swiatoschino, UdSSR

An-26 ›364‹ (Werk-Nr. 10605) in dieser hellgrauen Bemalung wurde die Mehrzahl der NVA An-26 geliefert, einige erhielten später eine Tarnbemalung.

Ende der 70er Jahre waren die Transportflugzeuge vom Typ Iljuschin Il-14 am Ende ihrer Nutzungszeit angekommen. Der technische und moralische Verschleiß dieser Kolbenmotorflugzeuge erforderte dringend ein Nachfolgermodell. Die Wahl fiel auf die An-26 aus Kiew, die sich zu dieser Zeit allerdings schon fast zehn Jahre lang in der Produktion befand. 1980 erfolgte dann die Übernahme der ersten fünf Maschinen, sieben weitere folgten bis 1986. Die An-26 kamen in der TS-24 in Dresden für Truppen- und Lastentransport z.B. bei Verlegungen, Sicherstellungsflüge, Absetzen von Springern und Abwurf von Lasten aus unterschiedlichen Höhen zum Einsatz. Dazu trainierte man extremen Tiefflug herunter bis zu 25 m Höhe! Die An-26 waren mit einer Heckladeluke, die im Fluge geöffnet und unter den Rumpf gefahren werden konnte, ausgerüstet.

Weiterhin gab es einen Deckenkran, ein Transportband im Kabinenboden und ein Spill, um Lasten in den Rumpf zu ziehen. An den Seitenwänden befanden sich Klappsitze für bis zu 39 Personen. Zwei der NVA Maschinen hatten zwölf Passagiersitze im vorderen Rumpfbereich, sie wurden intern als An-26S bezeichnet. Die 1982 gelieferte ›369‹ war für die Vermessung und Kalibrierung von Flugsicherungs- und Navigationsbodenanlagen ausgerüstet. Die 1985 in Dienst gestellte ›373‹ war zum Abhören und Aufzeichnen des grenznahen Funkverkehrs der NATO-Streitkräfte mit Spezialausrüstung versehen. Diese Maschinen konnten aber trotzdem als normale Transporter dienen, da die entsprechenden Arbeitsplätze entfernt werden konnten. Von November 1984 bis 1986 führten mehrere An-26 gemeinsam mit IL-18 der Interflug Hilfsflüge im von einer Dürrekatastrophe betroffenen Äthiopien durch und ab 1986 gab es Hilfseinsätze in Mosambik. Für diese Einsätze bekamen die NVA An-26 zivile Registrierungen und in Mosambik sogar Interflug-Aufschrift. Die An-26 der TS-24 führten auch Linienflüge unter Interflug-Flugnummern durch. Die DDR hatte ja vereinbarungsgemäß einen Abschnitt der sogenannten Erdgastrasse der Freundschaft in der Sowjetunion mit eigenen Kräften zu bauen. Dazu richtete man einen regelmäßigen Arbeiter-Shuttleverkehr zwischen Berlin-Schönefeld und Lwow mit eigens dazu hergerichteten An-26 ein. Nach dem Ende der NVA wurden die An-26 in die Bundeswehr integriert, sie dienten im LTG 65 bis zu dessen Auflösung 1992. Die Messmaschine wurde noch bis 1994 verwendet. Nach ihrem Ausscheiden konnten noch sieben An-26 nach Russland zurückverkauft werden und fünf landeten in Museen.

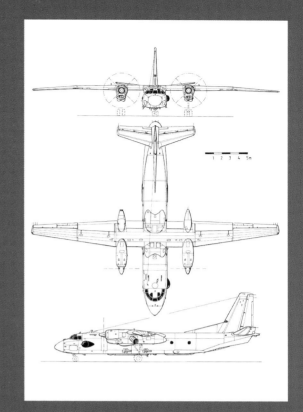

TECHNISCHE DATEN

An-26

VERWENDUNGSZWECK	mittleres Militärtransportflugzeug
BESATZUNG	4 bis 5
PASSAGIERE / NUTZLAST	39 Personen oder 30 Fallschirmjäger oder 6,3 t Fracht
SPANNWEITE	29,20 m
FLÜGELFLÄCHE	74,98 m²
LÄNGE	23,80 m
HÖHE	8,57 m
STEIGLEISTUNG	9,2 m/s
LEERMASSE	15 400 kg
STARTMASSE max.	24 230 kg
HÖCHSTGESCHWINDIGKEIT	540 km/h
REISEGESCHWINDIGKEIT	430 km/h
REICHWEITE BEI MAX. NUTZLAST	1100 km
DIENSTGIPFELHÖHE	8100 m
LEISTUNG / SCHUB	je 1875 kW/ 7,85 kN
TRIEBWERK	zwei Propellerturbinen Iwtschenko AI-24WT und ein Hilfsturbojet Tumanski RU-19A-300
BEWAFFNUNG	vier Bomben je 100 kg an Außenaufhängungen möglich

1

2

3

1 An-26 ›374‹ (Werk-Nr. 10407) ist schon in dieser Tarnbemalung geliefert worden, sie ist hier mit vier Bomben bewaffnet, was in den LSK/LV der NVA allerdings nur einmal zu einer Vorführung praktiziert wurde. Auch Versorgungsbehälter oder Täuschkörperwerfer konnten an diesen Aufhängungen mitgeführt werden.

2 An-26 DDR-SBB / ›368‹ (Werk-Nr. 10706) für Hilfseinsätze in Mosambik erhielt diese Maschine eine Zivilregistrierung und Interflug-Aufschrift, auch die Besatzungen trugen bei solchen Flügen IF-Uniformen.

3 An-26 ›373‹ (Werk-Nr. 14208) ausgerüstet als funkelektronischer Aufklärer, erkennbar durch zusätzliche Antennen und einige gewölbte Kabinenfenster. Alle An-26 hatten in der rechten Triebwerksgondel ein zusätzliches Hilfstriebwerk RU-19A-300.

Militärische Transport- & Verbindungsflugzeuge

Let L-410UVP »Turbolet«

Einsatz	1980 bis 1990
Stückzahl	18
Hersteller	Let, národní podnik, Uherské Hradiste-Kunovice, ČSSR

L-410UVP ›319‹ (Werk-Nr. 800526) der VS-14 in der ungewöhnlichen, »Kaiman«*-Tarnbemalung, in der sie 1980 geliefert wurde. Die Tarnmuster wurden später etwas konventioneller.

Anfang der 80er Jahre waren der Doppeldecker An-2 und die zweimotorige An-14 mit Kolbenmotoren immer noch das Rückgrat der Verbindungsflieger der LSK/LV. Mit der 1979 in der ČSSR in Großserienproduktion gegangenen L-410UVP »Turbolet« bot sich nun die Chance, ein moderneres Flugzeugmuster einzuführen. Die Verbindungsfliegerstaffel VS-14 in Strausberg übernahm im Dezember 1980 vier Maschinen vom Hersteller, sie galten als Ersatz für die teilweise schon stillgelegten An-14. Die Strausberger Maschinen hatten eine Saloneinrichtung mit acht Sesseln, je zwei Flugzeuge standen dem Verteidigungsministerium und zwei dem Chef der LSK/LV zur Verfügung. An der Offiziersschule in Kamenz hatte man 1981 die Transportfliegerausbildungsstaffel TAS-45 gebildet. Diese Einheit erhielt acht L-410UVP und betrieb sie zusammen mit zwölf An-2 und drei Z-43. Diese »Turbolets« hatten im Unterschied zu den Strausberger Maschinen eine große Ladeluke. Außer der Ausbildung von Besatzungen für mehrmotorige Transportflugzeuge, dienten diese als L-410T bezeichneten Maschinen als Transporter für 15 Personen oder 1,3 t Fracht. Als Absetzflugzeug nahmen sie zwölf ausgerüstete Fallschirmjäger auf, und in der Sanitätsvariante fanden sechs Verwundete auf Tragen und sechs sitzende Patienten Platz. Die Salonmaschinen dienten nach dem Ende der NVA noch bis 2000 in der Bundeswehr, sechs Transporter bekamen die neuen baltischen Republiken geschenkt und zwei wurden verkauft. Der aus den Betriebsteilen Bildflug und Spezialflug der Interflug hervorgegangene neue IF-Betrieb für Forschungs-, Industrie- und Fernerkundungsflug, kurz FIF genannt, verfügte Anfang der 80er Jahre nur über drei Fotoflugzeuge An-2. Der Bedarf an Luftbildbefliegung für alle Bereiche der Wirtschaft war aber sprunghaft angestiegen. Deshalb beschaffte die Interflug ebenfalls Flugzeuge vom Typ L-410UVP. Die sechs eingeführten »Turbolets« waren mit großen verschließbaren Kameraluken und Visieröffnungen im Rumpfboden versehen. Ihre Hauptaufgabe war die Anfertigung von Luftbildern zur geologischen Erkundung, zur Herstellung topographischer Unterlagen und zur Erlangung von Informationen für Analysen in der Land- und Forstwirtschaft, im Bergbau und der Industrie. Nebenbei konnten sie, entsprechend umgerüstet, auch als VIP-Salon- oder Ambulanzflugzeuge verwendet werden. Nach der Wende gingen die »Turbolets« an die IF-Ausgliederung Berliner Spezialflug. Doch es gab keine Fotoaufträge mehr. Der Versuch, mit Regionalluftverkehr zu überleben, scheiterte und die Flugzeuge wurden verkauft.

148

L-410UVP

VERWENDUNGSZWECK	Regionalverkehrs- und leichtes Transportflugzeug
BESATZUNG	2 bis 3
PASSAGIERE	15 bis 19 oder 1,3 t Fracht
SPANNWEITE	19,48 m
FLÜGELFLÄCHE	35,20 m²
LÄNGE	14,47 m
HÖHE	5,38 m
STEIGLEISTUNG	7,5 m/s
LEERMASSE	3700 kg
STARTMASSE max.	5800 kg
HÖCHSTGESCHWINDIGKEIT	368 km/h
REISEGESCHWINDIGKEIT	320 km/h
REICHWEITE	400 km
DIENSTGIPFELHÖHE	6000 m
TRIEBWERK	zwei Propellerturbinen Walter M-601B
SCHUB	je 544 kW

TECHNISCHE DATEN

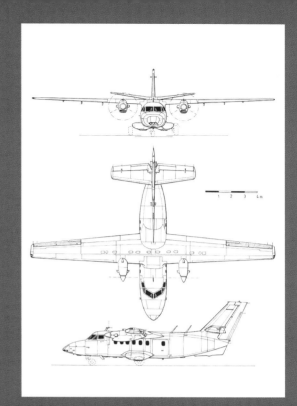

✳ * Die Namen »Kaiman«, »Barracuda«, »Muräne« und »Chamäleon«, die sich auf das jeweilige Tarnmuster bezogen, standen bei Lieferung an den Flugzeugen, sind aber gleich bei Übernahme durch die NVA entfernt worden. Das Kommando LSK/LV hatte nur die Vorgabe »Tarnfarbe« erteilt und der Hersteller hatte sich daraufhin etwas einfallen lassen.

1 L-410UVP ›318‹ (Werk-Nr. 800525) der VS-14 trug bei Lieferung diese ungewöhnliche, »Barracuda«*-Tarnbemalung, sie steht heute im Luftwaffenmuseum in Berlin-Gatow.

2 L-410UVP(T) ›323 (Werk-Nr. 820738) der TAS-45 mit großer Frachttür und konventioneller Bemalung. Die schwarze Fläche am Heck ist eine Gummiauflage um Beschädigungen durch herauswehende Fallschirmaufzugsleinen zu vermeiden.

3 L-410UVP DDR-SXE (Werk-Nr. 831106) als »Universalforschungsflugzeug« des Betriebs FIF der Interflug. Sie flog noch bis 2006 in der Dominikanischen Republik

Arbeitsflugzeuge

Aero L-60 »Brigadýr«

Einsatz	1957 bis 1974
Stückzahl	78
Hersteller	Orlican národní podnik, Chocen, ČSSR

1957

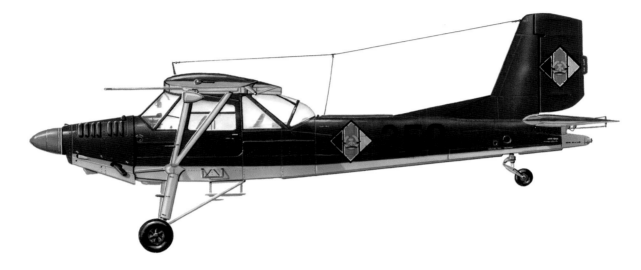

Aero L-60/K-60 ›250‹ (Werk-Nr. 151113) des TAG-14 Garz 1961. Man erkennt die KW-Drahtantenne und eine UKW-Schwertantenne zwischen den Fahrwerken.

Als die Deutsche Lufthansa der DDR 1955 ins Leben gerufen wurde, war von Anfang an eine Abteilung Wirtschaftsflug zur Unterstützung der Land- und Forstwirtschaft vorgesehen. Basierend auf dem K-65, einem Lizenzbau des Fieseler Storch, hatte die Flugzeugindustrie der damaligen ČSR das Mehrzweck-Arbeitsflugzeug L-60 »Brigadýr« entwickelt. Ab März 1957 bis 1960 führte die DDR 45 werkneue »Brigadýr« für den Wirtschaftsflug ein. Die L-60, oft scherzhaft als »Madenhacker« oder »Mistbomber« bezeichnet, eigneten sich recht gut für den Agrareinsatz. Allerdings waren sie etwas untermotorisiert, und die Behälterkapazität von 400 kg reichte gerade zur Bearbeitung von ca. einem Hektar pro Flug, was aber immer noch eine sechsmal höhere Leistung war als die damaliger Bodengeräte. Im Jahr 1962 erhielt die Lufthansa noch einmal 20 von den Luftstreitkräften der NVA ausgemus-

terte L-60, die nach entsprechender Umrüstung ebenfalls beim Agrarflug zum Einsatz kamen. Beim nicht ganz risikolosen Agrarflugbetrieb gingen fast 50 %, nämlich 30 Maschinen, des Bestandes durch Unfälle und Havarien verloren, wobei leider auch eine Anzahl Flugzeugführer ums Leben kam. Das Fliegen an der Grenze zur Mindestgeschwindigkeit in 5 bis 10 m Höhe, bei 50 bis 60 Starts und Landungen pro Tag, forderte den Piloten alles ab. Kollisionen mit Hindernissen oder Bodengeräten, Landeunfälle auf schwierigen Arbeitsflugplätzen, aber auch Selbstüberschätzung und Missachtung von Vorschriften waren oft Unfallursachen. Der Einsatz der L-60 bei den Luftstreitkräften der NVA blieb nur eine kurze Episode. Anfang 1960 beschaffte man 20 Maschinen der tschechoslowakischen Militärversion K-60, die Doppelsteuerung und eine erweiterte Funkausrüstung hatten. Sie sollten als

Schul- und als Kurierflugzeuge eingesetzt werden. Die Kurierfliegerrolle für die Landstreitkräfte übernahmen aber bald die Mi-1 Hubschrauber, und als sie dann ebenfalls in der Schulflugzeugrolle nicht mehr benötigt wurden, musste die Interflug die L-60 übernehmen. Auch die Gesellschaft für Sport und Technik GST erhielt 1960 13 Flugzeuge vom Typ L-60. Hier dienten sie hauptsächlich zum Absetzen von Fallschirmspringern. Dazu waren bis auf den Pilotensitz alle Sitze entfernt und die rechte Tür ausgebaut. Aber die Bedingungen beim Absetzen waren eng und kompliziert, und nachdem es deshalb zu drei Unfällen mit vier Toten gekommen war, wurden die L-60 für diese Aufgabe gesperrt. Bei der GST endete der Einsatz der »Brigadýr« 1973/74.

150

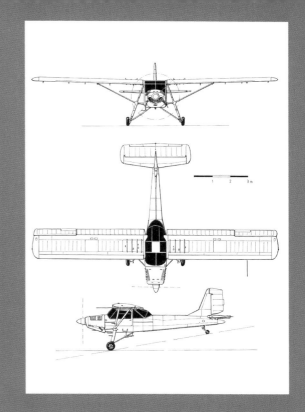

L-60

VERWENDUNGSZWECK	Mehrzweckflugzeug
BESATZUNG	1 bis 2
PASSAGIERE / NUTZLAST	2 bis 3
SPANNWEITE	13,96 m
FLÜGELFLÄCHE	24,30 m²
LÄNGE	8,80 m
HÖHE	2,72 m
STEIGLEISTUNG	4,6 m/s
LEERMASSE	1000 kg
STARTMASSE max.	1425 kg
HÖCHSTGESCHWINDIGKEIT	193 km/h
REISEGESCHWINDIGKEIT	175 km/h
REICHWEITE	720 km
DIENSTGIPFELHÖHE	4500 m
TRIEBWERK	ein 6-Zyl.-Boxermotor Praga Doris M-208B
SCHUB	162 kW

TECHNISCHE DATEN

Aero L-60 DM-SIH (Werk-Nr. 150712) noch mit kurzem Seitenleitwerksvorkiel im Standard-Lufthansaanstrich 1959.
Die erste gelieferte Maschine **DM-SID** (Werk-Nr. 150407) hatte sogar ein goldfarbenes Leitwerk, doch dies erinnerte wohl zu sehr an die West-Lufthansa und wurde bald geändert (die Lufthansa der DDR hat nie den Greif auf goldenem Grund verwendet).

Aero L-60 »Brigadýr«

1

2

1 **Aero L-60 DM-SIK** (Werk-Nr. 150714) mit vereinfachtem Farbschema im Dienst der Interflug, ca. 1965.
2 **Aero L-60D DM-WCT** (Werk-Nr. 150913) der GST als Absetzmaschine ohne rechte Einstiegstür um 1964.
3 **Aero L-60 DM-SIM** (Werk-Nr. 150502) trug 1958 zunächst diese Bemalung, da sie vorher dem Hersteller als Vorführmuster gedient hatte.
4 **Aero L-60 DM-SLN** (Werk-Nr. 151217) in Übergangsbemalung vom Militär- zum Zivildienst, ca. 1964.
5 **Aero L-60 DM-SHU** (Werk-Nr. 151301) der Interflug im letzten metallisch-grauem Finish, 1969.

3

4

153

5

DM-SIM

DM-SLN

DM-SHU

1   2   3   4   5 m

Arbeitsflugzeuge

Let Z-37 »Čmelák«

Einsatz	1967 bis 1990
Stückzahl	243
Hersteller	Let národni podnik, Uherské Hradiste-Kunovice, ČSSR

Die **Z-37 DM-SME** (Werk-Nr. 03-21) 1968 in der ursprünglichen vollen IF-Bemalung mit Schleuderrad-Streuanlage.

Dem internationalen Trend folgend hatte die ČSSR Anfang der 60er Jahre ein spezielles Agrarflugzeug entwickelt. 1966 begann die Serienfertigung, und der Agrarflug der Interflug gehörte 1967 zu den ersten Exportkunden. Der Einsatz von Mehrzweckflugzeugen, wie z. B. der L-60 in der Landwirtschaft, stellte nur einen Kompromiss dar, der oft zu Lasten der Sicherheit ging, wie die recht hohe Unfallrate des DDR-Agrarflugs mit der L-60 zeigte. Mit Einführung der »Čmelák« (Hummel) verbesserte sich die Lage. Die gesamte Aerodynamik und das Flugverhalten der Z-37 waren für den Arbeitsflug in geringer Höhe optimiert. Die Bedienelemente im Cockpit und die Sitzposition waren speziell auf diese Bedürfnisse abgestimmt. Die Zelle war so abgedichtet, dass keine Chemikalien eindringen und die gefürchtete Korrosion hervorrufen konnten. Am 29. Januar 1968 begann der Einsatz der Z-37 in

der DDR. Bis Anfang 1976 wurden jedes Jahr zwischen 15 und 30 Maschinen importiert. Ab der 11. Bauserie 1971 stand die strukturell verbesserte Z-37A zur Verfügung. Für die Ausbildung beschaffte man über die Jahre insgesamt 15 doppelsitzige Schulflugzeuge Z-37-2 bzw. Z-37A-2. Zuerst trugen die »Čmeláks« auf ihrer gelben Grundbemalung einen roten Rumpfstreifen und ein Seitenleitwerk in vollem IF-Design, welches im Laufe des jahrelangen Einsatzes vereinfacht wurde. Offenbar war man es leid, mit Hilfe vieler Schablonen die aufwendige Bemalung anzubringen. Das endete in den 80er Jahren mit fast einfarbig gelben Maschinen mit roten Querrudern. Die roten Querruder gingen übrigens auf eine Forderung der Grenztruppen der DDR zurück, wonach in Grenznähe operierende Flugzeuge so zu markieren waren. Viele technische Verbesserungen konnten im Laufe der Zeit in

Zusammenarbeit mit dem Hersteller im Werk oder bei Überholungen in den Agrarflugwerften an den Flugzeugen vorgenommen werden. Im August 1975 nutzte man erstmalig eine Z-37 zur Waldbrandbekämpfung. Diese Einsatzvariante wurde in der Folgezeit weiter ausgebaut und technisch-taktisch vervollkommnet. Anfang der 80er Jahre begann die schrittweise Außerdienststellung der ersten Z-37 mit der Zuführung von PZL-106 »Kruk«-Flugzeugen polnischer Herkunft. Die Ablösung erfolgte jedoch langsam, die »Čmeláks« wurden immer wieder verlängert, nicht zuletzt wegen der großen Schwierigkeiten bei der Einführung der polnischen »Kruks«. So kam es, dass noch ca. 125 betriebsbereite Z-37 die deutsche Wiedervereinigung erlebten und manche sogar heute noch fliegen. Durch Unfälle und Havarien gingen ca. 30 Maschinen verloren, wobei mehrere Personen ums Leben kamen.

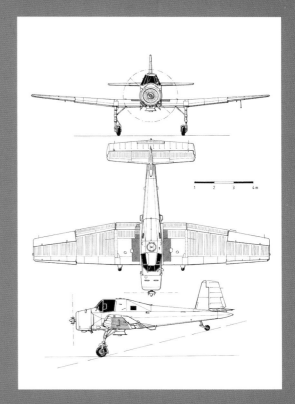

Z-37

VERWENDUNGSZWECK	Agrarflugzeug
BESATZUNG	1
SPANNWEITE	12,22 m
FLÜGELFLÄCHE	23,80 m²
LÄNGE	8,55 m
HÖHE	2,90 m
STEIGLEISTUNG	4,0 m/s
LEERMASSE	985 kg
STARTMASSE max.	1850 kg
HÖCHSTGESCHWINDIGKEIT	216 km/h
REISEGESCHWINDIGKEIT	185 km/h
REICHWEITE	640 km
DIENSTGIPFELHÖHE	4060 m
TRIEBWERK	ein 9-Zyl.-Sternmotor M-462RF
SCHUB	230 kW

TECHNISCHE DATEN

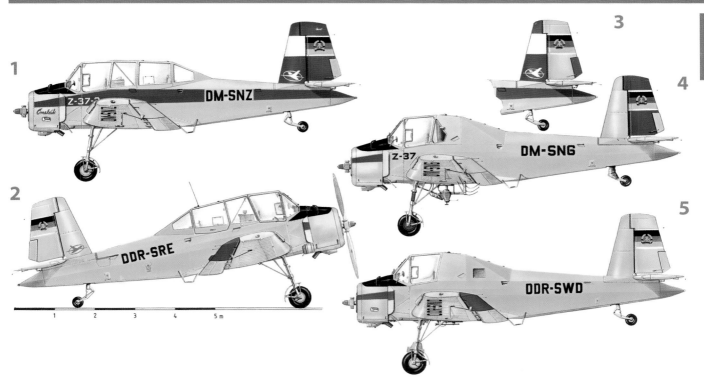

1 **Z-37-2 DM-SNZ** (Werk-Nr. 06-29) 1969 in der Lieferbemalung. Das Flugzeug befindet sich heute in Privatbesitz und fliegt noch.

2 **Z-37A-2 DDR-SRE** (Werk-Nr. 16-01) in »Minimalfarbschema« ca. 1988.

3 Die Vereinfachung der Bemalungen folgten keiner einheitlichen Regel, so hatte die **Z-37A DM-SVY** (Werk-Nr. 20-28) dieses Leitwerks-Design.

4 **Z-37 DM-SNG** (Werk-Nr. 06-11) ca. 1980 in einer »abgespeckten« Bemalung und ausgerüstet mit Sprühanlage.

5 **Z-37A DDR-SWD** (Werk-Nr. 21-039) im Einsatz als Feuerlöschflugzeug Ende der 70er Jahre.

Arbeitsflugzeuge

PZL-106A / AR / BR »Kruk«

Einsatz	1979 bis 1990
Stückzahl	105
Hersteller	Panstwowe Zaklady Lotnicze, Warschau-Okęcie, VR Polen

19**79**

1 PZL-106A DM-TAI (Werk-Nr. 48047) ist im Februar 1980 in dieser Bemalung, die alle »Kruks« trugen, geliefert worden. Montiert ist hier eine Sprühanlage mit Windturbine.

Trotz Verlängerungsmaßnahmen erreichten viele der älteren IF-Landwirtschaftsflugzeuge Z-37 »Čmelák« zum Ende der 70er, Anfang der 80er Jahre ihre Grenznutzungsdauer, ein Ablösetyp musste her. Die Aufgabenteilung im Rahmen des RGW hatte inzwischen die Volksrepublik Polen zum Herstellerland für Agrarflugzeugebestimmt. Die ČSSR, aus der ja die bewährte Z-37 stammte, war nun für Sport-, Reise- und Kleinverkehrsflugzeuge zuständig. In Polen bei WSK Okęcie hatte man aus diesem Grunde die PZL-106 »Kruk« (Rabe) entwickelt. Dieses Flugzeug entsprach in der Grundkonzeption dem modernen Trend für Agrarflugzeuge, d. h. es handelte sich um einen Tiefdecker mit vor dem Cockpit angeordnetem Behälter. Da es also in der ČSSR keinen Nachfolger für die Z-37 mehr gab (das Angebot einer Propellerturbinenversion Z-37T kam erst später), war die Interflug zunächst gezwungen auf die 1977/78 in Produktion gegangene PZL-106A »Kruk« zurückzugreifen. Da die Konstruktion aber noch nicht ausgereift war und die DDR damals praktisch der einzige Exportkunde war, hatten die Techniker, Ingenieure und Piloten der IF, zusammen mit dem Hersteller, noch eine Menge Entwicklungsarbeit zu leisten, um die »Kruk« zu einem effektiven Agrarflugzeug zu machen. In Polen hatte man mit Untersetzungsgetrieben für die Luftschraube eine etwas höhere Zuladung, Lärmminderung und geringeren Kraftstoffverbrauch erreicht. Bei der IF baute man daraufhin einige Maschinen auf die Getriebeversion um und bezeichnete sie als PZL-106AR. Als im August 1984 die Propellerturbinenversion der Z-37 in der DDR offiziell getestet wurde, keimte unter den Agrarfliegern noch einmal Hoffnung auf, vielleicht doch die Z-37T zu erhalten, aber die Führung entschied sich dagegen. Inzwischen war eine neue, völlig überarbeitete Version der »Kruk« entwickelt worden, in die viele Ideen aus der Zusammenarbeit zwischen IF Agrarflug und PZL eingeflossen waren. Diese PZL-106BR hatten von Anfang an das Reduktortriebwerk und ein neu konstruiertes Tragwerk mit kürzeren Streben und verfügten nun auch über Landeklappen. Ab 1987 erfolgte dann der Zulauf von 106BR zum DDR-Agrarflug. Hauptaufgaben der »Kruk« waren Düngung, Schädlingsbekämpfung und Aussaat in der industriellen Landwirtschaft, aber auch Düngung und Schädlingsbekämpfung in der Forstwirtschaft. Durch Unfälle und Havarien gingen zwei Maschinen verloren. Nach der Wiedervereinigung sind fast alle noch vorhandenen »Kruks« in die USA verkauft worden, sie erhielten jedoch kein US-Typenzertifikat und verrotten auf einem Flugplatz in Georgia.

PZL-106A

VERWENDUNGSZWECK	Agrarflugzeug
BESATZUNG	1
SPANNWEITE	15,00 m
FLÜGELFLÄCHE	23,40 m²
LÄNGE	8,55 m
HÖHE	3,32 m
STEIGLEISTUNG	3,0 m/s
LEERMASSE ohne Applikationsanlagen	1703 kg
STARTMASSE max.	2800 kg
HÖCHSTGESCHWINDIGKEIT	230 km/h
ARBEITSGESCHWINDIGKEIT	140 bis 150 km/h
REICHWEITE	450 km
TRIEBWERK	ein 7-Zyl.-Sternmotor PZL-3S
LEISTUNG	441 kW

TECHNISCHE DATEN

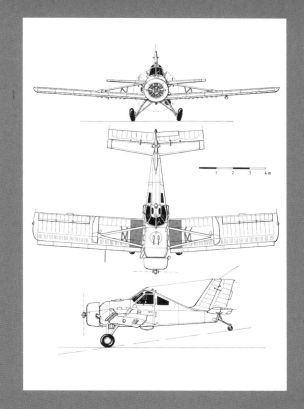

2 **PZL-106BR DDR-TDW** (Werk-Nr. 09870198) ist eine 1988 gelieferte Maschine der neuen Version, hier ausgerüstet mit einer Tunnelstreuanlage.

3 **Die DDR-TAX** (Werk-Nr. 59086) wurde durch Einbau eines Reduktorgetriebes zur PZL-106AR modifiziert. 1983 erhielt sie an Stelle des Hoppers ein zweites Cockpit und diente als Schulflugzeug. Zwei weitere Maschinen sind auf die gleiche Weise umgerüstet worden.

PZL-106BR

VERWENDUNGSZWECK	Agrarflugzeug
BESATZUNG	1
SPANNWEITE	15,00 m
FLÜGELFLÄCHE	31,69 m²
LÄNGE	9,25 m
HÖHE	3,32 m
STEIGLEISTUNG	4,5 m/s
LEERMASSE ohne Applikationsanlagen	1882 kg
STARTMASSE max.	3450 kg
HÖCHSTGESCHWINDIGKEIT	265 km/h
ARBEITSGESCHWINDIGKEIT	150 bis 160 km/h
REICHWEITE	450 km
TRIEBWERK	ein 7-Zyl.-Sternmotor PZL-3SR
LEISTUNG	441 kW

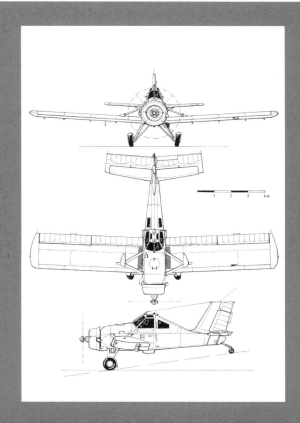

TECHNISCHE DATEN

Arbeitsflugzeuge

PZL M-18A »Dromader«

Einsatz	1985 bis 1990
Stückzahl	58
Hersteller	Panstwowe Zaklady Lotnicze, Mielec, VR Polen

PZL M-18A DDR-TLL (Werk-Nr. 1Z 018-06) – in dieser Bemalung flogen alle »Dromader« bis zum Ende der DDR.

In Anlehnung an die US-amerikanischen Erfolgsmodelle Trush Commander und Snow/Airtractor entwickelte die polnische Luftfahrtindustrie gemeinsam mit Rockwell International das Agrarflugzeug M-18 »Dromader«. Erheblich größer als die »Kruk« fasst der Behälter der M-18 1850 kg gegenüber 1000 kg bei der »Kruk«. Als Antrieb diente der bewährte und ausgereifte An-2-Motor Asch-62IR, und die Luftschraube AW-2-30 entstand ebenfalls aus dem Propeller der An-2. 1978 begann die Serienproduktion, und im Gegensatz zur »Kruk« war die M-18 von Anfang an ein Erfolg. Sie konnte in viele, auch westliche Länder exportiert werden, da deren Bauvorschriften bei der Konstruktion dieses Flugzeugs berücksichtigt worden waren. In der DDR gab es ab 1979 Testeinsätze mit diesem Typ. Aber befriedigende Leistungs- und Qualitätsparameter konnten mit der damals

verwendeten Tunnelstreuanlage US-amerikanischer Herkunft nicht erzielt werden. Innerhalb von zwei Jahren arbeitete PZL in Mielec zusammen mit dem IF Betrieb Agrarflug an einem Modifikationsprogramm, in dessen Rahmen viele Verbesserungen wie:

- Entwicklung und Erprobung einer neuen Tunnelstreuanlage
- Ausstattung des Flugzeugs mit einem Mechanikersitz
- Ausstattung des Flugzeugs mit einer Kabinenheizungsanlage
- Verbesserung der Löschanlage
- Erhöhung der Reichweite
- Erprobung des Flugzeugs in einer Überlastvariante zur Vergrößerung der Chemiekalienzuladung

zur Serienreife geführt wurden. Von 1985 bis 1989 importierte die DDR dann 58 als M-18A bezeichnete Maschinen, die auf den Agrarflugstützpunkten Anklam und Kyritz stationiert wurden. Die »Dromader« mit ihrer großen Kapazität

kamen vorwiegend auf den großen landwirtschaftlichen Flächen in den Bezirken Neubrandenburg und Rostock zum Einsatz. Da sie das 2,5-fache an Nutzlast wie die Z-37 tragen konnte, stieg die Hecktarleistung je Flugstunde, z.B. bei der Düngung, auf das 1,8-fache. Auch der Einsatz von Agrarflugzeugen bei der Forstkalkung und der Waldbrandbekämpfung erlangte in der DDR in den 80er Jahren immer größere Bedeutung. Durch ihre große Kapazität eignete sich die M-18 dafür besonders gut. Eine »Dromader«, die DDR-TLT, hat man 1989 zu einem doppelsitzigen Schulflugzeug umgebaut. Eine Maschine ging durch Unfall verloren, wobei der Pilot ums Leben kam. Alle »Dromader« gingen 1990 an die Interflug-Ausgliederung Flugservice Berlin und wurden dann recht schnell, vorwiegend in die USA, nach Kanada, Australien, Spanien und Portugal verkauft.

PLZ M-18A

VERWENDUNGSZWECK	Agrarflugzeug
BESATZUNG	1
SPANNWEITE	17,70 m
FLÜGELFLÄCHE	40,00 m²
LÄNGE	9,50 m
HÖHE	3,70 m
STEIGLEISTUNG	6,8 m/s
LEERMASSE	2470 kg
STARTMASSE max.	4700 kg
HÖCHSTGESCHWINDIGKEIT	256 km/h
ARBEITSGESCHWINDIGKEIT	170 bis 185 km/h
REICHWEITE	520 km
TRIEBWERK	ein 9-Zyl.-Sternmotor PZL Kalisz / ASch-62IR-M18
LEISTUNG	721 kW

TECHNISCHE DATEN

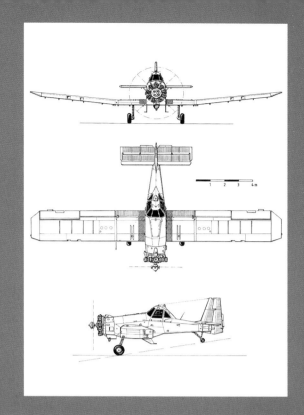

PZL M-18AS DDR-TLT (Werk-Nr. 1Z 019-03) ist 1989 durch Einbau eines zweiten Cockpits an Stelle des Hoppers in ein Schul-flugzeug verwandelt worden.

1 »**Patriot**« trug während der Erprobung keine Registrierung, dafür unter den Tragflächen die Losung: »Verteidigt die Heimat«. Später erhielt er die Registrierung DDR-3000.

2 »**Baby**« **IIb** 1950 unter Trägerschaft der FDJ, eine Registrierung der Segelflugzeuge gab es zu dieser Zeit noch nicht.

Bereits kurz nach der Staatsgründung 1949 veranstaltete die FDJ 1950, im Rahmen ihrer »Interessengemeinschaft für Segelflug«, den ersten Fluglehrer-Lehrgang in Ribnitz-Damgarten. Zum Einsatz kamen zwei aus der Vorkriegszeit gerettete »Babys«, drei SG-38 und ein paar Gummiseile. Am 24. April 1950 startete ein »Baby« IIb zum ersten offiziellen Flug eines DDR-Flugzeugs. Allerdings hatte es schon vorher, sogar wenige Monate nach Kriegsende 1945 in der Sowjetischen Besatzungszone Versuche gegeben, den Flugsport wieder zu beleben. Im August 1945 flog man mit Duldung des örtlichen sowjetischen Kommandanten in Kamenz ein »Baby«, und 1949 startete in Timmenrode ein selbstgebauter Gleiter. Die ersten Flugzeuge, nach der offiziellen Aufnahme des Segelflugsports durch die FDJ, waren einige wenige aus Vorkriegs- und Kriegsbeständen erhalten gebliebene Schulgleiter SG-38, Übungsflug-

flugzeuge Grunau »Baby« IIb und eine »Olympia-Meise«. Doch schon bald wurde neu gebaut. Zwischen 1950 und 1961 fanden mindestens 430 SG-38 Verwendung, die teils durch Eigenbau in den Fluggruppen, aber auch serienmäßig beim VEB NAGEMA Schmiedeberg und Waggonbau Gotha hergestellt wurden. Vom »Baby« IIb wurden in der DDR ab 1950 ebenfalls über 400 Exemplare in Schmiedeberg, Gotha und im neu gegründeten Segelflugzeugwerk Lommatzsch gebaut. Der erste Versuch, einen Schuldoppelsitzer zu entwickeln scheiterte allerdings, der »Patriot« blieb ein Einzelstück. 1952 gründete man in der DDR nach dem Vorbild der sowjetischen DOSAAF die Wehrsportorganisation GST, welche nun die gesamte Segelflugaktivitäten von der FDJ übernahm. Anfangs existierten noch selbstständige Segelfluggruppen der DHfK, der KMU Leipzig und der TH Dresden. Doch bis 1956

waren alle der GST unterstellt worden. Auch an den Dienstorten der VP-Luft bildeten sich ab 1953 Segelflugsportgruppen und nach Gründung der NVA 1956 waren die Armeeflugsportler im ASV »Vorwärts« organisiert. Der Segelflug beim ASV wurde 1964 aufgelöst, die Flugzeuge kamen zur GST. In Lommatzsch nahm man die Produktion der »Olympia-Meise« von 1938 auf, allerdings ohne die Bezeichnung »Olympia«. Ein wichtiger Schritt war der Beginn der Doppelsitzerschulung, der durch den Import von 41 LF-109 »Pionýr« aus der ČSR möglich wurde. Als erste Leistungssegelflugzeuge kamen eine Anzahl tschechoslowakischer »Sohaj 2« und polnischer »Jaskolka« in die DDR. In diesen Anfangsjahren sind auch einige Schulgleitertypen, Doppelsitzer und Leistungsflugzeuge ausländischer Pro-duktion in nur ein oder zwei Exemplaren importiert und erprobt worden.

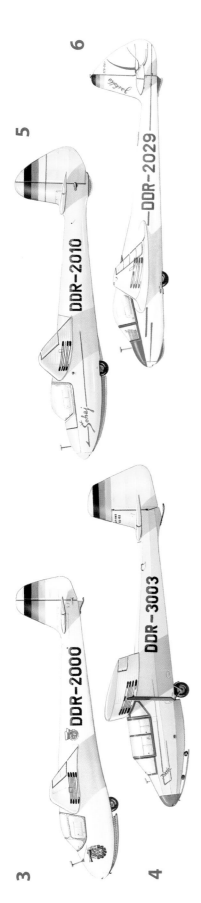

3 Die **IS-2 »Mucha«** DDR-2000 (Werk-Nr. 066) war 1953 ein Geschenk der polnischen Jugendorganisation MZP an die Flugsportler der GST und trug daher das Abzeichen dieser Organisation am Rumpf.

4 **LF-109 »Pionýr«** DDR-3003 (Werk-Nr. 53 139) bildete zusammen mit 40 weiteren ab 1953 den Grundstock für die Doppelsitzerschulung.

5 **»Sohaj« 2** DDR-2010 (Werk-Nr. 234) um 1955, mit diesen ersten Leistungsflugzeugen konnten die GST-Segelflieger schon wettkampfmäßig fliegen.

6 **»Jaskolka«** DDR-2029 (Werk-Nr. 162) kam 1956 in die DDR, diese formschönen und leistungsstarken Flugzeuge galten damals als »Superschiffe«.

Flugzeug typ	Herkunfts-land	Nutzungs-zeitraum	Verwendung	Ge-samt anzahl	Spann-weite (m)	Länge (m)	Flügel-fläche (m²)	Flügel-stre-ckung	Leer-masse (kg)	Zula-dung (kg)	max. Flug-masse (kg)	Flächen-belastung (kg/m²)	Beste Gleit-zahl bei (km/h)	gering. Sinken (m/s) bei (km/h)	Mindest-geschw. (km/h)	max. zuläss. Geschw. (km/h)
SG-38	BRD/DDR	1950-1961	Schulgleiter	435	10,41	6,28	16,00	6,76	110	100	210	12,20	10 bei 52	1,30 bei 48	40	115
Baby IIb	BRD/DDR	1950-1979	Übungsflug-zeug	396	13,50	6,15	14,20	12,80	160	90	250	17,60	17 bei 60	0,90 bei 50	50	160
Patriot	DDR	1952-1961	Schul-doppelsitzer	1	18,00	7,90	-	-	-	-	-	-	-	0,70 bei 75	50	-
IS-2 Mucha	Polen	1953-1961	Leistungs-flugzeug	1	15,00	6,80	15,00	15,00	170	90	260	17,30	23 bei 63	0,68 bei 55	40	225
LF-109 Pionýr	ČSSR	1953-1965	Schul-doppelsitzer	41	13,47	7,77	20,20	9,00	250	190	440	20,00	18 bei 68	1,05 bei62	55	140
LG-125 Sohaj 2	ČSSR	1953-1963	Leistungs-flugzeug	12	15,00	7,13	14,00	15,00	190	105	295	21,00	25 bei66	0,72 bei67	54	180
Meise	BRD/DDR	1954-1977	Übungs- u. Leistungsflgz.	155	15,00	7,27	15,00	15,00	205	95	300	20,00	25 bei 80	0,80 bei 68	55	200
Zlin Z-23 Honza	ČSSR	1954-1955	Schulgleiter	2	10,00	6,37	14,60	7,00	95	85	180	12,30	10 bei ??	1,20 bei ??	42	90
VOX-1	DDR	1954-1955	Experimen-talflugzeug	1	14,30	6,40	12,00	-	70	-	-	9,30	-	-	-	-
SZD-12 Mucha 100	Polen	1954-1968	Leistungs-flugzeug	3	15,00	7,00	15,00	15,00	195	95	290	19,40	24 bei 70	0,76 bei 62	55	220

Segelflugzeuge

Vom »Lehrmeister« zum »Favorit«

FES-530 »Lehrmeister« DM-3081 (Werk-Nr. 0081) der ersten Version mit abgestrebtem 17,00 m Tragwerk.

1954 war der Segelflugzeugbau der DDR von Gotha zum VEB Apparatebau Lommatzsch bei Dresden verlagert worden. In dieser Zeit schuf man in Eigenentwicklung den modernen Schuldoppelsitzer FES-530 »Lehrmeister« und begann 1955 dessen Serienfertigung als Ablösemuster für den »Pionýr«. Vom »Lehrmeister« entstanden 223 Flugzeuge in drei Versionen mit unterschiedlichem Tragwerk. Mit diesem Flugzeugtyp erreichte man eine flächendeckende Doppelsitzerschulung, und der Segelflug entwickelte sich zum echten Breitensport. Waren beim ersten DDR-Segelflugwettkampf 1957 noch »Meise«, »Jaskolka« und »Sohaj« die vorwiegend verwendeten Flugzeugtypen, so konnte bei den ersten offiziellen DDR-Meisterschaften 1959 schon die Eigenkonstruktionen Lom-57 und -58 »Libelle« eingesetzt werden. Von der »Libelle« sind 113 Exemplare in drei Hauptversionen mit 16,5 m

Tragwerk, mit 15 m Standard-Tragwerk und mit 16,5 m Laminarprofilflügel gebaut worden. Für das Training der Leistungssportler kamen neun Doppelsitzer SZD-9 »Bocian« 1C/D aus Polen und später noch drei Ganzmetalldoppelsitzer L-13 »Blanik« aus der ČSSR zum Einsatz. Ebenfalls aus der ČSSR sind zwei Exemplare einer Weiterentwicklung der »Sohaj« 2, die VT-125 »Sohaj« 3, 1957 importiert worden, währen zwei Spezialsegelflugzeuge IS-4 »Jastrzab« für höheren Kunstflug aus Polen beschafft wurden. Unter der Bezeichnung Lom-59 »Lo-Meise« brachten die Lommatzscher Flugzeugbauer 1960 eine modernisierte Weiterentwicklung der »Meise« heraus, von der jedoch nur noch vier Stück gebaut wurden. Das letzte Segelflugzeug, das vor der völligen Einstellung des Flugzeugbaus in der DDR noch entwickelt und in nur fünf Exemplaren gebaut wurde, war die Lom-61 »Favorit«. Mit

diesem Hochleistungssegler hatten die Lommatzscher nochmals alle Register der Holzbauweise gezogen und ein Flugzeug der Standardklasse geschaffen, mit dem viele Rekorde erflogen werden konnten. Rund 80 Segelflugzeuge fast aller vorhandenen Typen umfasste der Flugzeugpark der Armeeflugsportler des ASV »Vorwärts« von 1953 bis 1964. Diese Flugzeuge waren zivil registriert und sind nach 1964 in den Bestand der GST eingegliedert worden. In diese Periode fällt auch die Entwicklung und der Bau von drei leichten Motorseglern La-16V1, V2 und La17 an der Luftfahrtfakultät der TH Dresden unter Leitung von Prof. Landmann. Diese Maschinen blieben aber experimentelle Einzelexemplare. Eine etwas kuriose Episode in dieser Zeit war das experimentelle, muskelkraftgetriebene Schwingenflüglerflugzeug VOX-1, das 1954/55 erprobt wurde.

Flugzeug typ	Herkunfts- land	Nutzungs- zeitraum	Verwen- dung	Ge- samt anzahl	Spann- weite (m)	Länge (m)	Flügel- fläche (m²)	Flügel- stre- ckung	Leer- masse (kg)	Zula- dung (kg)	max. Flug- masse (kg)	Flächen- belastung (kg/m²)	Beste Gleit- zahl bei (km/h)	gering. Sinken (m/s) bei (km/h)	Mindest- geschw. (km/h)	max. zuläss. Geschw. (km/h)
Z-03 Ifjusag	Ungarn	1955-1961	Schuldop- pelsitzer	1	15,00	7,50	18,80	12,20	290	180	470	24,70	22 bei 80	1,00 bei 72	56	200
SZD-8 Jaskolka	Polen	1955-1973	Leistungs- flugzeug	14	16,00	7,42	13,60	18,80	255	100	355	26,20	26 bei 80	0,76 bei 68	60	200
SZD-9 Boci- an 1 C/D	Polen	1955-1977	Übungs- u. Leistungs-Ds.	9	18,10	8,20	20,00	16,20	326	170	525	26,20	25 bei 80	0,82 bei 80	60	180
FES-530 Lehrmeister	DDR	1955-1980	Schul- doppelsitzer	100	17,00	7,95	19,00	12,50	270	200	470	26,20	24 bei 85	0,85 bei 72	58	200
FES-530/I Lehrmeister	DDR	1958-1977	Schul- doppelsitzer	22	17,00	7,95	19,00	15,20	280	200	480	25,30	26 bei 78	0,80 bei 74	58	200
FES-539/II Lehrmeister	DDR	1959-1980	Schul- doppelsitzer	101	15,00	7,95	17,93	12,50	270	200	470	26,20	23 bei 78	0,95 bei72	58	200
Rubik R-16 Lepke	Ungarn	1956-1960	Schulgleiter	1	10,10	5,90	10,06	6,24	142	90	232	10,60	14 bei 60	0,95 55	40	110
IS-4 Jastrzab	Polen	1956-1977	Spezialkunst- flugzeug	2	12,00	6,25	13,75	10,40	255	85	340	24,80	19 bei 82	1,08 bei 73	62	450
VT-125 Sohaj 3	ČSSR	1957-1967	Leistungs- flugzeug	2	15,60	7,15	14,22	17,10	215	110	325	22,80	25 bei 66	0,82 bei 68	54	180
La-16V-2 Heidelerche	DDR	1958-1976	Motorsegler (14,4 kW)	1	12,50	6,50	12,50	-	197	-	294	-	19 bei 63	-	-	150
La-17	DDR	1959-1961	Motorsegler (14,4 kW)	1	13,00	7,67	20,40	8,30	250	170	420	20,60	13 bei ?	1,57 bei	-	-
Lom-57/I Libelle	DDR	1959-1980	Leistungs- flugzeug	24	16,50	6,60	18,35	18,35	230	170	330	22,20	31,5 bei 78	0,66 bei 68	50	200
Lom-58/I Libelle Standard	DDR	1959-1989	Leistungs- flugzeug	67	15,00	6,60	13,76	16,35	210	90	300	21,80	28,5 bei 78	0,73 bei 74	50	200
Lom-58/ II Libelle Laminar	DDR	1961-1984	Leistungs- flugzeug	22	16,50	6,60	14,85	18,35	270	110	380	25,60	36 bei 88	0,65 bei 76	62	200
Let L-13 Blanik	ČSSR	1960-1990	Übungs- u. Leistungs-Ds	3	16,20	8,40	13,76	13,70	292	208	500	26,00	28 bei 90	0,82 bei 85	58	240
Lom-59 Lo- Meise	DDR	1961-1979	Übungsflug- zeug	4	15,00	7,30	14,85	15,00	210	110	320	21,30	26 bei 74	0,75 bei 66	58	200

Segelflugzeuge

Vom »Lehrmeister« zum »Favorit«

1

2

1 **Lom-58/II »Libelle-Laminar« DM-2650** (Werk-Nr. 067) des ASV »Vorwärts« 1962 rot- und silberfarben. Die Tragflächen der meisten »Laminar-Libellen« waren übrigens mit Metallfolie überzogen, um eine bessere Profiltreue zu erreichen.

2 **Lom-61 »Favorit« DM-2704** (Werk-Nr. 0704), letztes Exemplar des letzten in der DDR produzierten Segelflugzeugtyps. Das Flugzeug existiert noch in nicht flugfähigem Zustand für Museumszwecke restauriert.

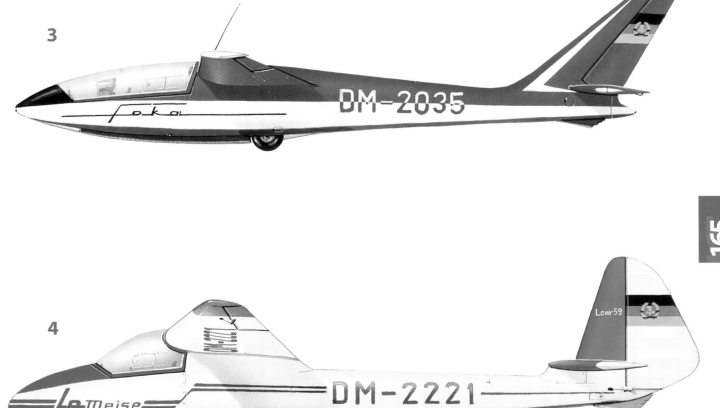

3 **SZD-24C »Foka« 4 DM-2035** (Werk-Nr. W147) kam 1962 als erste dieses Typs in die DDR und wurde 1983 aus dem Register gelöscht.

4 **Lom-59 »Lo-Meise« DM-2221** (Werk-Nr. 002) 1986 mit nachträglich hinzugefügten roten Kontrastflächen für bessere Erkennbarkeit im Luftraum.

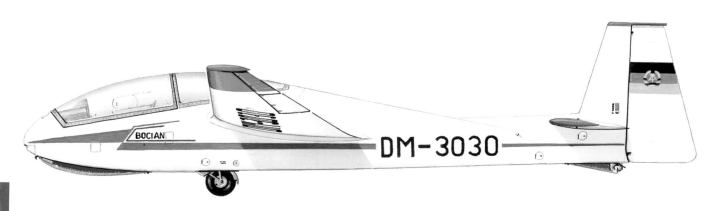

SZD-9bis »Bocian« 1E DM-3030 (Werk-Nr. P454) flog wie die meisten seines Typs in diesem Einheitsfarbdesign.

Mit der großen Zahl der zwischen 1954 und 1962 ausgelieferten Segelflugzeuge »Baby« IIb, »Meise«, »Lehrmeister« und »Libelle« war der Bedarf für längere Zeit gedeckt und eine solide Grundlage an Flugzeugtechnik an allen GST- Segelflugplätzen geschaffen. Im Zusammenhang mit der Einstellung der DDR-Flugzeugindustrie war aber auch der DDR-Segelflugzeugbau liquidiert worden. Für einige Jahre erfolgten im VEB Apparatebau Lommatzsch noch Reparaturen und Hauptinstandsetzungen der GST Segelflugzeuge, die Hauptproduktion bestand jedoch aus anderen Industrie- und Konsumgütern. Ende der 60er Jahre musste aber mit der Ablösung der in die Jahre gekommenen Schul- und Übungsflugzeuge »Baby« IIb, »Meise« und »Lehrmeister« begonnen werden. Mangels Alternativen war man jetzt ausschließlich auf Importe angewiesen. Da der polnische Flugzeugbau sich zum führenden Produzenten

von Segelflugzeugen im damaligen sozialistischen Lager entwickelt hatte, kamen die Importe nur noch von dort. Als Übungs- und Leistungsflugzeug kam der vielseitig einsetzbare SZD-30A »Pirat« ab 1967 zur GST. Von dieser fortschrittlichen Holzkonstruktion hat man 215 Stück importiert plus 1978 noch zwei Exemplare der verbesserten Version SZD-30C. Die Schuldoppelsitzer FES-530 »Lehrmeister« ersetzte man ab 1969 schrittweise durch den SZD-9bis »Bocian« 1E. Hierbei handelte es sich um eine zum Schuldoppelsitzer weiterentwickelte Version des ehemaligen Leistungsdoppelsitzers SZD-9 »Bocian«. Von diesem ebenfalls noch in Holzbauweise gefertigten »Bocian« 1E erhielt die GST 156 Stück. Mit den wenigen »Laminar-Libellen« und Lom-61 »Favorit« aus der ehemaligen DDR Produktion sowie den polnischen SZD-24-4 »Foka« 4 standen den

Piloten der GST für internationale Wettbewerbe durchaus konkurrenzfähige Flugzeuge zur Verfügung. Dazu kam die SZD-32 »Foka« 5, eine Weiterentwicklung der »Foka« 4, die von der GST ab 1969 in 33 Exemplaren beschafft wurde. Die Wettbewerbsfähigkeit hielt jedoch nur für kurze Zeit, denn international begann sich die Glasfaserbauweise bei den Hochleistungsflugzeugen durchzusetzen. Doch die polnische Industrie konnte noch keine Flugzeuge in der neuen Bauweise liefern. Sie hatte als Übergangslösung mir der SZD-36 »Cobra« 15 eines der schönsten und leistungsfähigsten Segelflugzeuge in klassischer Holzbauweise geschaffen, von denen ab 1972 14 Stück in die DDR kamen. Viele der in dieser Phase eingeführten Segelflugzeuge dienten bis zum Ende der GST und der DDR, einige sind noch heute im Einsatz.

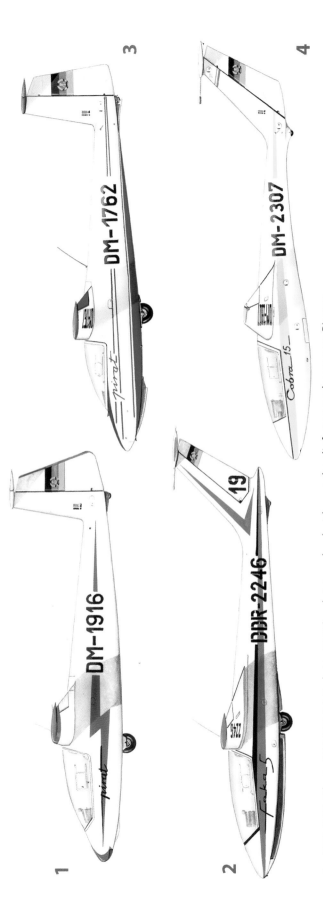

1 SZD-30C »Pirat« DM-1916 (Werk-Nr. P809) gehört zu den beiden nachgelieferten verbesserten Piraten.
2 SZD-32A »Foka« 5 DDR-2246 (Werk-Nr. W485) im weiß, blau und schwarzen Farbschema, das die meisten Flugzeuge dieses Typs trugen.
3 SZD-30A »Pirat« DM-1762 (Werk-Nr. B-365) war eines der vielen farbig gestalteten Exemplare, andere waren schlicht weiß mit dünnen Zierstreifen.
4 SZD-36 »Cobra« 15 DM-2307 (Werk-Nr. W628) zeigt in sehr eleganten Linien noch deutlich die Abstammung von der Foka-Typenreihe.

Flugzeugtyp	Herkunftsland	Nutzungszeitraum	Verwendung	Gesamtanzahl	Spannweite (m)	Länge (m)	Flügelfläche (m²)	Flügelstreckung	Leermasse (kg)	Zuladung (kg)	max. Flugmasse (kg)	Flächenbelastung (kg/m²)	Beste Gleitzahl bei (km/h)	gering. Sinken (m/s) bei (km/h)	Mindestgeschw. (km/h)	max. zuläss. Geschw. (km/h)
SZD-24C Foka 4	Polen	1962-1990	Leistungsflugzeug	30	14,98	7,00	19,15	18,50	237	85	322	26,80	34 bei 68	0,66 bei 75	62	250
Lom-61 Favorit	DDR	1963-1989	Leistungsflugzeug	5	15,00	6,84	15,00	18,15	225	110	335	27,00	38 bei 95	0,60 bei 76	70	220
SZD-30A Pirat	Polen	1967-1990	Übungs- u. Leistungsflgz	215	15,00	6,68	13,80	16,30	260	110	370	26,80	31 bei 82	0,70 bei 75	60	240
SZD-9bis Bocian 1 E	Polen	1969-1990	Schuldoppelsitzer	156	17,80	8,20	20,00	16,20	360	180	540	27,00	26 bei 80	0,82 bei 71	60	200
SZD-32 Foka 5	Polen	1969-1990	Leistungsflugzeug	33	15,00	7,20	12,20	18,50	255	129	385	31,50	34 bei 86	0,62 bei 71	68	250
SZD-36 Cobra 15	Polen	1972-1990	Leistungsflugzeug	14	15,00	6,98	11,60	19,40	257	130	385	29,00	38 bei 97	0,68 bei 73	67	250
SZD-30C Pirat	Polen	1978-1990	Übungs- u. Leistungsflgz	2	15,00	6,92	13,80	16,30	255	110	365	26,80	34 bei 84	0,70 bei 75	60	250

Segelflugzeuge

Polnische Bernsteine, Eulen und andere

1977 1990

SZD-50-3 »Puchacz« DDR-3653 (Werk-Nr. B 1537) die letzten und modernsten Schuldoppelsitzer der DDR-Segelflieger eigneten sich auch gut für Leistungsflugtraining sowie für Streckenflüge und wurden auch zu Doppelsitzer-Wettkämpfen eingesetzt.

Die letzten Segelflugzeuge aus DDR-Produktion verschwanden, bis auf einzelne Exemplare, von den Flugplätzen. In den Jahren 1977/78 wurden die letzten 30 »Baby« IIb und 25 Meisen außer Dienst gestellt und bis 1980 verschwanden auch die letzten Doppelsitzer »Lehrmeister« vom Himmel. Die GST schaffte 1976 14 Motorsegler des Typs SZD-45A »Ogar« (Windhund) an. Motorsegler hatte es in der DDR, von den drei Landmann-Versuchsmustern abgesehen, nie gegeben, und auch in den anderen sozialistischen Ländern spielten sie kaum eine Rolle. Eingesetzt wurden die »Ogar« in der GST kaum zur fliegerischen Grundausbildung, mehr zu Überprüfung- und Streckeneinweisungsflügen. Die Segelflugleistungen erwiesen sich dabei allerdings als wenig beeindruckend. Die polnischen Flugzeugbauer hatten es 1973 mit dem SZD-38 »Jantar« geschafft, den Anschluss an den internat-

ionalen Stand des GFK-Segelflugzeugbaus herzustellen. Die GST importierte ab 1974 insgesamt zehn Maschinen der Versionen »Jantar«, »Jantar 2« und 2B. Von der Version des »Jantar-Standard«, und »Jantar-Stand-ard 2« erhielten die GST-Flieger ab 1976 14 Exemplare. Die letzte Anschaffung aus der »Bernstein«-Reihe tätigte die GST noch im letzten Jahr ihrer Existenz 1990 mit der Übernahme von fünf Maschinen einer nochmals verbesserten Version »Jantar-Standard 3«. Auch der stark strapazierte Park der Ausbildungsflugzeuge verlangte Ende der 70er, Anfang der 80er Jahre nach Erneuerung. Bei den intensiv für den Schulbetrieb genutzten Doppelsitzern »Bocian« 1E waren im Laufe der Zeit mindestens zehn durch Unfälle und Havarien verloren gegangen und ab 1983 mussten die ersten Exemplare wegen erreichen der Nutzungsdauer abgeschrieben werden.

Als Nachfolgemuster entschied sich die Führung der GST für den polnischen GFK-Doppelsitzer SZD-50-3 »Puchacz« (Eule). Zwischen 1983 und 1986 kamen 62 Exemplare in die DDR. Wegen der GFK-Bauweise war der »Puchacz« natürlich ein sehr kostspieliges Schulflugzeug, entschädigte aber durch sehr gute Flugeigenschaften und -leistungen. Als Ablösetyp für die Schul- und Leistungsflugzeuge »Pirat« fiel Ende der 80er Jahre die Wahl auf den SZD-51 »Junior«. 1987 beschaffte man zunächst ein Exemplar zur Erprobung und im März 1990 sieben weitere, die zusammen mit den fünf »Jantar-Standard 3«, als letzte Importe aus den RGW Staaten in die DDR kamen.

Segelflugzeuge

Polnische Bernsteine, Eulen und andere

Flugzeug typ	Herkunfts-land	Nutzungs-zeitraum	Verwendung	Ge-samt anzahl	Spann-weite (m)	Länge (m)	Flügel-fläche (m²)	Flügel-stre-ckung	Leer-masse (kg)	Zula-dung (kg)	max. Flug-masse (kg)	Flächen-belastung (kg/m²)	Beste Gleit-zahl bei (km/h)	gering. Sinken (m/s) bei (km/h)	Mindest-geschw. (km/h)	max. zuläss. Geschw. (km/h)
SZD-38A Jantar 1	Polen	1974-1990	Hochleis-tungsflug-zeug	5	19,00	7,20	13,38	27,00	290	125	520	39,00	47 bei 97	0,50 bei 75	65	250
SZD-42-1 Jantar 2	Polen	1977-1990	Hochleis-tungsflug-zeug	1	20,50	7,11	14,25	29,20	343	120	580	30 bis 40	48 bei 90	0,46 bei 75	65	250
SZD-42-2 Jantar 2B	Polen	1979-1990	Hochleis-tungsflug-zeug	4	20,50	7,18	14,25	29,20	362	125	649	30 bis 45	50 bei 103	0,46 bei 80	65	250
SZD-41-A Jantar-Standard	Polen	1975-1990	Hochleis-tungsflug-zeug	10	15,00	7,10	10,66	21,10	245	114	460	30 bis 41	40 bei 105	0,60 bei 78	70	245
SZD-48-1 Jantar-Standard 2	Polen	1979-1990	Hochleis-tungsflug-zeug	4	15,00	6,70	10,65	21,10	265	120	535	34 bis 48,8	40 bei 110	0,65 bei 78	72	280
SZD-48-3 Jantar-Stan-dard 3	Polen	1990-1990	Hochleis-tungsflug-zeug	5	15,00	6,85	10,66	21,10	274	120	540	34 bis 50,6	40 bei 95	0,60 bei 75	66	285
SZD-45A Ogar	Polen	1976-1990	Motorseg-ler (44 kW Motor)	14	17,50	7,95	19,10	16,00	470	230	700	36,60	21 bei 95	1,10 bei 85	70	180
SZD-50-3 Puchacz	Polen	1983-1990	Schul- und Leistungs-doppelsitzer	62	16,67	8,38	18,16	15,30	370	180	550	30,00	30 bei 85	0,70 bei 75	60	215
SZD-51-1 Junior	Polen	1987-1990	Übungs- und Leistungs-flugzeug	8	15,00	6,70	12,50	18,00	240	110	380	30,00	35 bei 75	0,85 bei 80	60	220

Segelflugzeuge

Polnische Bernsteine, Eulen und andere

1

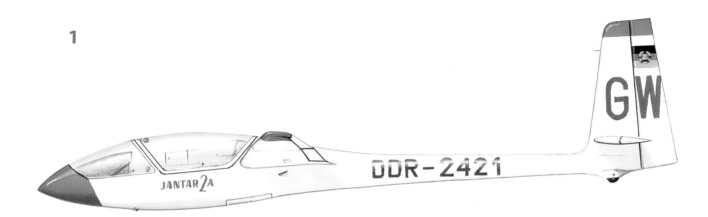

2

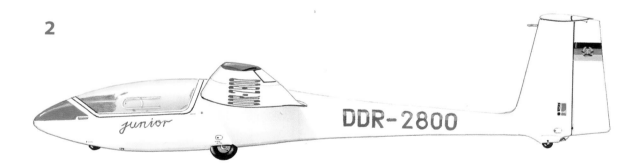

1 **SZD-42-1 »Jantar« DDR-2421**(Werk-Nr. B 778) war das einzige Exemplar dieser Version in der GST. Mit 130 l Wasserballast konnte eine Gleitzahl von 47 erreicht werden.

2 **SZD-51-1 »Junior« DDR-2800** (Werk-Nr. W 961) war 1987 das erste eingeführte Exemplar dieses Typs. Die Entscheidung für weitere Maschinen ist, vermutlich wegen der zunehmenden Knappheit der Finanzen, lange hinausgeschoben worden.

3

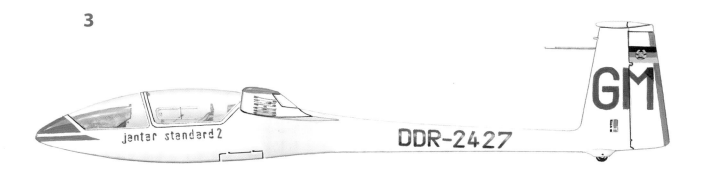

jantar standard 2

DDR-2427

GM

4

OGAR

DM-3506

3 **SZD-48 »Jantar-Standard 2« DDR-2427** (Werk-Nr. W 855) – bei den modernen GFK-Segelflugzeugen waren mehrfarbige Lackierungen aus material- und fertigungstechnischen Gründen nicht mehr üblich.

4 **SZD-45A »Ogar« DM-3506** (Werk-Nr. B-653) sind entweder in roter oder blauer Rumpfbemalung geliefert worden. Die Zulassung des »Ogar« für einfachen Kunstflug, die zunächst bestanden hatte, wurde 1986 nach einem tödlichen Unfall gestrichen.

Chronik

Mai bis August 1945 – Schon kurz nach dem Ende des Zweiten Weltkrieges gibt es mit SG-38 und »Baby« II erste Segelflugaktivitäten in Kamenz unter der Obhut sowjetischer Truppen, um Jugendliche sinnvoll zu beschäftigen.

07.08.1945 – Nach Inkrafttreten des Potsdamer Abkommens werden alle Aktivitäten eingestellt, da die Siegermächte jegliche Fliegerei in Deutschland verbieten.

30.11.1945 – Für Flüge nach Berlin werden die Alliierten Luftkorridore von Hamburg, Bückeburg und Frankfurt festgelegt.

26.06.1948 bis 12.05.1949 – Berlinblockade, der Westteil der Stadt wird über eine Luftbrücke der West-Alliierten versorgt.

1949 – Illegale Segelflugaktivitäten in Thale mit Duldung des sowjetischen Generaldirektors des Eisenhüttenwerkes. Es kommt sogar zum Bau eines eigenen Flugzeuges, das dann jedoch beschlagnahmt wird.

29.08.1949 – Eine DC-3 der ČSA eröffnet den Messeflugverkehr zur Herbstmesse nach Leipzig- Moskau.

05.09.1949/07.10.1949 – Gründung der Bundesrepublik Deutschland/der DDR.

30.03.1950 – Modellflug, Bau und Betrieb von Segelflugzeugen und Flugplätzen wird wieder zugelassen. In der DDR übernimmt die FDJ die Trägerschaft der Interessengemeinschaften Segelflug und Modellflug. Erste Flüge mit einer Olympia-»Meise« in Riesa-Canitz.

31.10.1950 – Bei der Hauptverwaltung Ausbildung (HVA) des Ministeriums des Innern (MdI) wird das Referat z.b.V. (Luft) gebildet. Es besteht Ende 1950 aus 26 Mann.

25.04.1950 – Karl Liebeskind erhebt sich mit einem Segler »Baby« IIb von einem kleinen Hang am Fluggelände Püttnitz in zehn m Höhe und vollführt damit den ersten offiziellen Start mit einem Segelflugzeug nach dem Zweiten Weltkrieg in Ostdeutschland. Dieses Datum gilt in der DDR als Beginn des Flugsports.

15.02.1952 – In Pirna beginnt ein Vorbereitungslehrgang für Fachlehrer Fliegertechnik (Lehrgang 400) und in Pinnow einer für MiG-15-Piloten (200, auch Lehrgang X).

29.04.1952 – Sowjetische MiG-15 beschießen bei Könnern (Sachsen-Anhalt) eine DC-4 der Air-France, die den Luftkorridor nach Berlin verlassen hat.

16.06.1952 – Der Minister des Innern der DDR, Willi Stoph, befiehlt die Schaffung des Vorläufers der NVA. Die Kasernierte Volkspolizei (KVP) unter Generalinspekteur Heinz Hoffmann soll dem Aufbau militärischer Formationen zu Land, zur See und in der Luft dienen.

01.07.1952 – Umbenennung der HVA in KVP sowie Bildung der VP-Luft unter Generalinspekteur der VP Heinz Kessler.

07.08.1952 – Gründung der Gesellschaft für Sport und Technik (GST). Diese übernimmt den Segelflugsport von der FDJ. Die Segelflugzeuge tragen eine schwarz-rot-goldene Flagge am Leitwerk und werden mit DDR-… registriert.

25.09.1952 – In Sysran an der Wolga/Sowjetunion findet der sogenannte Lehrgang X für 271 zukünftige Militärpiloten der DDR statt. Er dauert nur bis Oktober 1953. Eine MiG-15-Ausbildung erfolgt nicht mehr.

01.10.1952 – Der erste Flugbetrieb zur Pilotenausbildung der VP-Luft beginnt in Cottbus: (1. Jagdfliegerregiment), Bautzen (2.) und Kamenz (3.) mit sowjetischen Ausbildungsflugzeugen Jak-18 und Jak-11.

07.10.1952 – Befehl zur Einführung militärischer Dienstgrade in der KVP.

Ende 1952 – Der Gesamtbestand der KVP wächst auf über 90 000 Mann, davon sind rund 5000 bei der VP-Luft. Die ersten eigenen Maschinen der DDR sind die An-2 ›801‹ und ›802‹, welche bis zum Ende der DDR im Einsatz sind.

01.01.1953 – Gründung der Aktiengesellschaft Luftag in der Bundesrepublik Deutschland.

12.03.1953 – Durch sowjetische Jagdflugzeuge wird an der Elbe, 120 km tief im Territorium der DDR, eine Avro Lincoln abgeschossen.

März 1953 – Ende März absolviert die möglicherweise einzige Militärpilotin, Iris Wittig, ihren ersten Flug mit einer MiG-15U. Im August 1954 stürzt sie mit einer Jak-18 ab, und wird dabei schwer verletzt.

April 1953 – Erste MiG-15 werden an die DDR nach Cottbus geliefert.

17.06.1953 – Streik und Umsturzversuch in der DDR, danach werden vorsorglich 106 MiG-15 und neun Jak-11 wieder an die Sowjetunion zurückgegeben.

August 1953 – Schaffung eines Hauptstabes der KVP. Generalleutnant Heinz Hoffmann werden die KVP, VP-See und die VP-Luft unterstellt.

14.09.1953 – Dieses Datum gilt für den ersten offiziellen Flugbetrieb der KVP/VP-Luft.

23.09.1953 – Die VP-Luft wird in »Verwaltung der Aeroklubs« (VdAK) umbenannt. Ende 1953 verfügt diese über je 35 Jak-18 und Jak-11, sowie 5500 Mann.

24.04.1954 – Die UdSSR verkündet die volle Souveränität der DDR.

06.08.1954 – In der Bundesrepublik Deutschland wird die Luftag zur Deutschen Lufthansa AG.

30.11.1954 – Das Gesetz über das Luftfahrt-Bundesamt wird in der Bundesrepublik beschlossen.

Ab 1955 – In Deutschland Ost und West dürfen wieder Motorflugzeuge betrieben werden. Diese werden im Osten Deutschlands nun auch mit DDR-… registriert. Am Leitwerk tragen sie die schwarz-rot-goldene Flagge mit den zusätzlichen Buchstaben »DDR« darunter.

01.04.1955 – Innerhalb der Bundesrepublik beginnt die Deutsche Lufthansa AG mit dem Probeflugverkehr.

15.04.1955 – Der »Warschauer Vertrag«, ein Verteidigungsbündnis zwischen den sozialistischen Staaten UdSSR, Polen, ČSSR, DDR, Bulgarien, Ungarn, Rumänien und Albanien, wird geschlossen.

01.05.1955 – In der DDR wird die Deutsche Lufthansa als Fluggesellschaft gegründet. Sie untersteht dem Ministerium des Innern.

16.09.1955 – Die IL-14 DDR-ABA startet mit einer sowjetischen Besatzung zu ihrem ersten offiziellen Flug. Diese IL-14 war am 01.07.1955 eingetroffen.

10.01.1956 – Das Patentamt der DDR empfiehlt den Direktoren der DDR-Lufthansa in einer mündlichen Aussprache den Namen zu ändern, da die AG der Bundesrepublik die älteren Rechte hätte. Diese lehnen jedoch ab.

04.02.1956 – In der DDR nimmt die Deutsche Lufthansa den planmäßigen Luftverkehr auf.

01.03.1956 – Gründung der Nationalen Volksarmee (NVA). Insgesamt stehen rund 100 000 Mann unter Waffen, die bis Juni auf 90 000 reduziert werden. Die Luftstreitkräfte sind mit Jak-18 und Jak-11 ausgerüstet.

01.07.1956 – Die 1. Fliegerdivision, später 1. Jagdfliegerdivision, entsteht aus Einheiten des 1. Aeroklubs der KVP.

05.08.1956 – Erstes Manöver der NVA- Luftstreitkräfte (LSK).

01.09.1956 – Generalmajor Heinz Kessler wird Chef der LSK, ihm unterstehen rund 10 000 Mann.

26.09.1956 – Die 3. Fliegerdivision, später 3. Jagdfliegerdivision, entsteht aus Einheiten des 2. Aeroklubs der KVP. Der Standort ist Drewitz bei Cottbus.

September 1956 – An den LSK- Flugzeugen wird der Rhombus in Schwarz-Rot-Gold, noch ohne Emblem, angebracht.

1956 – Beginn des Schulbetriebes mit Motorflugzeugen bei der GST. Die Registrierung der motorgetriebenen Flugzeuge wird auf DM-… umgestellt, später auch die der Segelflugzeuge.

Oktober 1956 – Sowjetische Fluglehrer schulen erstes NVA-Personal auf dem Strahljagdflugzeug MiG-15bis.

31.12.1956 – Die KVP wird »offiziell« aufgelöst.

1955/56 – In dieser Zeit beginnt der Aufbau einer eigenen Flugzeugindustrie der DDR mit den Zentren in Dresden, Schkeuditz, Pirna, Lommatzsch und Karl-Marx-Stadt. Zunächst erfolgt neben Entwicklung und Bau von Segelflugzeugen der Nachbau der Iljuschin IL-14P. Parallel dazu verlaufen die Entwicklung und Bau des ersten TL- Verkehrsflugzeugs 152 unter Brunolf Baade.

16.02.1957 – 10 000 Mitglieder der GST, darunter 1530 Flugsportler, sollen sich freiwillig für den Dienst in der NVA gemeldet haben, erklärt der Vorsitzende des Zentralvorstandes (ZV) Richard Staimer.

13.03.1957 – Gerhard Fries ist der erste DDR-Kommandant in einer Lufthansa-Maschine. Der Flug seiner IL-14 geht nach Moskau.

01.05.1957 – Das Kommando Luftstreitkräfte/Luftverteidigung (LSK/LV) wird gebildet und übernimmt schrittweise den Schutz des Luftraums der DDR.

01.05.1957 – Während der Maidemonstration überfliegen MiG-15 in Kettenformation Dresden. Diese erste öffentliche Präsentation der NVA-Luftstreitkräfte führt Oberstleutnant Reinhold – später Chef der LSK/LV.

16.06.1957 - Der Inlandsluftverkehr wird in der DDR aufgenommen.

Ende 1957 – In der DDR verfügt die Deutsche Lufthansa über zwölf IL-14 und eine Aero 45.

08.09.1958 – Gründung einer zweiten Fluggesellschaft in der DDR. Sie erhält den Namen Interflug und soll vorwiegend Flüge in das westliche Ausland durchführen.

04.03.1959 – Der erste Prototyp des deutschen TL- Verkehrsflugzeuges 152 stürzt ab.

Ab Oktober 1959 – Einführung des Hammer-Zirkel-Ährenkranz-Emblems in die DDR-Flagge und des schwarz-rot-goldenen Rhombus. Wegfall der Buchstaben »DDR« unter der Flagge an den Flugzeugen.

13.08.1961 – Bau der Berliner Mauer

20.10.1961 – Der Stab der 3. Jagdfliegerdivision wird nach Trollenhagen bei Neubrandenburg verlegt.

1961 – Die Flugzeugindustrie der DDR wird eingestellt.

1958 bis 1965 – Laufend kommt es zu »Luftzwischenfällen« durch Grenzverletzungen oder Abweichen von den Luftkorridoren. Den Waffeneinsatz oder das Zwingen zur Landung übernehmen in der Regel sowjetische Jagdfliegerkräfte, die auf dem Boden der DDR stationiert sind.

Ab Dezember 1961 – Aus den Flieger- und Flakdivisionen der LSK/LV werden Luftverteidigungsdivisionen.

24.01.1962 – Die DDR-Volkskammer beschließt das Wehrpflichtgesetz.

01.05.1962 – Auf der Mai-Parade der NVA werden erstmals Luftabwehrraketen (SAM-2 Guideline) gezeigt.

20.06.1962 – Erster Start einer MiG-21F-13 der NVA beim JG-8 Marxwalde. Bis zum Ende der NVA ist dieser Typ und seine Weiterentwicklungen das »Arbeitspferd« der LSK/LV.

18.08.1962 – Es kommt zur ersten »Feindberührung« durch eine Sea Hawk der Bundesmarine. Die Maschine kam von einer SATS-Katapultstarterprobung per Schiff aus den USA nach Gibraltar. Auf der Strecke Bordeaux – Jagel verfliegt sie sich in den Raum Eisenach-Mühlhausen. Im DDR-Luftraum wird sie von MiG 21(?) der sowjetischen Jagdfliegerkräfte beschossen. Sie kann mit Beschussschäden und ohne ihr Fahrwerk auszufahren im westdeutschen Ahlhorn notlanden. Der Pilot, Kapitänleutnant Knut Winkler, bleibt unverletzt.

16.07.1963 – Die Interflug wird einzige »Staats«-Fluggesellschaft der DDR. Sie übernimmt Verwaltung und Betrieb der Flughäfen, die Flugsicherung sowie alle Rechte und Pflichten der Lufthansa.

17.08.1963 – Erster Flug eines NVA-Piloten mit der neu eingeführten MiG-21PFM im JG-8 Marxwalde.

31.08.1963 – Die Deutsche Lufthansa der DDR wird im Zusammenhang mit Streitigkeiten und einem Warenzeichenprozess vor dem Höheren Wirtschaftsgericht der Volksrepublik Serbien aufgelöst und liquidiert. Das ZK der SED hatte dies bereits am 06.07.1963 beschlossen.

Bis 1965 – Einige von teils schweren Luftzwischenfällen enden mit dem Abschuss durch sowjetische Jagdfliegerkräfte (T-39 Sabreliner: 28.01.64, RB-66C: 10.03.64).

07.04.1965 – Dutzende Staffeln von sowjetischen Kampfflugzeugen donnern mit Schallgeschwindigkeit im Tiefflug über den Berliner Reichstag und die Kongresshalle. Dort soll ab 15 Uhr eine Sitzung des Bundestages stattfinden. Andere stören den Flugverkehr der Berliner Flughäfen und überfliegen die Hauptquartiere der Alliierten. An dieser Aktion des Kalten Krieges sind fünf MiG 21 der NVA mit den Piloten Wolf, Brucke, Fischer, Gareis und Weinhold beteiligt.

16.10. bis 22.10.1965 – An verschiedenen Großmanövern der Warschauer Paktstaaten nehmen immer auch Verbände der LSK/LV teil. Beim »Oktobersturm« üben einige Suchoj SU-7BMK des polnischen 5. Jagdbomben-Regimentes »Pomorski« im Raum Erfurt den Abwurf von taktischen Kernbomben des Typs RU-57. Zur Reichweitenerhöhung sind sie mit drei Kraftstoff-Zusatzbehältern ausgerüstet.

Ab 1966 – Zwischen 1966 und Anfang 1968 werden 130 MiG-21SPS und SPS/K für die LSK der NVA beschafft.

09.08. und 17.08.1968 – Bei Trainings- und Überführungsflügen für Vorführungen zur bevorstehenden Motorkunstflug-WM werden beide beteiligte MiG-19 in Sonderbemalung zerstört. Ein Flugzeugführer stirbt.

18.08.1968 – Bei der V. Weltmeisterschaft im Motorkunstflug in Magdeburg wird bei einer Großflugschau auch der Start einer MiG-21 mit Starthilfsraketen gezeigt. Bereits nach 200 m hebt die Maschine mit Oberstleutnant Ammer vom unbefestigten Gras-Flugplatz ab.

01.10.1968 – Die Interflug erhält mit der TU-134 ihr erstes Strahlflugzeug.

November 1968 – Die NVA übernimmt mit der MiG-21M die ersten Flugzeuge der dritten Generation der MiG-21. Zuerst werden die Geschwader JG-8 und JG-9 (Peenemünde) mit diesen Maschinen ausgerüstet. Gesamtstückzahl etwa 65.

21.04.1970 – Die Interflug erhält ihren ersten Interkontinentaljet, die IL-62.

10.07.1970 – Erste Autobahnlandung durch MiG-21 der LSK/LV.

17.12.1971 – Das Transitabkommen zwischen beiden deutschen Staaten wird abgeschlossen und führt in seiner Folge zu einem starken Rückgang des Berlin-Flugverkehrs von und nach Westberlin.

Ab 1972 – Im Verlaufe des Jahres erhält die NVA die ersten MiG-21MF. Insgesamt werden etwa 60 Flugzeuge dieser Version beschafft.

14.08.1972 – Eine der bisher schwersten Katastrophen der Zivilluftfahrt betrifft die Interflug. Die IL-62 DM-SEA stürzt nahe Königs-Wusterhausen ab. Alle 148 Passagiere und acht Besatzungsmitglieder sterben.

01.07.1973 – Die Hubschraubereinheit des Innenministeriums nimmt mit Kamow Ka-26 den Flugbetrieb für Polizeizwecke auf.

28.10.1973 – An diesem Tag landen auf dem Flugplatz Marxwalde zwölf sowjetische An-12. Sie nehmen zwölf demontierte MiG-21M sowie Techniker und Piloten an Bord. Über Ungarn wird nach Aleppo/Syrien geflogen. Dort werden die Flugzeuge von NVA-Personal montiert und eingeflogen. Sie dienen zum Ersatz von verloren gegangenen MiGs aus dem Yom-Kippur-Konflikt. An Kampfhandlungen ist das NVA-Personal nicht beteiligt und kehrt am 31.10.1973 wieder aus Syrien zurück.

16.11.1974 – Die Interflug nimmt den Interkontinentalverkehr nach Havanna auf.

09.03.1978 – Der erste reine Kampfhubschrauber der NVA, eine Mi-24D, startet zum Flugbetrieb in den LSK.

23.07.1978 – Erster Flug einer MiG-23 in der NVA. Insgesamt werden 55 MiG-23MF, ML und UB sowie später 22 MiG-23BN beschafft.

26.08.1978 – Oberstleutnant Siegmund Jähn startet mit einer Sojus-Trägerrakete als erster Deutscher ins Weltall.

27.03.1980 – Der Inlandsflugverkehr wird in der DDR eingestellt.

Ab 1981 – Es erfolgt eine Umregistrierung aller zivilen Luftfahrzeuge von DM-… wieder auf DDR-…Präfix. Gleichzeitig erfolgt die Änderung des internationalen Funkrufnamens von DM-… auf Y4-…

Dezember 1981 – Beim Kommando der LSK/LV wird ein »Führungsorgan der Front- und Armeefliegerkräfte« (FO FAFK) geschaffen und in Eggersdorf bei Strausberg basiert. Diese FO stellt praktisch den Kern einer weiteren Fliegerdivision dar. Ihm unterstehen die Jagdbombenflieger-, die Aufklärungsflieger-, die Marinejagdbombenflieger – und die Transportfliegerkräfte.

Dezember 1983 – Das FO FAFK wird in »Führungsorgan Front- und Militärtransportfliegerkräfte« (FO FMTMK) umbenannt und zieht nach Strausberg um.

02.11.1984 – Die erste von später insgesamt 56 beschafften Su-22M4 der LSK startet auf einem NVA-Platz.

03.05.1988 – Der erste Flugtag mit den neuen MiG-29 der NVA beginnt im JG-3 in Preschen. Insgesamt werden 20 einsitzige und vier doppelsitzige MiG-21 beschafft. Nach dem Ende der DDR werden die MiG-29 als einziges fliegendes Waffensystem der NVA von der Bundesluftwaffe übernommen und bilden gegenwärtig die 1. Staffel des JG-73 in Laage.

07.06.1988 – Die Interflug bestellt bei Airbus eine reichweitengesteigerte Version der A-310, trotz komplizierter COCOM- Regeln. Die Lufthansa soll deren Wartung übernehmen.

26.06.1989 – Das erste »westliche« Fluggerät wird in Form des Airbus A310 bei der Interflug eingeführt. Es erhält die Traditionskennung DDR-ABA.

09.11.1989 – In Berlin werden die Grenzen geöffnet.

19.01.1990 – Interflug und Lufthansa unterzeichnen eine Erklärung zur Zusammenarbeit.

13.09.1990 – Der letzte Absturz einer NVA- Maschine. Während einer Vorführung vor dem Verteidigungsausschuss des Bundestages stürzt eine MiG-23ML ab. Der Pilot Major Syrbe kommt dabei ums Leben.

02.10.1990 – Um 24 Uhr hören die DDR- Luftstreitkräfte auf zu bestehen.

02.10.1990 – Beitritt der DDR zur Bundesrepublik Deutschland.

07.02.1991 – Liquidations- Beschluss über die Interflug durch die Treuhandanstalt und Ausgründung der IL-18- Staffel als AirCargo GmbH.

30.04.1991 – Letzter Linienflug der Interflug nach Wien mit TU-134 D-AOBC.

01.11.1991 - Als BerLine unternimmt die vorherige AirCargo GmbH mit einer IL-18 den ersten Flug von Göteborg nach Berlin.

31.04.1994 - Konkursantrag mit sofortiger Einstellung des Flugbetriebes der BerLine.

Abkürzungsverzeichnis

A	AFS-	Aufklärungsfliegerstaffel
	ASV	Armee Sport Vereinigung
C	COCOM	Coordinating Committee on Multilateral Export Controls; dt: Koordinationsausschuss für mehrseitige Ausfuhrkontrollen
	ČSR	Československá Republika; dt: Tschechoslowakische Republik
	ČSSR	Československá Socialistická Republika; dt: Tschechoslowakische Sozialistische Republik
D	DHfK	Deutsche Hochschule für Körperkultur
	DHS	Diensthabendes System
	DLH	Deutsche Lufthansa
	DOSAAF	Добровольное общество содействия армии, авиации и флоту; dt: Freiwillige Gesellschaft zur Unterstützung der Armee, der Luftstreitkräfte und der Flotte
E	DSF	Deutsch-Sowjetische Freundschaft
	EM	Europameisterschaft
F	FAG-	Fliegerausbildungsgeschwader
	FDJ	Freie Deutsche Jugend
	FIF	Forschungs-, Industrie- und Fernerkundungsflug
	FRW-	Flugzeug-Reparatur-Werkstatt
	FWD	Flugzeugwerk Dresden
G	GFK	Glasfaser Kohlenstoff
	GST	Gesellschaft für Sport und Technik
H	HAG-	Hubschrauberausbildungsgeschwader
	HG-	Hubschraubergeschwader
	HI	Hauptinstandsetzung
	HS-	Hubschrauberstaffel
	HSFA-	Hubschrauberstaffel der Führung und Aufklärung
I	IF	Interflug
	IFR	Instrument Flight Rules; dt: Instrumentenflugregeln
	ICAO	International Civil Aviation Organization; dt: Internationale zivile Luftfahrtorganisation
J	JAG-	Jagdfliegerausbildungsgeschwader
	JG-	Jagdfliegergeschwader
	JBG-	Jagdbombenfliegergeschwader
K	Kal.	Kaliber
	KHG-	Kampfhubschraubergeschwader
	KMU	Karl-Marx-Universität
	KS	Kraftstoff
L	LSK	Luftstreitkräfte
	LSK/LV	Luftstreitkräfte/Luftverteidigung
	LTG-	Lufttransportgeschwader (Bundeswehr)
M	MAW	Minenabwehr
	MdI	Ministerium des Inneren
	MFG-	Marinefliegergeschwader
	MfS	Ministerium für Staatssicherheit
	MG	Maschinengewehr
	MHG-	Marinehubschraubergeschwader
N	NB	Nachbrenner
	NATO	North Atlantic Treaty Organization; dt: Nordatlantikpakt-Organisation

	NVA	Nationale Volksarmee
O	OKB	Отдельное Конструкторское бюро; dt: Selbstständiges (unabhängiges) Konstruktionsbüro
	ORAP	Отдельный разведывательный авиационный полк; dt: Selbstständiges Aufklärungsfliegerregiment
P	PALR	Panzerabwehrlenkraketen
	PTL	Propellerturbinenluftstrahltriebwerk
R	RGW	Rat für gegenseitige Wirtschaftshilfe
S	SAR	Search and Rescue; dt.: Suche und Rettung
	SDAG	Sowjetisch Deutsche Aktiengesellschaft
	STOL	Short Take Off and Landing; dt: Kurz Start und Landung
	STS-	Selbstständige Transportfliegerstaffel
T	TAFS-	Taktische Aufklärungsfliegerstaffel
	TAS-	Transportfliegerausbildungsstaffel
	TFS-	Transportfliegerstaffel
	TG-	Transportfliegergeschwader
	TH	Technische Hochschule
	TL	Turbinenluftstrahl
	TS-	Transportfliegerstaffel
	TU	Technische Universität
	TW	Triebwerk
U	UAW	U-Boot Abwehr
	UdSSR	Union der Sozialistischen Sowjetrepubliken
	USAF	United States Air Force; dt: Luftstreitkräfte der Vereinigten Staaten
V	VEB	Volkseigener Betrieb
	VFK-	Verbindungsfliegerkette
	VIP	Very Importand Person; dt: Sehr wichtige Person
	VM	Volksmarine
	VP	Volkspolizei
	VR	Volksrepublik
	VS-	Verbindungsfliegerstaffel
W	WTD-	Wehrtechnische Dienststelle (Bundeswehr)
	WM	Weltmeisterschaft
Z	ZB	Zusatzbehälter
	ZDK-	Zieldarstellungskette
	ZDS-	Zieldarstellungsstaffel
	ZV	Zentralvorstand